WEBBOOK

CAMBIARE CAPPELLO SIGNIFICA CAMBIARE IDEE,
AVERE UN'ALTRA VISIONE DEL MONDO.

*C.G. Jung*



**Dario Flaccovio Editore**

*Luca Bove*   *Nicoletta Polliotto*

# INGREDIENTI DI DIGITAL MARKETING PER LA RISTORAZIONE

Prefazione di ***Carlo Romito***

Luca Bove - Nicoletta Polliotto
**INGREDIENTI DI DIGITAL MARKETING PER LA RISTORAZIONE**

ISBN 978-88-579-0504-4


www.darioflaccovio.it info@darioflaccovio.it
Prima edizione: ottobre 2015

Bove, Luca <1972->

Ingredienti di digital marketing per la ristorazione / Luca Bove, Nicoletta Polliotto ; prefazione di Carlo Romito. - Palermo : D. Flaccovio, 2015.
ISBN 978-88-579-0504-4
1. Ristorazione – Marketing - Impiego [del] World wide web.
I. Polliotto, Nicoletta <1964>.
647.95068 CDD-22 SBN PAL0283468

*CIP - Biblioteca centrale della Regione siciliana "Alberto Bombace"*

Stampa: Tipografia Priulla, Palermo, ottobre 2015

webintesta.it

Copertina: Illustrazione realizzata da Goran Factory

# Ringraziamenti

*Nicoletta Polliotto e Luca Bove*

Partiamo da Enrico Flaccovio, con tutti i colleghi della Dario Flaccovio Editore, che ha infuso libertà, creatività e democrazia in un progetto che viviamo come esperienza e opportunità.
Grazie a Carlo Romito che ci ha letti, sostenuti e ispirati nonostante gli impegni, donandoci una presentazione piena di energia.
Grazie a tutti i contributori, per estro, impegno e professionalità e per il sostegno che ci hanno fornito.

*Nicoletta Polliotto*

Circa un anno fa ho ricevuto la telefonata di un collega esperto in Mobile e Local Strategy che io ammiro moltissimo ma che non conoscevo personalmente, avendolo soltanto sentito parlare in seminari e webinar: Luca Bove.
A bruciapelo e con uno spiazzante pragmatismo mi ha detto: "Ciao, non ci conosciamo, ma io voglio scrivere un libro con te sul digital marketing per i ristoranti".
Io, che da anni coltivavo questo intento dopo articoli, seminari, lezioni, blog e rassegne stampa, con il cuore a mille ho risposto con un torinese: «*Ma che piacere dott. Bove, sono onorata che lei abbia pensato a me. La sua proposta è interessante, mi faccia riflettere e le saprò dare una risposta al più presto*».
Dal momento in cui abbiamo chiuso la telefonata abbiamo iniziato a scrivere, in sintonia. Grazie collega.
Voglio ringraziare la mia mamma e il mio papà, per il loro solido esempio, Nicolò, Elia e Vittoria, i nipoti che rappresentano il futuro. Ma su tutti Mirco, compagno di vita e di lavoro in Muse Comunicazione, perché il suo sostegno non è stato doppio, ma esponenziale.
Ringrazio Giada e Sara, che mi hanno aiutata a mantenere la rotta con il lavoro anche quando ero così immersa nella scrittura da svegliarmi al canto del gallo.

Infine ringrazio tutti i miei clienti, tutti gli allievi, tutti quelli che mi hanno offerto la loro attenzione ai seminari o durante le lezioni. E tutti quelli che mi hanno donato un sorriso.

*Luca Bove*

Il primo ringraziamento va alla compagna di viaggio Nicoletta per aver ascoltato e accettato la proposta iniziale e per aver apportato tutta la sua professionalità, competenza e un po' di perfezionismo nella successiva elaborazione e redazione del libro.
Un grande ringraziamento ai colleghi di Im Evolution srl, in particolare a Luca Coletta, Anna-lisa Gabellone, Francesco Primiceri e Veronica Rizzo che, nonostante i carichi di lavoro, mi hanno dato un aiuto fondamentale nell'impostazione, nella redazione e nella revisione delle pagine.
Infine un grazie a mia moglie e i miei due figli che mi hanno sopportato nelle tante sere passate sul notebook a riempire le pagine di questo libro.

## Contributori

Di seguito, in rigoroso ordine di apparizione, tutti i contributori, che hanno arricchito il libro con il loro estro, impegno, professionalità ed esperienza.

**Carlo Romito** Prefazione > PAG 19

Chef di cucina Masterchef FIC-WACS, docente in Italia, UK e USA, direttore di società di ristorazione, oggi Presidente Solidus, le 7 associazioni dell'accoglienza turistico-alberghiera.
solidusturismo.it

**Robi Veltroni** > PAG 49

È fondatore di Officina Turistica e docente per master universitari, dal 1996 cultore dei temi inerenti distribuzione dei servizi turistici online.
robiveltroni.it

**Mirco Moretti** > PAG 88

Da più di 10 anni, tanta passione per grafica, tipografia, progettazione visiva. Website e Brand Designer, in Muse Comunicazione cura tutte le interfacce responsive.
dribbble.com/pulcixdesign

**Alessio Beltrami** > PAG 120

Ha fondato BlogAziendali.com nel 2010, è specializzato nella gestione e di blog aziendali e aiuta le imprese e professionisti a comunicare sul web senza investire in pubblicità.
blogaziendali.com

**Luigi Mastandrea** > PAG 124

Social Media Manager.
Cofondatore del blog comeusare.tumblr.com

### *Valentina Lepore* > PAG 180

SEO e Copywriter. Unisce nella sua professione la sfera tecnica del mondo SEO con quella creativa della scrittura per il web. Specializzata sulla piattaforma di Twitter.
Scrive su valijolie.it

### *Veronica Gentili* > PAG 188

Web Marketing e Social Media Specialist, aiuta le aziende a rendere la rete una concreta risorsa di business. Chiaccherona, simpatica umorista. Scrive per condividere, twitta per imparare.
veronicagentili.com

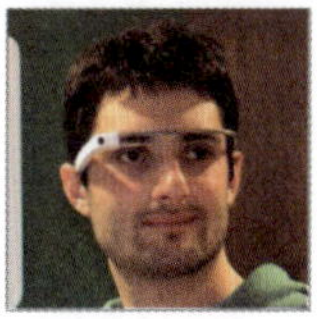

### *Alessio Moretto* > PAG 191

Si occupa di Marketing Online, Top contributor del forum italiano di Google Plus.

Lo trovi su alessiomoretto.com

### *Cinzia Di Martino* > PAG 198

Community e Web Content Manager, Formazione su Branding e Social Media. Le sue passioni sono a disposizione di clienti prevalentemente stranieri.
cinziadimartino.it

### *Anna Covone* > PAG 203

Consulente freelance, vlogger e blogger si occupa di Video Marketing. La sua specialità è lo YouTube Marketing e la potete trovare su tuttosuyoutube.it

**Fabio Sutto** > PAG 212

Si occupa di promozione online e performance marketing. Responsabile dei contenuti di be-wizard.com e ideatore di alcuni tra i principali eventi formativi del settore.
online-marketing.it

**Guglielmo Arrigoni** > PAG 263

Docente e consulente presso Digital Followers, specializzato in strategie per l'acquisizione di clienti e la generazione di vendite tramite Email Marketing e Lead Generation.
guglielmoarrigoni.com

**Sara Carminati** > PAG 300

Consulente e docente di social media marketing è specializzata nel social caring. Fondatrice di Webinchiaro.

webinchiaro.it

**Anna Maria Pellegrino** > PAG 314

Idea il Blog La Cucinadi QB, virtuale libro di ricette che raccontano storie. Socio Fondatore e presidente della AIFB, Associazione Italiana Food Blogger, opportunità di incontro, condivisione, crescita e formazione aifb.it

**Mauro Santinato** > PAG 340

Consulente nell'area marketing e vendite, formatore di importanti catene alberghiere, ideatore di club di prodotto. Dal 1998 è presidente di teamwork-rimini.com

**Giulio Gargiullo** > PAG 348

Online Marketing Manager che vive e lavora fra l'Italia e la Russia. Si occupa di luxury marketing.

Lo trovate su giuliogargiullo.it

**Lorenzo Ferrari** > PAG 370

Esperto di Ristorazione e Menu Engineering, collabora con più di 100 Ristoranti con il suo programma ristoratoretop.com

# Indice

# Prefazione

Mi occupo di ristorazione da 43 anni e ho passato alcune epoche e molte mode durate un soffio e poco più, si trattava appunto di mode del momento. Poi ci siamo trovati di fronte a mutamenti di stili di vita, sempre più vicini all'approccio di tipo anglosassone verso il cibo, al concetto del mangiare per vivere e non al vivere per mangiare ma mantenendo parte delle caratteristiche legate alla cucina del territorio, alla qualità dei cibi, alla tradizione.

Si tratta di una vera e propria rivoluzione che si sta ulteriormente sviluppando in senso salutistico, il "siamo ciò che mangiamo" è divenuto fenomeno di massa, la cultura del cibo poco ma buono sembra imperare nelle realtà metropolitane e riesce inspiegabilmente a convivere con il trash, i gusti esasperati, lo pseudo-etnico, i mosci buffet congressuali.

Una ristorazione che vive ormai da molti anni in una ristrutturazione permanente fatta di revisione dei costi, di nuove proposte accattivanti ma anche di confronto mediatico continuo.

Ecco, il confronto mediatico continuo è la nuova sfida che parte da ciò che si fa, dal territorio circostante, dai propri punti di forza e da come fare a valorizzare, a promuovere tutto questo.

Da qui prendono spunto Nicoletta Polliotto e Luca Bove per il loro viaggio, partendo dai dati della ristorazione per fare il punto sull'andamento; attraversano poi le esperienze di viaggio, i cibi e la ristorazione, la costruzione del percorso attraverso le informazioni disponibili sul web, nuovi metodi di comparazione, nuovo linguaggio e nuove scelte. Il web non si ferma alla fase di studio ma è detentore del programma di viaggio, produce le alternative, gli imprevisti e le soluzioni. Non si può fare a meno di confrontarsi con web e tecnologia: Nicoletta e Luca lo spiegano con semplicità e competenza, accettano la sfida e la fanno accettare a noi ristoratori e operatori del settore.

Cambiano anche i soggetti fisici, i tour operator si servono di PR, di food trainer. Le aziende che promuovono i loro prodotti lo fanno in ristoranti ma anche in location ibride con l'aiuto di chef di cucina, il territorio si fonde con il prodotto e viceversa, il cliente non si accontenta del cibo buono, vuole immergersi in un tour completo capace di appagare tutti i sensi.

Si apre un universo nuovo che va affrontato mettendo a "sistema" la comunicazione, il fai da te va limitato, occorrono strategie mirate e costantemente monitorate.

Nicoletta incalza e cerca di condurci dal nostro cliente, non lo scansa ma lo affronta, lo studia e lo stimola: le 5 tesi sull'innovazione nella comunicazione sono un ribaltamento dei concetti che abbiamo conosciuto, è l'innovazione che si spalanca a noi, ci spaventa, Nicoletta lo sa e ci stimola senza obbligarci.
Ci convince a lavorare sul web marketing attraverso l'immagine coordinata dell'azienda e del servizio.
Ci si addentra nella comunicazione: non possiamo essere tutto, dobbiamo essere riconoscibili e occorre comunicarlo bene.

Nicoletta e Luca proseguono con gli strumenti del web: si spazia dalla progettazione all'organizzazione del sito, alla presenza sui social, ai commenti graffianti, quelli entusiastici e quelli fiacchi.

Sono questi gli strumenti con cui i nostri potenziali nuovi clienti si confrontano con noi, non sono né avversari né nemici: sta nel rapporto interattivo e intelligente la chiave vera del web-ménage. Il rapporto diventa articolato e complesso ma gestibile e apre nuovi sentieri per portare nuovi clienti.

Ma i sentieri che apriamo devono essere costantemente riempiti di stimoli, di piccoli frutti da assaporare, si devono creare aspettative che non debbono essere deluse.

Gli autori penetrano i problemi e aiutano a creare una cabina di regia che coordina, che stimola il cliente, che mette a sistema la moderna strategia di piccole e grandi aziende; non è solo un aiuto ma l'insegna luminosa, l'esposizione del menu, l'offerta speciale, la porta del nostro locale, l'accoglienza stessa.
Approfondire non è una scelta ma un obbligo e un dovere per l'azienda moderna e per tutti/e noi.

Lo strumento per questa parte della sfida ora c'è.

***Carlo Romito*** ⌘

⌘

# Introduzione

Sappiamo che hai tra le mani questo libro e che, dopo la prefazione, il colore, l'illustrazione e il titolo della copertina, sei passato a leggere proprio queste righe.

Come ti senti? Percepisci l'importanza della formazione, sei certo che il tuo ristorante debba innovare, sei confuso con quello che stai leggendo qua e là sulla tecnologia applicata alla ristorazione, sei spaventato dalla necessità di crearti una grande presenza digitale, ignorandone le dinamiche, vero?
Ma su tutto regna la tua certezza di essere occupato 24 ore al giorno con i tuoi compiti operativi, dall'orto in cucina, dalla relazione con i fornitori e la brigata al servizio in sala.

E hai ragione. Lavorando tutti i giorni gomito a gomito con albergatori e ristoratori, conosciamo ogni dubbio, ogni priorità.
Ma proprio per questo siamo altrettanto certi del tuo valore, della tua unicità e bravura, della tua passione e professionalità.

Del fatto che il tuo settore – insieme all'ospitalità, all'artigianato, ai produttori agroalimentari, agli artisti, ai ricercatori, agli scienziati, agli insegnanti – sia l'ultimo baluardo in difesa del Made in Italy, della creatività tutta italiana, della saggezza delle tradizioni, della serietà imprenditoriale e, sì lo affermiamo con certezza, dell'amore per ricerca, sperimentazione e innovazione.
Di questo talento devi riappropriarti, anche se il cammino sarà complesso. Ma nella complessità c'è la profondità e la resistenza imprenditoriale.

Perché allora abbiamo scritto questo manuale? Per aiutarti a comprendere le potenzialità del digital marketing applicato alla ristorazione.
Per sostenerti nel dimostrare il tuo valore ogni giorno senza bisogno di autoproclami e di messaggi roboanti.

Per farti comprendere come il digital marketing sia l'unico modo attualmente percorribile per aumentare contemporaneamente profitto e valore aziendale, *trovando ingredienti personali per creare la tua Ricetta del Successo Online*.

**A chi è rivolto questo libro**

Questo libro è stato pensato principalmente per gli operatori dei servizi di ristorazione (ristoranti, pizzerie, agriturismi, fast food, mense, ristoranti alberghieri, street food, locali) che vogliono comprendere e sfruttare l'ampio e variegato mondo digitale con lo scopo di comunicare meglio, acquisire nuovi clienti e migliorare il proprio profitto.
Il nostro scopo è darti una base teorica e tante **BUONE PRATICHE** per prendere confidenza con il marketing digitale; **CREARE PRESUPPOSTI STRATEGICI** per individuare e progettare il tuo piano di comunicazione, marketing e vendita e **SCHIARIRTI LE IDEE** quando devi scegliere strumenti e consulenti digitali.

**Come è strutturato questo libro**

Il libro è stato pensato e scritto a quattro mani da Luca Bove e Nicoletta Polliotto con i contributi di molti specialisti. Abbiamo voluto gli interventi di questi esperti nelle loro nicchie per dare punti di vista differenti e più profondi, poiché il marketing digitale non è scienza esatta e prevede che si facciano molte prove e sperimentazioni sul campo. Abbiamo escluso un approccio da guru del marketing: non c'è una verità, dobbiamo indicarti come puoi costruirti la tua!

Consigliamo di leggere almeno una volta il libro in sequenza dall'inizio alla fine, senza tralasciare niente, poiché il successo nel marketing digitale si raggiunge miscelando gli ingredienti, lavorandoli con cura, nella giusta sequenza.
Dopo la prima lettura, può essere sfogliato come un manuale concentrandosi solo su quello che serve.

Concludiamo augurandoti buona lettura e augurandoci che queste pagine ti siano utili compagne di lavoro.
Se ti va seguici sui social media e nei nostri blog.

# 1. Ristorazione oggi: dati, performance, contesto, prospettive

*«Ci sono due errori che puoi fare lungo la strada che conduce alla verità: non andare fino in fondo e non iniziarla».*
Gautama Buddha

## 1.1. Situazione della ristorazione italiana

La situazione è complessa e non va presa sotto gamba: evita di ascoltare le sirene che cantano di una nuova crescita e del superamento della situazione di contrazione. Partiamo dai dati economici e di performance del settore ristorativo italiano, alla ricerca di nuove rotte, evitando di navigare a vista e costruendo scenari rinnovati.
Il Rapporto annuale sulla Ristorazione in Italia della FIPE – Confcommercio,[1] datato 2014 e riportante i dati 2013, parla chiaro: misure economiche stringenti nel corso del 2013 (e proseguite l'anno succes-

1 Rapporto Annuale Ristorazione FIPE – Confcommercio 2014

sivo) e problematiche nella sfera occupazionale hanno abbattuto i consumi anche nel comparto agro-alimentare e della ristorazione.
Viene presentato un contesto internazionale in contrasto, con UK e USA in netta ripresa e l'Italia che si muove a disagio nella situazione di recessione che si è abbattuta sull'eurozona. Un continuo calo dei consumi alimentari delle famiglie completa il quadro, con la ciliegina sulla torta delle spese dedicate alla ristorazione, rimaste in stallo fino al 2011 per poi inesorabilmente crollare.

## 1.2. Le performance del settore ristorativo: numeri e andamento

Sono 320.391 le imprese appartenenti a servizi di ristorazione, nell'anno 2014.

**Tabella 1.1. Ristorazione: imprese attive in Italia nel 2014 (fonte: elaborazione C.S. Fipe su dati Infocamere)**

| | SOCIETÀ DI CAPITALE | SOCIETÀ DI PERSONE | IMPRESE INDIVIDUALI | ALTRE FORME | TOTALE |
|---|---|---|---|---|---|
| Tot. settore | 44.501 | 108.108 | 164.325 | 3.457 | 320.391 |
| Ristoranti | 28.042 | 55.387 | 83.491 | 1.369 | 168.289 |

Tra queste attività, che comprendono anche i bar e le attività di banqueting, fornitura pasti preparati e ristorazione collettiva, i ristoranti e le imprese di ristorazione mobile ammontano a 168.289 unità.
Per avere un quadro più completo siamo nuovamente ricorsi a dati FIPE, relativi alla nati-mortalità delle imprese ristorative (dati 2014), scoprendo un saldo negativo tra le imprese nuove iscritte e quelle cessate: – 10.290 unità, in crescita rispetto ad un anno fa quando toccò quota – 9.056.
Il risultato è conseguente sia all'aumento delle attività cessate sia alla riduzione di quelle iscritte.

**Tabella 1.2. Servizi di ristorazione: imprese iscritte e cessate (fonte: elaborazione C.S. Fipe su dati Infocamere)**

| | 2014 | | | 2013 | | | Var.% 2014/2013 | |
|---|---|---|---|---|---|---|---|---|
| | Iscrizioni | Cessazioni* | Saldo | Iscrizioni | Cessazioni* | Saldo | Iscrizioni | Cessazioni* |
| **Ristoranti e servizi di ristorazione mobile** | 9.018 | 14.166 | - 5.148 | 8.874 | 13.549 | - 4.675 | 1,6 | 4,6 |

| | | | | | | | | |
|---|---|---|---|---|---|---|---|---|
| **Bar e caffè** | 8.236 | 13.256 | - 5.020 | 8.730 | 13.025 | - 4.295 | - 5,7 | 1,8 |
| **Mense e catering** | 118 | 240 | - 122 | 119 | 205 | - 86 | - 0,8 | 17,1 |
| **Totale ristorazione** | **17.372** | **27.662** | **10.290** | **17.723** | **26.779** | **- 9.056** | **- 2,0** | **3,3** |

**al lordo delle cessate d'ufficio*

L'Osservatorio FIPE conferma una diminuzione di fatturato del 2013 rispetto al 2012, nel 60% delle imprese, con un deciso – 2,8%.
Hotellerie e ristorazione contano 1.300.000 unità produttive, ma tra il 2011 e il 2013 la sola ristorazione ha perso 11.000 posti di lavoro.
Altro dato negativo è l'indice di produttività che per il comparto ristorativo è straordinariamente basso, tanto da rendere necessario un profondo ripensamento per il settore.

Il rapporto Fipe sostiene:

«*Una strada può essere la riduzione del numero delle imprese oppure un modello a minor contenuto di servizio, con il rischio di trasformarsi in una involuzione anziché in un'evoluzione. Riconvertire la ristorazione italiana fondata su un elevato e indiscutibile livello di servizio e su una spiccata segmentazione del prodotto secondo il modello anglosassone (pochi ristoranti di fascia elevata, moltissimi ristoranti low price) non appare una strada percorribile né vantaggiosa*».

*Quali possono essere i sentieri da intraprendere?*
Sicuramente occorre rivalorizzare un modello di business, quello della ristorazione, sotto i riflettori nel mercato interno ma anche giudicato sempre più attrattivo da viaggiatori Leisure e Business. Il ristoratore deve individuare processi interni nella gestione delle risorse umane, nell'approvvigionamento e conservazione delle materie prime, nell'ottimizzazione del food cost, nella creazione dei menù, nella definizione della proposta, puntando al marketing e a sempre più efficaci tecniche di vendita.

Non vogliamo suggerirli come panacea di tutti i mali, ma la **TECNOLOGIA** (applicata a management, vendita, interazione con cliente e prospect, customer service) e **INTERNET** (luogo sempre più reale di relazione, informazione, ricerca e acquisto) costituiscono la migliore soluzione per razionalizzare le imprese della ristorazione senza rischiare di mortificare qualità del servizio, eccellenza nella selezione e lavorazione delle materie prime, storia dell'esperienza del gusto e percezione di un brand affascinante che il mondo ci invidia: il *Made in Italy*.

Passiamo ad analizzare lo stato attuale della ristorazione italiana online: come comunicano, si presentano e vendono online i nostri ristoratori?

## 1.3. Stato dell'arte della ristorazione online e situazione su Google My Business

Google My Business, puntando alla semplificazione, è la scheda di un'attività commerciale (nel tuo caso di un ristorante) sulle mappe di Google: è molto importante per le attività di ristorazione.[2]

A novembre 2014 io [Luca Bove *nda*] e l'ingegnere Maurizio Ceravolo[3] abbiamo svolto una ricerca su oltre 2 milioni di schede Google My Business italiane incluse quelle dei ristoranti.
In particolare, abbiamo trovato oltre 170.000 schede di ristoranti, pizzerie, osterie e simili.
Per prima cosa abbiamo individuato che solo il 31% dei ristoranti possiede la scheda rivendicata (ovvero ne ha preso in qualche modo possesso) e che solo il 38% delle schede ha associato un sito web; la cosa più negativa è che tra queste quasi il 10% non è funzionante!
Inoltre più del 20% dei siti web ha ancora qualche elemento in Flash, tecnologia (sostanzialmente) abbandonata che rende il website non leggibile sui dispositivi mobili. Mentre **SOLAMENTE** il 25% dei siti è ottimizzato per smartphone.
Solo il 22% include una descrizione (questo è grave: come puoi presentarti bene a chi non ti conosce ancora?), mentre quasi il 40% ha delle fotografie, ma spesso scaricate da Google senza verificarne i diritti d'autore oppure da un'anonima raccolta di stock photo (e sappiamo che una bella immagine vale più di mille parole).
Solo il 30% ha messo gli orari (una delle cose che fa più incavolare le persone è non trovare gli orari e i giorni di apertura dei ristoranti) e meno del 3% ha le foto Business View fatte da fotografi professionisti!

[2] Approfondiremo i temi di Google My Business e della Local Search nel capitolo 8

[3] ideativi.it

Invece oltre il 60% ha recensioni.

Insomma il quadro delineato non è molto positivo: c'è veramente tanto da fare.
Soprattutto perché se si cerca su SmartPhone un ristorante, i risultati di Google My Business sono molto evidenti: occorre prima di tutto che tu ci sia e in seconda battuta devi anche fare bella figura per avere una chance di essere scelto.

La buona notizia è che, seguendo le buone pratiche che ti presentiamo nel nostro manuale, riuscirai a fare meglio!

### 1.4. L'importanza del mobile

I dati di Audiweb,[4] organizzazione che si occupa di misurare l'audience Internet in Italia, ci mostrano come le persone passino più tempo sugli smartphone che su computer fissi.
Le ultime rilevazioni ci indicano come circa i due terzi del tempo vengano spesi sui dispositivi mobili, arrivando a percentuali altissime tra i giovani.

L'utilizzo degli smartphone connessi ad Internet nella vita di tutti i giorni sta crescendo a ritmi sostenuti e uno dei principali beneficiari di questa tendenza è proprio il ristorante con le attività correlate.
Se ci pensi questo è fisiologico: è molto semplice cercare informazioni su dove andare a mangiare, su qual è il miglior ristorante nei dintorni e su come arrivarci con uno strumento che hai sempre a disposizione, sempre pronto all'uso.

Già nel 2011, una ricerca di Google[5] mostrava come più della metà degli intervistati cercasse costantemente sul proprio smartphone informazioni relative ai ristoranti.

Tendenza che poi si è consolidata nel tempo; se oltre alla ricerca consideriamo anche le app esistenti che in maniera diretta o indiretta sono collegate al mondo della ristorazione questo dato esplode. App utili per

[4] audiweb.it
[5] *The Mobile Movement*, www.thinkwithgoogle.com, aprile 2011

te, ristoratore, da Google Maps a quelle per le recensioni, passando per quelle dedicate: ne parleremo nei prossimi capitoli.
Anche i tuoi utenti si stanno evolvendo nell'utilizzo degli strumenti messi a disposizione dagli smartphone e dai tablet. Una ricerca Google del maggio 2015 mostra come, a livello mondiale, le persone cerchino di più nelle proprie vicinanze. Le ricerche per "vicino a me" o "nelle vicinanze" sono cresciute di 34 volte dal 2011! E indovina qual è il settore che ne beneficia di più? Esatto, proprio i ristoranti.[6]

## 1.5. Le prospettive della ristorazione

Per quale motivo oggi parlare di Digital Marketing per ristoranti?
Cerchiamo di allargare il nostro sguardo e applicare un'ottica più panoramica.
La situazione del tuo mercato è frammentata, instabile e in continuo mutamento. Il *Food* è ormai evoluto da bisogno primario (dal gradino più elementare della piramide di Maslow) divenendo prima oggetto del desiderio e di riscossa sociale, poi status symbol, fino a questo ruolo di centralità nella scena mediatica contemporanea, sulla carta stampata, in televisione, nell'editoria, sul web, nel social network.

> «*Grazie a MasterChef i bambini vogliono fare gli Chef e non solo i calciatori*».
>
> Chef Bruno Barbieri

Come può influenzare la ristorazione questo continuo parlare di cibo, questo condividere compulsivo di piatti, di Food Selfie, di ricette, di benefici di una dieta vegana piuttosto che di un'altra priva di grassi?

Il food italiano, amato all'estero, ora profeta in patria, sta iniziando una lenta opera di crescita e di maturazione.
Questo processo si declina nel recupero dell'identità culturale e sociale, ma soprattutto nella professionalità degli imprenditori che producono, lavorano, trasformano, somministrano food.

[6] Per maggiori informazioni: plus.google.com/u/0/b/115828331648674561208/+LocalstrategyIt/posts/7HUgCuHAez8 e Joe Morsello, *Infographic: Top 142 Categories Consumers Searched for in Past Week*, lsainsider.com, luglio 2015

Questi imprenditori hanno compreso che saper fare bene non è più sufficiente: non basta l'artigianalità più o meno artistica, occorre saper raccontare la storia di quello che facciamo che è anche la storia di una terra, della sua bellezza e della sua gente.
Occorre saper tramutare il cibo in comunicazione, in marketing e la propria impresa in un brand. Soprattutto, occorre saper innovare.

## 1.6. Le 5 tesi sull'innovazione nella comunicazione

Innovazione, tecnologia e rete: tre ingredienti essenziali per ripristinare questa relazione asincrona tra te, il **RISTORATORE**, legato a sistemi di gestione obsoleti e a strategie di comunicazione e di vendita inefficaci e i **TUOI OSPITI**, ostinatamente chiamati clienti, che cercano informazioni, consigli, emozioni e sogni online, che amano la tecnologia (menù digitali, tavole con touch-screen, video lezioni dello chef, condivisione dei piatti o del dettaglio della tavola con smartphone e tablet) e che vogliono allargare la loro relazione con te a prima e dopo la dinner experience.
Di seguito i 5 punti su cui lavorare per innovare e rinnovare la tua comunicazione, con l'obiettivo di ottimizzare vendite e performance.

### TESI 1: CURA LA RELAZIONE CON IL CLIENTE

Ancora prima di parlare di strumenti tecnologici e strategie innovative, devi affrontare un ripensamento del tuo approccio all'ospite. Pensa a come strutturare relazioni, prima di vendere coperti.
Il tuo commensale non è a caccia di esperienze mordi e fuggi: anche se è un turista che viene dall'altra parte del mondo, ti ha trovato online, è entrato nella tua cucina catturando la quotidianità del tuo lavoro con le foto postate su Facebook, conosce le ricette che gli hai raccontato sul tuo blog, ha letto le recensioni che centinaia di altri ospiti hanno pubblicato su TripAdvisor® o su Yelp.
Ti ha dedicato prima il suo tempo e ora la sua preferenza. Ti ha offerto un dono e ora tu devi ricambiarlo.
Sei abituato alle Public Relation, ma quando diventano digitali, paradossalmente tutto diventa più vero. E da curare con grande meticolosità.

### TESI 2: FALLO IN REAL TIME

Questa relazione si è allargata: non è più un rapporto 1 a 1, ma i "panni sporchi si lavano in piazza".

Per ringraziare un ospite di una sua visita utilizzi i social media, commentando un'immagine di un piatto che ha appena postato; per ricevere informazioni su orari, costi e menù il prospect lancia un tweet su Twitter; per sfogarsi per un'esperienza non soddisfacente, il tuo cliente lascia una recensione su TripAdvisor.
E tu devi rispondere e anche rapidamente. Perché il tuo utente è collegato costantemente da molteplici dispositivi, ti sta dedicando energie e tempo e lo devi ricambiare con la stessa moneta.

### TESI 3: VA DOVE SI TROVA IL TUO CLIENTE

Per ascoltare i suoi bisogni, anticipare i suoi desideri, prevenire le critiche, evitare le insoddisfazioni. Ma anche migliorare le performance del tuo ristorante in termini di vendite e di branding (notorietà e reputazione del tuo brand).
Il segreto è comunicare là dove si trova il tuo prospect o il tuo cliente, se intendi attuare strategie di fidelizzazione.
E non lo trovi per strada, fermando ogni persona che passa. Lo incontri online, dove sta chattando con gli strumenti di instant messaging, condividendo esperienze sui social media, cercando da mobile un servizio di ristorazione vicino al luogo in cui si trova, trovando suggerimenti e idee inserendo keyword, sempre più simili a frasi e a vere e proprie domande, sui motori di ricerca, probabilmente su Google.
Il tuo futuro cliente si aspetta che tu abbia un sito web che racconti la tua storia e che aggiorni frequentemente con news del ristorante, eventi del territorio e ricette dei tuoi piatti, magari con il tuo blog.
Che ovviamente sia ottimizzato per i vari dispositivi che utilizza, primo tra tutti quelli mobile. Che tu sia presente su Facebook con una brand page, su Twitter, su Instagram, su Pinterest.
Che legga e risponda alle recensioni, che lo consideri importante quando ti contatta, qualsiasi strumento stia usando.

### TESI 4: PARLA LA SUA LINGUA

Vedrai questa tesi sviluppata nel capitolo 5 che tratta i temi del Content Marketing.
Ma ti diamo un piccolo assaggio: dopo averlo ascoltato, analizzandone bisogni e aspettative, dopo averlo seguito sulle piattaforme di social networking, dopo aver instaurato una relazione seppur digitale che si

estende a prima e dopo... i pasti, evadendo le sue richieste in tempo reale, non puoi rispondergli parlando un'altra lingua.
Non essere autocelebrativo, formale, evasivo, indiretto, scontroso, irriverente, verboso, inconcludente, insincero.
Rivolgiti a lui in tono diretto, semplice, con il linguaggio con cui ti ha cercato, contattato e scelto.

**TESI 5: PROGETTA UNA COMUNICAZIONE SU MISURA PER IL TUO CLIENTE**
Anche questo tema ti verrà spiegato nei dettagli nel capitolo 3 dedicato alla progettazione della tua comunicazione online.
Oggi il confine tra marketing e comunicazione si è assottigliato fino ad arrivare a una sovrapposizione. Ciò che è rimasta molto definita è la necessità di creare un progetto solido, razionale con obiettivi di vendita e di promozione coerenti, realistici e oggettivi. Partendo da un'analisi scevra da sentimentalismi sulla tua offerta commerciale, sul mercato di riferimento, sui possibili target, su obiettivi economici in termini di fatturato e profitto.
Miscelando sapientemente, con un approccio olistico, dove i vari elementi sono parte di un tutto armonico: modelli di gestione food cost e personale, revenue management, corporate identity e operazioni di branding, comunicazione e distribuzione del proprio prodotto, strategie e strumenti di promozione, customer service, vendita, public relationship, ecc.
Comune denominatore? Costruire il progetto intorno al tuo cliente, per vendere meglio il tuo prodotto.

## 1.7. Piccolo manuale per la manutenzione della food revolution

Sei autonomamente giunto alla conclusione che la strada da intraprendere sia quella dell'evoluzione, che noi definiamo rivoluzionaria. Per il ribaltamento di mentalità imprenditoriale che ti proponiamo di adottare:

- esci dalla cucina, entra nel mondo, attraverso il web
- smetti di presupporre, inizia a condividere
- non pensare a quanto siano buoni i tuoi piatti ma a quanto possano piacere ai tuoi ospiti
- i clienti non sono nemici ma ospiti da coccolare

- le recensioni o le immagini scattate dai tuoi ospiti sono strumenti di visibilità, di marketing e indirettamente di vendita
- la vendita non inizia quando il cliente si siede al tavolo ma molto prima
- la vendita non si conclude quando il cliente paga il conto ma molto dopo.

La nuova visione imprenditoriale e il nuovo approccio digitale saranno complessi, lunghi, tormentati ma inevitabili, affascinanti, costruttivi e pieni di emozioni.

Abbiamo preparato quattro raccomandazioni, comprese le quali ti potrai avventurare nel libro alla scoperta degli strumenti giusti per la tua crescita aziendale.

### RE-IMMAGINA, RE-INVENTA, RIPROGETTA

Devi ripensare il tuo rapporto con il mercato. Il mercato è fatto di persone che hanno esigenze di cui sono sempre più consapevoli. Con il web la consapevolezza aumenta e si incrementa la condivisione.
La condivisione non è un concetto con il quale riempirsi la bocca: è una realtà con la quale fare i conti che, se cavalcata, studiata e padroneggiata, porta all'evoluzione di cui stiamo parlando.
A titolo esemplificativo: i tuoi ospiti sono più attenti alla provenienza della materia prima, desiderano prodotti salutari, preparazioni meno artefatte e complesse.
Devi ripensare le tue fonti di approvvigionamento (orto del ristorante, mercato rionale, fornitori, contadini, allevatori, produttori selezionati con più cura, portali di food e-commerce e canali di distribuzione online, ecc.).
Pensa alla diffusione dell'e-commerce anche per i prodotti alimentari, e ai temi caldi di filiera corta e chilometro zero, che hanno portato al proliferare di portali quali Cortilia,[7] PrimoTaglio,[8] Apparecchiato.it.

7 cortilia.it
8 primotaglio.it/it_it

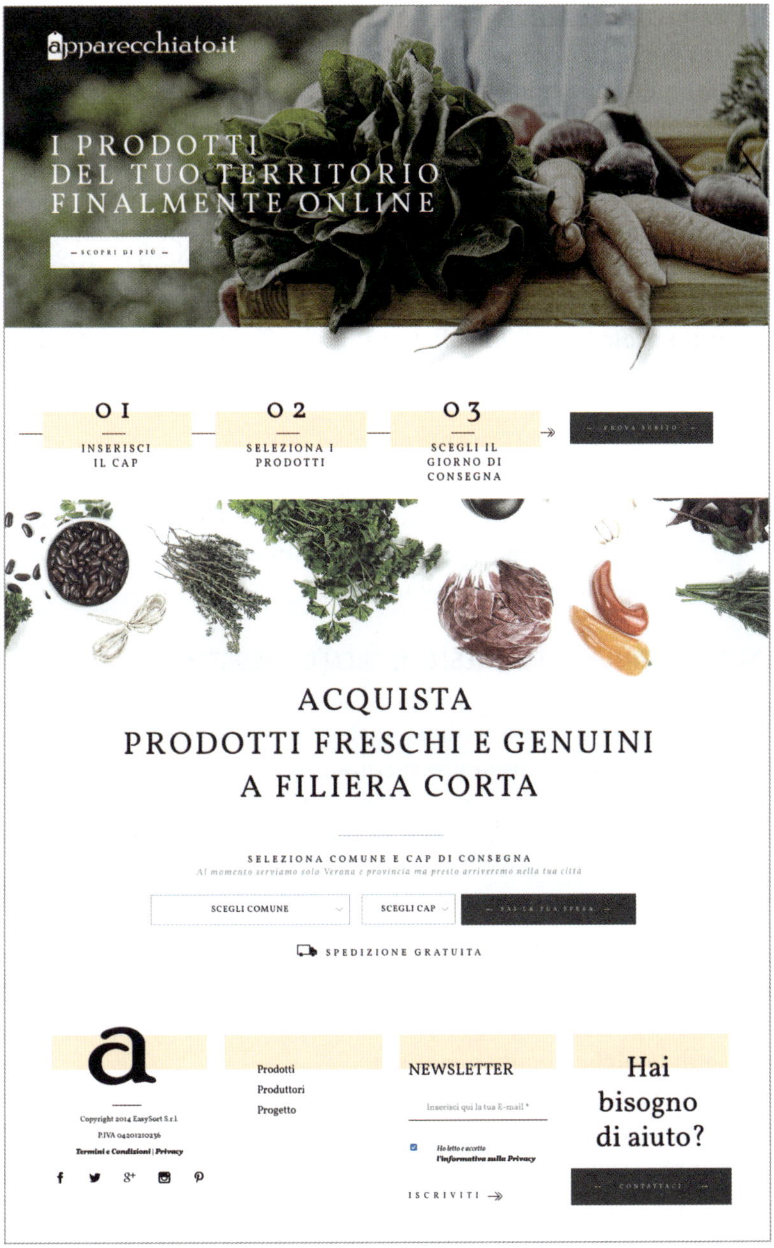


**Figura 1.1. Nuovi sistemi di gestione: ispirati ad Apparecchiato.it (design by AQuest)**

**AGISCI IN PICCOLO PER DIVENTARE GRANDE**
Fai piccoli passi, ricordando che la tecnologia cresce inesorabilmente e l'evoluzione digitale non tornerà indietro. Pensa che con piccoli passi coprirai grandi distanze, ma che non puoi rimandare a domani quello che devi fare oggi: iniziare il tuo percorso di digitalizzazione e di evoluzione.
Il ristorante non è il tuo giocattolo o una palestra per allenare il tuo ego, è un'azienda e devi lavorare per migliorarne l'indice di produttività. Pensa prima alla **CRESCITA DEL TUO MARCHIO**, poi alle **PERSONE** che con cuore e professionalità collaborano per il raggiungimento dei tuoi obiettivi imprenditoriali e poi infine a **TE STESSO**.

**SPOSA IL DIGITALE E LA TECNOLOGIA**
Ricerca e analisi dei dati sono indispensabili (raccogli, metti in ordine e archivia sono tre azioni fondamentali), che si tratti del tuo settore/mercato, della tua azienda, dei tuoi clienti. Impara oggi per elaborare la strategia di domani. Non resterai indietro!

**ABBRACCIA (E COMUNICA) IL FRESCO, IL LOCALE, IL SOSTENIBILE**
Anticipa in tutte le fasi della tua produzione, anche dove ancora non ti sia esplicitamente richiesto, questa esigenza di salutismo, di eco-sostenibilità, di etica. Semplicemente ascoltando la tua audience e giocando con le tue abilità di previsione. Sostenibilità, Salute e Sicurezza alimentare, le 3 S che ti faranno crescere. Sociale e Ambiente, le 2 linee dell'orizzonte.

## 1.8. Elogio all'innovazione

Il mercato in cui è inserita la tua offerta commerciale è ormai regolato da dinamiche relazionali, di acquisto, di scelta profondamente diverse da quelle di qualche decina di anni fa.
Non partire dal presupposto che la tua proposta sia la migliore a disposizione del cliente.
Sicuramente è unica, con una personalità spiccata e con grandi punti di forza: lavora su questi aspetti, individua l'utente che può apprezzare questa tua unicità, offrigli informazioni, aiuto, storie da condividere, inizia a donare valore.

Sarà lui a scoprire che sei il suo preferito!

Se hai scoperto che è in atto una grande rivoluzione economica, sociale, tecnologica, mediatica e che la tua azienda è all'interno di un ciclone, trova la tua posizione. Non tutti sanno che il modo di dire "essere nell'occhio del ciclone" comporta alcuni vantaggi: tutto intorno a te, case, oggetti, persone, è travolto e spazzato via e tu sei lì nel cuore di questo subbuglio e ti stai spostando rapidamente con esso.
Scopriamo insieme come cavalcare l'innovazione tecnologica anche nel tuo lavoro. Sei pronto a seguire il Bianconiglio?

**APPROFONDIMENTI**

- Antonio Belloni, *Food Economy*, Marsilio, 2014
- CnR – Comunicazione nella Ristorazione - comunicazionenellaristorazione.it
- Gianfranco Marrone, *Gastromania*, Bompiani editore, 2014
- Nicholas Negroponte, *Essere Digitali*, Sperling & Kupfer, 1995. Testo "vecchio" ma estremamente attuale

**TAKE AWAY**

- Leggi i dati, parti dai numeri: dal macroscopico al micro-sistema della tua azienda
- Contestualizza dati e informazioni applicandoli al tuo territorio e al tuo locale
- Compara i dati e non prenderli mai isolatamente: usali per rimetterti in discussione in modo costruttivo
- Rivaluta il tuo ristorante: trova il tuo stile, la tua voce e inizia a lavorarci sopra
- La ristorazione è meno evoluta dei suoi ospiti: negativo, perché ha creato uno scollamento tra offerta e bisogno, positivo, perché se inizi a lavorare in modo innovativo non hai competitor all'altezza della sfida
- Marketing e comunicazione tendono a sovrapporsi o meglio a fondersi: comune denominatore Innovazione, Tecnologica e Rete. Sposa il marketing digitale
- Ripensa la tua impresa: inizia a realizzare un progetto dove la portata principale è... il tuo utente

# 2. Ristoranti e alberghi: due facce della stessa medaglia

*di Nicoletta Polliotto*

*«Alice: Volevo solo chiederle che strada devo prendere.*
*Stregatto: Tutto dipende da dove vuoi andare.*
*Alice: Veramente importa poco.*
*Stregatto: Allora importa poco che strada prendi».*
Dialogo dal film *Alice nel paese delle meraviglie*, 1951

## 2.1. Dinner experience e tecnologia: lo studio

Lo sapevi che la National Restaurant Association americana, la più grande associazione di categoria della ristorazione al mondo con i suoi 500.000 esercizi rappresentati, ha pubblicato un report annuale con le previsioni per il 2015[9] in cui emergono dati interessanti?

[9] *The Rise of Food Tourism*, Report by Skift Team + The Ontario Culinary Tourism Alliance, 2015

...temere per il fatto che le informazioni si riferiscano a un territorio evoluto e attento all'innovazione come gli USA: sono dati dirompenti e ormai attuali, perché viviamo in un mercato globale in cui sia le tecniche commerciali sia le abitudini di ricerca e di prenotazioni del cliente non hanno più confini geografici o socio-culturali.

**OBIETTIVI DEL REPORT**: individuare un divario tra il servizio offerto dai ristoratori e la percezione che ne hanno i commensali.
Studiare i loro bisogni in relazione all'esperienza del cibo.

La domanda primaria posta a un nutrito campione di consumatori è stata: "Quando scegli un ristorante quanto è importante la **TECNOLOGIA** e perché influisce sulla tua decisione?"

Ecco i risultati:

- 79% afferma che aumenti la convenienza
- 70% ritiene che cresca la velocità e l'accuratezza del servizio
- 45% pensa che la dinner experience sia più divertente
- 35% la crede determinante per scegliere un ristorante piuttosto che un altro
- 34% la individua come causa del personale aumento di cene al ristorante o di food delivery ordering.

Per la fascia 18-34 (i cosiddetti Millennial, nati cioè tra il 1980 e il 2000) è molto influente. Sono molto coinvolti nell'applicazione della tecnologia al food, soprattutto se digitale, anche i clienti tra i 35-50 (la generazione X).

La Cultura Digitale e il web stanno conquistando anche i baby boomers (1945-1964) e le vecchie generazioni.
Non possiamo più nasconderci dietro alla scusa: "Ma il mio cliente è anziano e non avvezzo a utilizzare la tecnologia o a prenotare online!"

## 2.2. Web e tecnologia: compagni di viaggio irrinunciabili

L'impatto della tecnologia travalica l'influenza generazionale e diviene epocale: è in atto una rivoluzione senza eguali, le cui fasi si susseguono con rapidità inaudita.

Il tuo ristorante non può isolarsi e autoescludersi da un nuovo modo di comunicare, ricercare informazioni ed effettuare decisioni d'acquisto. L'evoluzione tecnologica è ancora più spiccata nei servizi e nella vendita di prodotti legati all'esperienza, a emozioni sensoriali, quali il food in tutte le sue declinazioni (l'acquisto di cibo e bevande, la somministrazione di cibo lavorato e trasformato in piatto, la dinner experience, ecc.), così come lo è stata nel settore dell'hospitality.

La tecnologia è ormai vista dai tuoi ospiti come un'aspettativa, un'opportunità, non come una simpatica e divertente novità. Soprattutto nelle generazioni più giovani è vissuta come un elemento determinante nella scelta della location in cui cenare o in cui effettuare un take away. Non più orpello estetico per divertire e intrattenere i commensali ma vero e proprio indicatore di performance in quanto a vendita di tavoli e aumento di visibilità e di brand reputation.

*Si parla di strategia Win-Win per ristoratori e per i clienti.*

Quindi non solo menù digitali su tablet, iTable e totem touch screen per l'ordinazione, ma anche wi-fi free durante l'esperienza del pasto, per favorire condivisioni di foto e recensioni. In USA, a seconda della tipologia di ristorante, la wi-fi è offerta ai commensali tra il 60% e il 74% dei locali. E in Italia?

Ripeto: quando parliamo di USA non dobbiamo più immaginare un'economia governata da strategie e strumenti che noi raggiungiamo dopo 10 anni, come si verificava fino a un ventennio fa.
Il web e il mobile hanno contribuito ad accorciare distanze in termini geografici e anche di *divide* tecnologico e strategico.
A tal proposito la rapida diffusione del mobile e la sua crescita esponenziale impongono un'impellente realizzazione di un website ottimizzato per il mobile, ossia visualizzabile in modo ottimale dai vari dispositivi.[10]
I colleghi americani sono sensibili a questa esigenza (tra il 47% e il 60% – a seconda della categoria ristorativa – ha un sito web mobile friendly) ma, come gli italiani, sanno che nuove tecnologie e strumenti digitali

[10] Approfondisci nel capitolo 4 come progettare il tuo sito web

implicano non il solo costo di creazione e di attivazione ma anche nuove tecniche di lavorazione, innovazione nel flusso di lavoro, formazione del personale e dei collaboratori.

## 2.3. Il turismo scopre il Digital Marketing

So che sei un imprenditore pratico e attento ai dati: parlano chiaro e se comparati tra loro e interpretati con una semplice analisi ti offrono un chiaro e non manipolabile quadro della situazione.
Ecco quindi alcuni numeri significativi che ci fanno comprendere perché il Travel abbia sposato tecnologia e approccio strategico digitale.

### *2.3.1. L'utente cerca informazioni online*

Principalmente l'utente cerca informazioni sui motori di ricerca: il più utilizzato è Google. Nel 2010 su Google venivano condotte 10 miliardi e 300 milioni di ricerche al mese (dato ComScore).[11]
Oggi, sullo stesso motore, sono effettuate circa 3,5 miliardi di ricerche al giorno (dati Internet Live Stats).[12]

### *2.3.2. La connettività in Italia*

Siamo 61 milioni e 500 mila abitanti circa e abbiamo sottoscritto 35 milioni e 600 mila contratti che ci consentono la connessione da dispositivi fissi (58% di **PENETRAZIONE INTERNET**). 58 su 100, quindi, ma diventano 82 su 100 se calcoliamo la popolazione tra 11 e 74 anni – dati Casaleggio & Associati, 2014). I dati sono in costante incremento, puoi seguirne le evoluzioni con i report periodici di Audiweb.[13]
La faccenda cambia notevolmente quando si parla di **CONNETTIVITÀ MOBILE**: 158% è la percentuale di penetrazione degli smartphone in Italia: abbiamo cioè 158 dispositivi mobili ogni 100 abitanti.

[11] comscore.com/ita/content/search?SearchText=%222010+U.S.+Search+Engine+Rankings%22&SearchButton=Cerca&SortBy=pubdate&filter%5B%5D=undefined
[12] internetlivestats.com/google-search-statistics
[13] audiweb.it

### *2.3.3. L'e-commerce in Italia*

Durante l'e-commerce Netcomm Forum 2014 sono stati proiettati dati di crescita ulteriore per l'e-commerce nel turismo in Italia.
L'export dell'e-commerce Italia vede il turismo crescere del 54% nel 2014. Ossia abbiamo venduto turismo a clienti esteri con performance da capogiro.
Il turismo ha una quota di mercato nell'e-commerce pari al 41% sui totali di fatturato, nel 2014.

L'e-commerce Netcomm Forum 2015[14] conferma che il fenomeno di acquisto online registrerà per il 2015 un ulteriore aumento del 15% . Crescono informatica e abbigliamento, resta stabile il turismo, già incrementato a dismisura negli anni precedenti.
I dati del report sull'e-Commerce della Casaleggio e Associati[15] di aprile 2015 ci trasmettono una spesa in Italia per gli acquisti online 2014 di 24,2 miliardi di euro: in crescita.

Il mobile commerce si conferma tra i principali fenomeni dell'e-commerce in Italia: gli acquisti tramite smartphone crescono del 78% nel 2014 e stanno registrando un'ulteriore crescita del 68% nel 2015, con un valore triplicato in due anni, come ci ha confermato Daniele Vietri in un'intervista telefonica.

Quale sarà la novità del 2016? Noi scommettiamo sull'acquisto online del food e sul booking di cene e food delivery.

### *2.3.4. Mobile*

La connessione da mobile, come scoprirai nel capitolo dedicato alla Local Strategy, aumenta a ritmi vertiginosi, tanto che quasi 500 milioni di account su Facebook accedono solo da mobile[16] e, in alcuni territori, gli utenti *mobile-only* hanno superato quelli *desktop-only*.

[14] ecommerceforum.it/ita/ecommerceforum2015

[15] *E-commerce in Italia 2015*, Report Casaleggio e associati aprile 2015

[16] Alex Fitzpatrick, *Half a billion Facebook users only visit on mobile devices*, time.com

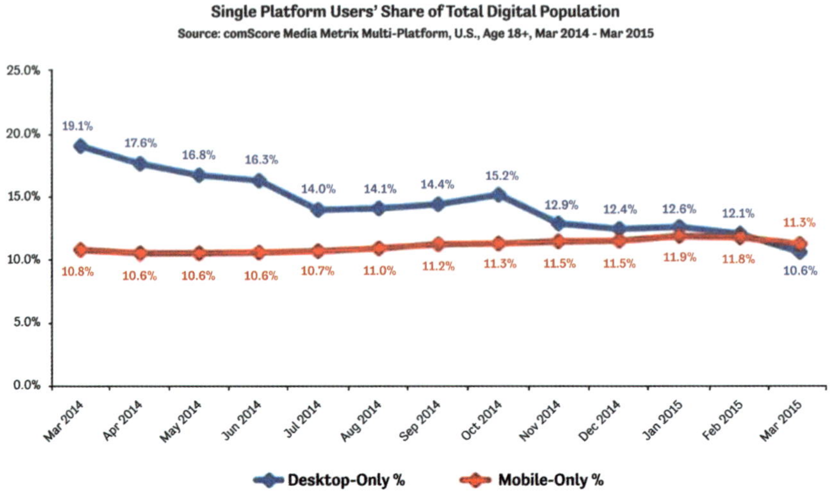


**Figura 2.1. Dati marzo 2014-marzo 2015 (fonte ComScore)**

Ecco alcune percentuali nella fruizione del mobile che fanno riflettere (dati Compendium Blog, 2014):

- 68% usa il motore di ricerca per la ricerca di prodotti su mobile
- 42% utilizza il mobile per acquistare un prodotto o servizio
- 40% utilizza coupon online per lo shopping da mobile
- 90% degli utilizzatori di smartphone lo usa quotidianamente.

La recente storia della promozione, comunicazione ma anche distribuzione e vendita del settore alberghiero si è inevitabilmente evoluta verso l'applicazione tecnologica, il marketing digitale, l'e-commerce.

Quando cerchi un hotel su Google probabilmente hai notato Hotel Finder, che tramite accordi con le grosse OTA (Online Travel Agency) permette di prenotare direttamente alberghi. Da poco tempo è possibile ordinare food allo stesso modo. Per ora solo in USA ma, come altri servizi, pian piano si estenderà nel resto del mondo.

Cosa c'entrano quindi hotellerie e settore ristorativo, quali analogie e differenze tra i due comparti e come si possono influenzare reciprocamente?

## 2.4. Food e politica del territorio

In un mio intervento a BTO – Buy Tourism Online di Firenze, importante evento fieristico e seminariale dedicato al travel in cui mi è stato chiesto di parlare di ristorazione e digitale, ho sottoposto ai partecipanti un gioco.

Ho descritto un comparto merceologico molto noto con 7 indizi e i partecipanti dovevano indovinare quale fosse:

1. propone un'esperienza sensoriale emozionale
2. si spostano da tutto il mondo per venire a viverla proprio nella tua struttura
3. il cliente può scegliere una piccola soluzione indipendente o una catena
4. prima di raggiungere la tua azienda la cercano sul web, cercano di prenotarla con un booking online se possibile e la raggiungono con Google Map
5. durante l'esperienza non fanno che scattare immagini fotografiche e condividerle sui social media. Cercano sempre una connessione wi-fi
6. dopo aver goduto della tua offerta commerciale scrivono una recensione e la postano su TripAdvisor
7. durante tutta l'esperienza hanno sempre lo smartphone o il tablet con sé.

Qual è il business che ho descritto?
Quasi tutti i partecipanti hanno risposto con un sorrisetto:

«*Ma è l'Hotel!*»

In realtà, parlavo del ristorante.

Gli elementi in comune tra le due tipologie di PMI non si individuano solo nelle caratteristiche dell'offerta ma sono più profonde.
Non dimenticare che il food è volano della politica della destinazione di un territorio ed emerge in modo dirompente nella scelta di dedicare all'alimentazione sostenibile l'esposizione universale **EXPO MILANO 2015**.

Questo intreccio così stretto tra turismo e ristorazione, anche se dalle origini antiche, trova oggi luogo fertile di sviluppo nella rete, con la sua facilità di collegamento, di comunicazione senza barriere e senza confini, di condivisione attraverso forum, gruppi di discussione, blog e social media.

L'elemento gastronomico è galvanizzante per gli ospiti della ricettività e per i clienti delle travel agency, invade i pacchetti turistici nelle proposte di incoming, rende il ristorante alberghiero attrattivo e determinante nelle scelte di prenotazione.
Il food aiuta anche l'albergo a posizionarsi nel mercato in termini di profondità di servizi e di qualità nell'accoglienza; trasforma radicalmente il modo di fare conciergerie; è spunto per fare storytelling.[17]

L'offerta gastronomica accende i riflettori su un **MONDO DI IMPRESE RISTORATIVE** – parte imprescindibilmente di un tessuto territoriale e quindi di un marchio turistico – che deve comunicare e deve farlo in modo innovativo, per appartenenza alla cultura di un territorio e per necessità imprenditoriale.

[17] Questa parte viene approfondita nel capitolo dedicato ai contenuti

## 2.5. Destination marketing e turismo enogastronomico: caso di studio

Chi ha ben compreso come fare politica di un territorio attraverso il cibo è l'Ontario Culinary Tourism Alliance (OCTA)[18], un'organizzazione no-profit della celebre regione canadese, che crede che il **TURISMO DEL FOOD** sia un modo per condividere la storia della cultura di una nazione. L'OCTA ha stabilito un piano decennale di crescita strategica, promuovendo e vendendo un'offerta turistica: il prodotto *Destinazione Ontario*.

Obiettivi dello statuto: la ricerca, la formazione, la creazione di un progetto e di un prodotto. Come mission, la crescita del settore turistico.

WE BELIEVE IN LOCAL WE BELIEVE IN AUTHENTIC

I suoi obiettivi sono sostenuti da analisi corroboranti, contenute a esempio nel report *American Culinary Traveler 2013*,[19] dove si dimostra che i turisti statunitensi che viaggiano per conoscere e provare esperienze enogastronomiche sono passati dal 40% del 2006 al 51% del 2013.
Inoltre il reporto dell'University of Florida *A Flash of Culinary Tourism* conferma che 39 milioni di viaggiatori americani scelgono una destinazione di viaggio in base alla disponibilità di attività culinarie e altri 35 milioni scelgono la vacanza e cercano immediatamente attività enogastronomiche correlate.

## 2.6. Che cos'è il food tourism

Il food tourism o turismo enogastronomico ha molte definizioni, ma questa è la nostra interpretazione:

«*Vivere percorsi di scoperta di un territorio, di una cultura, tra antropologia, economia e storia, attraverso esperienze sensoriali con cibo e bevande del luogo*».

[18] Ontario Culinary Tourism Alliance ontarioculinary.com,

[19] *The Rise of Food Tourism*, Report by Skift Team & The Ontario Culinary Tourism Alliance, 2015

Può essere un percorso più o meno conscio e ricercato ma, come abbiamo appena dimostrato, si sta diffondendo rapidamente.
E non importa se il viaggio è lungo o esotico: siamo tutti viaggiatori quando intraprendiamo un cammino di scoperta e di esperienza. E siamo tutti mangiatori, ergo *Food Traveler*.

La curiosità e il gusto della scoperta sono le coordinate di questo tipo di turismo, che contagia anche i viaggiatori più classici: non importa se l'esperienza è una raffinata cena in un elegante ristorante cittadino, un prodotto assaggiato dalla bancarella di un mercato, uno acquistato in un negozio di tipicità o un piatto della tradizione di street food locale.
L'elemento importante è l'essere fenomeno contagioso! E che si muove ancora più rapidamente sul web.

## 2.7. Considerazioni sparse sul food business

Il food business ha raggiunto dimensioni rilevanti: l'Italia è il paese da 25.000 food blog (ne nasce uno al giorno) ma anche dalle 320.391 attività tra ristoranti, bar e attività di catering e mense. Tra questi, pochissimi comunicano online, come hai scoperto nel capitolo 1.

Il food fa circa il 12% del PIL nazionale e l'ospitalità l'11%: arriviamo a circa un quarto del prodotto interno lordo.

AFFERMAZIONE LAPALISSIANA: POTREMMO VIVERE DI SOLA ACCOGLIENZA E TURISMO SE SOLO ACCETTASSIMO LA SFIDA

Non possiamo nasconderci dietro un dito: l'innovazione digitale non è la panacea di tutti i mali della ristorazione italiana, perché il successo di un business ristorativo è il risultato di un mix ben calibrato di molti fattori.
La tecnologia ti aiuta a essere competitivo, a dare le risposte giuste al momento giusto ai tuoi utenti, a fidelizzare, costruendo tassello dopo tassello autorevolezza e fiducia. E, perché no, a vendere coperti online.

Ispirati quindi alle opportunità colte o trascurate dai colleghi dell'hospitality. Segui i buoni suggerimenti ed evita gli eccessi e gli errori che altri imprenditori hanno compiuto prima di te.
Leggi qualche approfondimento e preparati a passare al progetto della

tua comunicazione online, per rilanciare il business del tuo ristorante a un pubblico che è maturo ed esigente e che ti sta aspettando.

## *Robi Veltroni* ⌘

### SE LE OTA VANNO A CENA AL RISTORANTE

«*Non pensare quanto costa esserci, pensa quanto ti costerà non esserci stato*».

Nel 1996 American Express e Microsoft creano un servizio di prenotazioni online denominato Microsoft Expedia Travel Services.[20] Pochi operatori, in particolare in Europa, riescono a immaginare quale sarà, da subito, l'impatto delle prenotazioni online sul modo di prenotare i viaggi da parte dei turisti.
Già nel 1990 American Airlines consente ai propri passeggeri di prenotare il biglietto sul sito internet della compagnia grazie a un sistema di prenotazione proprietario. Expedia, nell'ottobre del 1996, mette insieme voli, auto a noleggio e camere d'albergo.
Pochi giorni prima, Michael Bloch scrive *Lettera aperta a un agente di viaggio: consigli di sopravvivenza nell'era elettronica,* su *Miscellaneous* di *Business Travel News*: [21]

«*Avete sentito parlare della recente partnership tra Microsoft e American Express per la creazione di un'agenzia di viaggi digitale sul World Wide Web?* – inizia così la lettera di Bloch – *L'alleanza fra tali potenze è solo un esempio dell'ondata di attività che sta trasformando il mercato della distribuzione dei viaggi attraverso le nuove tecnologie, soprattutto Internet. Probabilmente vi state preoccupando per il significato di tutto questo per il vostro business*».

Nel febbraio 1999, dopo neanche tre anni, il Sole 24 Ore nel Rapporto Turismo22 titola: *Internet avvicina il cliente e in Usa la prenotazione "web" conquista il mercato.* Nel rapporto viene approfondito il legame tra web e turismo evidenziando che «*le nuove tecnologie facilitano le scelte tra le diverse offerte*

[20] *History of the Online Travel Industry Pioneer*, expediainc.com

[21] Per la lettera completa si rimanda a: robiveltroni.it/lettera-aperta-a-un-agente-di-viaggio-consigli-di-sopravvivenza-nellera-elettronica

[22] Il Sole 24 Ore Rapporto Turismo, 22 febbraio 1999

⌘

*dei tour operator*».[23] Già si respira l'avvento dei metamotori e dei comparatori, strumenti che consentono all'utente di ottenere informazioni circa la convenienza di determinati prodotti/servizi mettendo a confronto un numero elevato di canali di vendita.
E per quanto riguarda l'Italia? Le aziende italiane – fa notare il Sole 24 Ore – sono in ritardo:«*ancora in pochi hanno integrato i propri sistemi alla rete*».

Il secondo articolo sempre del 1999 e dedicato allo stesso tema, parlando degli USA, registra un dato molto rilevante: «*negli ultimi tre anni uscite di scena 600 agenzie; l'online booking fatturerà 1,9 miliardi di dollari, il doppio del 1998*».[24]
Gli albergatori italiani iniziano a distribuire online le camere grazie a Venere (poi acquisita da Expedia nel luglio 2008); in pochi dispongono già ad inizio millennio di un booking-engine proprietario sul sito Internet dell'hotel.

Expedia viaggia a sconti e commissioni di ben dieci punti più alti dei tour operator "storici" e leggermente più bassi, ma non di tanto, rispetto ai colossi come Gulliver o Tui. Booking.com e Priceline, in quegli anni, non sono ancora player globali. La prima è una startup olandese ancora in fasce (nasce nel 1996 ma parte molto più lentamente di Expedia che, in USA, si sta facendo le ossa in un mercato più generoso e impermeabile), la seconda è online da meno di un anno.

L'importanza della lettera di Michael Bloch viene compresa da pochi. In Italia le cose non sono andate così bene: secondo Hotrect Europe, il nostro è oggi il paese più intermediato dalle OTA (Online Travel Agency), tutte straniere.
Sempre nel rapporto del Sole 24 Ore del 1999 viene illustrata la strategia online del tour operator italiano per eccellenza. Alpitour è una delle prime aziende del turismo che si era informatizzata già alla fine degli anni '60. In quel periodo la strategia del TO cuneese consisteva in «*un sito web diviso in due: una vetrina aperta al pubblico e un sistema di accesso riservato agli agenti dotati di password che possono utilizzarlo per le prenotazioni, in alternativa ai sistemi esistenti*».[25]

[23] Carlo Arcari, *Internet avvicina il cliente*, Il Sole 24 Ore Rapporto Turismo 22 febbraio 1999, p. V
[24] Carlo Arcari, *E in Usa la prenotazione web conquista il mercato*, Il Sole 24 Ore Rapporto Turismo 22 febbraio 1999, p. V
[25] Carlo Arcari, *Alpitotour: l'online non può sostituire i canali tradizionali*, Il Sole 24 Ore Rapporto Turismo 22 febbraio 1999, p. V

L'avvento di Internet ha determinato un fenomeno di disintermediazione e una maggiore trasparenza dei prezzi.[26]
Da subito si immagina Internet come il terreno della disintermediazione dove fornitori di servizi e consumatori avrebbero incrociato, per vie dirette, domanda e offerta. Si prevedono accorciamenti della filiera e risparmi economici rilevanti. Se ciò è accaduto per i consumatori che, grazie ai metamotori e ai comparatori (Kayak, trivago®, TripAdvisor), possono scoprire quali sono i canali più economici per acquisire prodotti e servizi, per gli operatori il costo di acquisizione di visibilità online è diventato, in alcuni casi, insostenibile proprio per il grande peso dei costi di intermediazione imposti dalla catena distributiva che passa prima attraverso Google e poi transita su piattaforme come TripAdvisor e Booking.com.

Perché raccontare gli albori dell'intermediazione di camere, voli e *rent a car* in un libro nel quale si parla di ristorazione e marketing online? Perché da due anni a questa parte si sta assistendo ad una serie incessante di acquisizioni da parte delle OTA e dei metamotori del travel (Priceline, proprietaria di Booking.com, e TripAdvisor tra gli altri) di piattaforme destinate alla prenotazione di tavoli. In grande fermento sono anche le attività classiche della *sharing economy* – con gli *home restaurant* per esempio – e le infinite app che offrono servizi di *food delivery*.

Sul tema Nicoletta e io ci confrontiamo da tempo e condividiamo la forte preoccupazione che un eventuale sviluppo veloce delle attività di prenotazione online dei tavoli dei ristoranti possa cogliere impreparati i gestori italiani, in modo più significativo rispetto a quanto lo furono i colleghi albergatori e tour operatori negli ultimi anni del secolo scorso.

Come notava Nicoletta in una recente intervista sul mio blog: «*Il grosso rischio è restare indietro, se i ristoratori più accorti non inizieranno da subito un percorso di formazione e aggiornamento per imparare a confrontarsi con le nuove opportunità tecnologiche, comunicative e di sales & marketing. L'ospitalità alberghiera è abituata a gestire – nel bene e nel male – l'intermediazione per la vendita del suo prodotto, ma il ristoratore non ne è né avvezzo, né probabilmente cosciente*».[27]

[26] P. Kotler, J. Bowen, J. Makens, *Marketing del turismo*, Pearson Prentice Hall, 2010
[27] *Se le OTA vanno a cena al ristorante. Intervista a Nicoletta Polliotto*, www.officinaturistica.com, settembre 2014

È un mondo, quello della prenotazione dei tavoli e del *food delivery*, in grande fermento dal 2012, anno in cui Groupon® lancia Groupon Reserve. Nel 2014 Priceline acquisisce OpenTable e in un colpo solo si assicura la prenotabilità di circa 30.000 ristoranti in tutto il mondo. Nel frattempo Uber prova la consegna del pranzo a domicilio dai ristoranti di Santa Monica e Los Angeles: nasce UberFRESH.
Nel 2014 è iniziata l'incessante attività di acquisto da parte di TripAdvisor di piattaforme di prenotazione ristoranti: La Fourchette in maggio, in ottobre MyTable e Restopolis e a dicembre Iens. E nel 2015, a marzo, Best Tables.[28]
È sempre più evidente la volontà di TripAdvisor di conquistare posizioni dominanti nella prenotazione dei ristoranti, città dopo città.[29] Se una corazzata come quella fondata da Steve Kaufer si muove in questa direzione, per giunta con l'intento di diversificare le entrate dell'azienda, è facile immaginare che ciò avverrà molto velocemente e con un impatto che potrebbe cambiare radicalmente il modo di prenotare i ristoranti.

L'auspicio è che i ristoratori organizzino le loro strutture in modo da poter sfruttare questi strumenti piuttosto che esserne spiazzati dalla potenza di fuoco. Spero imparino a governare il fenomeno del *book a table* evitando reazioni scomposte come quelle che abbiamo visto nei confronti di Airbnb da parte degli albergatori o quelle veramente deprecabili di alcuni tassisti nei confronti dei "concorrenti" di Uber.

[28] *Half of TripAdvisor's revenue comes from Expedia and Priceline, analysts say*, www.tnooz.com
[29] *TripAdvisor Will Fight for Dominance in Restaurant Reservations City by City*, skift.com

### APPROFONDIMENTI

- Dati su connettività e navigazione – Consumer Barometer e Google
  consumerbarometer.com/en
- Global Report On Food Tourism – UNWTO 2012
  dtxtq4w60xqpw.cloudfront.net/sites/all/files/pdf/global_report_on_food_tourism.pdf
- Expo 2015 Milano, expo2015.org/it
- World Food Travel Association (WFTA) Website worldfoodtravel.org

### TAKE AWAY

- Food e Hospitality sono due rovesci della stessa medaglia: il destination marketing
- Il settore turistico-alberghiero ha sposato il Digital Marketing perché l'esperienza di viaggio è online (prima, durante, dopo)
- Segui l'andamento di e-Commerce e mCommerce: ti ispirerà
- Non vedere il ristorante alberghiero come un servizio ancellary, ma come un volano
- Percorri la storia delle prenotazioni alberghiere sul web: impara dall'esperienza travel.

# 3. Progetto web: comunicare e promuoversi

*«Oggi il marketing è l'atto stesso di inventare il prodotto, l'attività di progettarlo, la capacità di produrlo, l'arte di definirne il prezzo, la tecnica impiegata per venderlo».*

Seth Godin, *La Mucca Viola*

## 3.1. Introduzione

In questo capitolo ti presentiamo un quadro generale del marketing digitale.
L'obiettivo è selezionare ingredienti di qualità (strumenti, tecniche) che, utilizzati nelle giuste proporzioni e seguendo le corrette fasi di lavorazione (progetto di Digital Marketing), formulano la tua ricetta perfetta.
Soprattutto in questa nuova era del marketing, dominata dalla convergenza dei comparti aziendali: vendita, strategie di prodotto, comunicazione, pubblicità, public relationship.

Partiamo con l'analizzare gli elementi che guidano questa confluenza verso il digitale:

- **brand identity**, accurata e coerente
- **progetto di comunicazione e promozione**, coordinato e integrato.

## 3.2. Brand identity per il tuo ristorante

> *«Brands are messengers of trust. We are all moving at blinding speed and our institutions, technology, science, lifestyles, and vocabulary are in a state of continuous flux. Consumers are reassured by trademarks that are recognizable and familiar. Durability is achieved through a commitment to the equity of a central idea over time, and the capacity to transcend change».*
>
> Alina Wheeler

Tutto comincia qui: dal tuo brand, dal marchio del tuo ristorante. Un lavoro accurato sulla tua identità e personalità aziendale crea una forza centripeta e attrattiva. Ti fa conoscere, riconoscere e ispira fiducia. Ti fa seguire, frequentare, acquistare.

Esploriamo un panorama ampio e complesso che in Italia è spesso trascurato: *concentra i tuoi sforzi a definire, consolidare e rafforzare il tuo marchio aziendale, con azioni coerenti, progettuali, coordinate.*
Il **BRAND** è un nome, un simbolo, un colore, un font, un codice comunicativo – o meglio un insieme armonico di questi elementi – che identifica i tuoi prodotti e servizi, evidenziandone unicità e riconoscibilità, rispondendo a bisogni e/o desideri. Racconta la tua storia e trasmette emozioni, generando aspettative.

Cerca di avvicinare il più possibile la **BRAND IMAGE** – ciò che viene percepito dal tuo cliente – alla **BRAND IDENTITY** – la tua personalità e la tua visione. Segui proprio questo percorso: la tua sfida è di connetterti emozionalmente al tuo cliente, divenendo insostituibile e creando una relazione che dura una vita, spesso attraversando generazioni.

### *3.2.1. Brand positioning*

Il brand positioning (in italiano posizionamento di mercato) è un insieme di azioni volte a creare un'immagine e un'offerta aziendale che occupano un posto distintivo nella mente delle persone target a cui ti riferisci.

Il posizionamento di mercato significa che in qualche modo devi essere unico nella tua nicchia. E se le nicchie sono già occupate, occorre "crearne" una diversa da tutte le altre.
Devi focalizzarti su poche cose ed evitare di farne troppe.

Esempi di brand positioning sono: una pizza calda consegnata entro 30 minuti, un ristorante vegano, uno con parco giochi per famiglie con bambini, un locale che fa solo panzerotti.

Questo significa che devi essere esclusivo, nel senso di "escludere" alcune persone dal tuo locale, ma i tuoi clienti e prospect si ricorderanno positivamente di te.

### *3.2.2. Cosa c'è dentro al brand del tuo ristorante?*

Il brand del tuo locale è un insieme di molti aspetti del tuo lavoro e della tua azienda: NON è SOLO il tuo logo, ma anche:

- visione e filosofia aziendale
- missione e obiettivi
- identità aziendale
- storia
- management e risorse umane
- caratteristiche e qualità del prodotto (value)
- stile e cura del servizio
- pricing
- tipologia di lavorazione e approvvigionamento
- tecniche di vendita e distribuzione
- customer service
- customer care e PR
- tecniche di promozione
- strategie di comunicazione
- mercato di riferimento.

Rappresenta soprattutto la tua unicità, la tua visione. Identifica la tua *value proposition*, una caratteristica che ti rende unico e memorabile. È la carta d'identità valoriale della tua azienda.

### *3.2.3. Disegnare o ridisegnare la tua brand identity*

Progettare una **BRAND IDENTITY**[30] **INCISIVA E COERENTE** è il punto di partenza per ogni tua attività. Eccone i passaggi:

- ricerca di mercato
- studio dei target
- benchmarking (studio comparativo dei tuoi competitor)
- analisi della tua offerta
- studio di naming (nome) e tagline (slogan)
- strategia di branding (come, dove e perché usare il tuo brand)
- progetto o redesign del logo, corredo dei colori e tipografia (font e loro uso)
- linguaggio visivo (uso di forme, icone, grafiche e immagini fotografiche)
- visual applicato a website e altri tool online (gestione del sistema comunicativo online)
- design complementare (insegne, cartellonistica, display, gadget)
- packaging design (es. imballaggi per confetture o etichette vino della casa)
- stationery design (fatture, ricevute, carta da lettere, buste, messaggi interni e ufficiali, fax, biglietti da visita, ecc.)
- comunicazione cartacea (brochure, depliant, pieghevoli, locandine, volantini)
- manuale e linee guida per brand identity.

### *3.2.4. Creazione del logo*

Punto di partenza per trasmettere il messaggio di unicità del tuo brand è la creazione/comunicazione di un segno che ti aiuti a **PROMUOVERE UN SOGNO**.

Questo segno racconta ciò che sei, attraverso un simbolo intuitivo, immediato, diretto, inconfondibile: il tuo **LOGO**, che include i principali elementi dell'identità di brand.

[30] Vedi approfondimenti nell'intervento di Mirco Moretti nel capitolo 4

Il tuo logo è il ponte con i desideri e i bisogni dei tuoi clienti, un segno che include o simboleggia:

- nome
- colori
- font
- value pro position.

**Azione**: guarda il tuo logo e immagina di essere un utente che non ti conosce ancora.
Il nome del ristorante e i font utilizzati per rappresentarlo descrivono la tua storia e la tua cucina?
I colori del marchio raccontano territorio, piatti, tradizione culinaria, interior design del tuo locale?
La forma del marchio evoca le emozioni e i percorsi del gusto che tu proponi?
Se hai risposto NO a tutte le domande è giunto il momento di ripensare l'elemento grafico più importante della tua comunicazione.

Thomas Jefferson's Poplar Forest:
Rev Group

**Figura 3.1. Struttura del logo (tratto da: *Design Brand Identity* di Alina Wheeler)**

Un logo è, generalmente, costituito da tre elementi chiave:

- logotipo (usualmente il nome del brand)
- marchio (elemento simbolico o brandmark)
- claim (o tagline).

Il **LOGOTIPO** – il nome del brand – talvolta non viene incluso e si decide di utilizzare solo il simbolo, es. Nike.
Altre volte il **marchio** coincide con il nome del brand, es. Google.
La **tagline** è una breve frase – slogan di marca – che cattura l'essenza del brand. Tra gli esempi più famosi: Nike per il suo tagliente *Just do it* o il celebre *Think Different* della Apple.

Come il tuo messaggio deve reggere – e adattarsi – a ogni contesto comunicativo, così il tuo logo va studiato per ogni situazione: offline e online.

La tua brand identity è tangibile e viene percepita attraverso i sensi e i processi percettivi dei tuoi utenti/clienti. Deve far scattare il riconoscimento, sottolineare le differenze con altri brand, rendere le tue grandi idee accessibili e condivise da tutti! Deve farsi brand image: essere riconosciuta e apprezzata dal numero più alto e al contempo mirato di interlocutori.

### *3.2.5. Cosa significa fare branding?*

Fare branding è un processo per costruire la *brand awareness* (conoscenza e notorietà del brand), rafforzare la *brand loyalty* (non solo fidelizzazione, ma soprattutto fiducia, autorevolezza) e diffondere la *brand reputation* (favorire la considerazione positiva del brand e dei suoi prodotti).
Condividi motivazioni convincenti e forti valori, così che i clienti scelgano il tuo marchio. Costruire e accrescere la tua reputazione è un lavoro lungo e costante. Un vero e proprio investimento sul futuro.

### *3.2.6. Personal e corporate branding*

Il **PERSONAL BRANDING** racchiude un insieme di strategie e di azioni mirate alla promozione di una persona – come il freelancer che si occupa di fotografia o il digital marketer – applicando le tecniche del marketing d'impresa.
Il **CORPORATE BRANDING**, invece, si concentra sulla promozione dell'azienda.
Talvolta occorre applicare tecniche miste: un esempio classico è quello dello chef che opera nel ristorante, non è forse vero?

**Figura 3.2. Caso esemplare di personal brand design: Jamie Oliver**

### 3.3. Comprendere il comportamento del cliente

Capire come si comportano le persone che vuoi diventino tuoi clienti è difficile, ma è molto importante per usare le giuste strategie e poi (solo dopo) i giusti strumenti.
Per spiegare meglio il concetto, proviamo a mettendoci nei panni di un ipotetico cliente in cerca di un posto dove mangiare.

#### FASE 1

Non conosco ancora il tuo ristorante, per cui ti devi "promuovere" nei posti che frequento, ad esempio su Google quando esprimo un bisogno preciso facendo una ricerca, su Facebook mentre comunico in modo divertente, sui siti verticali di settore, sui vari social network dove i miei amici condividono foto, esperienze, check-in ecc.

#### FASE 2

Cerco conferme e rassicurazioni: specialmente quando decido di andare in un posto che non conosco, ho necessità di abbassare l'ansia di rischiare una brutta esperienza e la paura che sia una fregatura oppure di rassicurare me stesso confrontandomi con esperienze di altri utenti. Quindi vado a sbirciare sui siti di recensioni, come per esempio TripAdvisor.

#### FASE 3

Ho scelto il ristorante e devo individuarne la location. Dovrò vedere dove ti trovi, quando sei aperto (una cosa che mi fa davvero innervosire è non trovare subito queste informazioni e magari presentarsi lì trovandoti chiuso), se posso arrivare a piedi o se c'è un parcheggio.

#### FASE 4

Ci vado. Se l'esperienza è stata positiva ne parlo bene sui social media o sui siti di recensioni, dando quindi la possibilità alle altre persone di entrare in contatto con il tuo esercizio.
E si torna alla Fase 1, ma con un'altra persona.

#### FASE AGGIUNTIVA

Riprendo la mia vita e mi scordo del tuo ristorante a meno che tu non sia stato così bravo da farmi lasciare la mail o il numero di cellulare. Potresti rimanere in contatto con me e stimolarmi a ritornare. Smart, vero?

Questo è solo un esempio per farti vedere come una strategia di web marketing sia articolata e come occorra compiere tante piccole azioni per entrare in contatto (e poi rimanerci) con le persone.

### *3.3.1. Teorie sul comportamento degli utenti*

Esistono varie teorie sul comportamento degli utenti cui faremo soltanto cenno, lasciandoti i link negli approfondimenti.

La prima è quella relativa ai "Tre Momenti di Verità" della multinazionale P&G che teorizza 3 fasi: **STIMOLO**, **PRIMO MOMENTO** della verità (il potenziale cliente decide di acquistare o meno) e il **SECONDO MOMENTO** della verità (il cliente ha acquistato e usa il prodotto).

Qualche anno fa un dipendente di Google teorizzò lo ZMOT, ovvero **ZERO MOMENT OF TRUTH**, introducendo un'altra fase, il momento zero dopo lo stimolo, ovvero la navigazione online alla ricerca di informazioni prima dell'acquisto.

Queste teorie sono molto interessanti e hanno scatenato un grande dibattito in rete. Il succo del discorso è che occorre entrare in contatto più volte con le persone. Il marketing è un processo lungo e tortuoso ma lo devi percorrere tutto (o quasi) per raggiungere la tua prosperità.

## 3.4. Progetto digital marketing per il ristorante

Abbiamo visto come la rete sia luogo di incontro per il brand con clienti e lead, ma anche dei consumatori tra loro.
In questo contesto così prolifico, i diversi comparti del tuo business si intrecciano:

- comunicazione
- marketing
- promozione
- pubblicità
- branding
- customer service e problem solving
- digital public relationship
- sales.

Proprio da questi presupposti nasce la nostra visione olistica della promozione e comunicazione e quindi della gestione dei tuoi spazi web aziendali.
Tutti gli elementi e le tecniche con le loro caratteristiche e gli obiettivi da raggiungere vanno inseriti in una visione di più ampio respiro: il tuo progetto

SUL WEB DEVI TROVARE LA TUA IDENTITÀ DIGITALE,
PERFETTAMENTE IN LINEA CON L'IDENTITÀ E L'IMMAGINE DEL TUO BRAND.

Questo approccio è vincente in un contesto web, dove i consumatori, condividendo informazioni tra loro e potendo relazionarsi direttamente con il brand, iniziano a mutare i loro percorsi decisionali e d'acquisto. Anche la comunicazione interna e la partecipazione degli impiegati di un'azienda stanno evolvendo e divenendo più comunitarie e condivise. Coinvolgi quindi nel tuo progetto anche i tuoi collaboratori, assegnando a ciascuno compiti semplici, definiti e condividendo gli obiettivi da raggiungere.

### *3.4.1. Inbound marketing: significato e applicazione*

Per essere competitivo e performante con il tuo brand, occorre conoscere e cavalcare questa tendenza.
Devi cambiare il modo di presentare la tua offerta, non più imponendola (push marketing), ma attirando e convincendo gli utenti e condividendone valori e benefici (pull marketing).

**INBOUND MARKETING** significa quindi progettare una campagna di promozione e comunicazione, centrata su uno specifico messaggio e con obiettivi misurabili, curando una relazione con i tuoi interlocutori e accompagnandoli attraverso il processo di decisione e di acquisto, fino al raggiungimento del tuo goal.
In una frase: attirare, convincere, dialogare, per convertire, per raggiungere i tuoi obiettivi commerciali.

**Azione**: immagina di organizzare una serie di lezioni di cucina con il tuo chef. Dopo aver progettato e gestito i dettagli organizzativi devi distribuire questo nuovo prodotto. Non credo che tu voglia scrivere una lettera di invito all'iscrizione a tutti gli abitanti della tua cittadina o del tuo quartiere. Perché non creare una serie di ricette (una per tipologia di lezione), postarle sul tuo blog aziendale e distribuirle sui social media? In posizione tattica ti suggeriamo una call-to-action (es. *Hai trovato gustosa la ricetta dello chef? Scopri altri segreti con la lezione di cucina...*). La CTA porta a una landing page con un form per l'iscrizione al corso, comodo vero?

### *3.4.2. Come cambia il progetto: web 3.0*

Con la diffusione delle connessioni e con l'aumento della permanenza sul web, siamo passati a un approccio legato alla condivisioni di emozioni, esperienze e recensioni di prodotti e servizi. Ma anche a una relazione più diretta e coinvolgente con i brand.
Si è entrati in una nuova fase, in cui le aziende non espongono la loro offerta su Internet, come in una vetrina virtuale (web 1.0), ma entrano in relazione con gli utenti – clienti e prospect – prima ascoltandoli e poi andando incontro a richieste e bisogni, non più percepiti ma dichiarati – la nuova era web 2.0.
Anche se ormai parliamo di comunicazione 3.0 – ossia delle relazioni in real time.

### *3.4.3. Perché creare il tuo progetto*

Un accurato progetto può migliorare le performance del tuo business online?

Partiamo da sei considerazioni:

1. ti relazioni a un mercato sempre connesso, con device in rapida evoluzione/obsolescenza
2. i tuoi clienti sono esposti a una mole di messaggi commerciali mai vista in precedenza
3. gli utenti sono profondamente cambiati e consapevoli dei propri bisogni e di mezzi/standard per soddisfarli
4. il mercato è attraversato da una profonda crisi strutturale e socio-economica sin dal 2008
5. i plus aziendali riguardano qualità, servizio, ma spesso proposte scontate (deal, last minute, offerte, sconti, concorsi, ecc.)

6. tutti i tuoi competitor sono online: si inasprisce la sfida di fare emergere il tuo brand e le tue offerte commerciali.

Questa sfida è persa in partenza se non ci prepariamo con un eccellente e implementabile progetto di Web Marketing. Serve per diventare competitivi e performanti, per essere in grado di affrontare novità e brusche sterzate del mercato, per crescere.

Negli anni '70 il consumatore riceveva circa 500 messaggi pubblicitari al giorno.[31]
Oggi arriviamo a ricevere fino a 30.000 input promozionali giornalieri, causa esposizione sui social, connessione costante, multi-channel[32], ecc.

Per emergere in un mercato così complesso e sfuggente è necessario **PIANIFICARE ACCURATAMENTE I TUOI OBIETTIVI**, le tue strategie, scegliendo gli strumenti giusti, organizzando il lavoro tuo e dei tuoi colleghi/collaboratori, ponendoti traguardi misurabili e raggiungibili in tempi ragionevoli.

### *3.4.4. A cosa ti serve il piano di web marketing*

Un buon progetto ti è utile per le ragioni che abbiamo analizzato finora, ma anche per conoscere i tuoi utenti e costruire spazi web aziendali (sito web, blog, social media) su misura delle loro esigenze, comunicando e promuovendo la tua offerta, da un lato diffondendo la conoscenza del tuo brand, dall'altro curando i tuoi clienti, dall'acquisizione dei loro dati (lead generation) alla vendita del tuo tavolo, alla soluzione di dubbi e problemi.

### *3.4.5. Come impostare il tuo progetto: le azioni*

Il piano di marketing digitale comprende 5 azioni + 1. Ogni azione può includere una o più attività web:

1. **attrarre il cliente/prospect** – in questa fase collochiamo a esempio

[31] Jay Walker-Smith, *Yankelovich Consumer Research*. Un estratto della ricerca si trova al link cbi.hhcc.com/writing/the-myth-of-5000-ads

[32] *Mediocre Marketing Messages – A Major Marketing Malfunction*, themarketingchef.com

la pubblicità online e offline, il blog, i social network. Qui dobbiamo farci conoscere

2. incuriosire l'utente, fornendo contenuti di qualità (**engagement**) – a esempio con i social network, con il blog, con la pubblicità – tecnica remarketing. Qui la relazione cresce e piano piano aumenta la fiducia nei tuoi confronti
3. **lead generation** – attraverso blog, social media o Google AdWords, Facebook Ads. In questa fase il tuo utente interagisce con te, lasciandoti i suoi dati
4. **lead nurturing** (nutrire il rapporto) con newsletter, con tutte le piattaforme in cui condividi know-how ed esperienze
5. vendere prodotti o servizi (**conversione**) – la parte che ti piacerà di più: vendere pasti/tavoli
6. **misurazione** che non deve mancare mai ed è necessaria in tutte le fasi (elemento trasversale e presente in ogni step).

Le diverse azioni devono essere sapientemente selezionate e miscelate tra loro, applicando varie tecniche che troverai sviluppate nei prossimi capitoli, e ovviamente governate da un progetto.

### 3.5. Le 4 fasi del progetto di Digital Marketing

#### FASE 1

*Analisi: la raccolta dei dati – cosa cercare?*

In questa fase raccogli informazioni su: target (clienti e prospect), il tuo mercato (la ristorazione nel tuo territorio), il tuo brand (la tua cucina e il tuo servizio), i tuoi competitor, le novità/opportunità del tuo settore (idee, mode, tendenze italiane ed estere).

- **Target:**
  - bisogni
  - caratteristiche
  - abitudini alla ricerca e all'acquisto
  - quanti e quali (segmentazione).

- **Mercato**
  - rischi

- opportunità
- analisi consuntiva (risultati)
- analisi previsioni (proiezioni).

- **Brand**
  - vision & mission
  - storia & risorse
  - offerta
  - punti di forza
  - punti di debolezza
  - value.

- **Benchmarking**
  - competitor.

- S**ettore merceologico**
  - evoluzione del settore ristorativo.

**FASE 2**

*Sintesi: l'elaborazione dei dati – cosa individuare?*

Metti in ordine tutti gli elementi che hai raccolto cercando di trarre conclusioni e obiettivi che vuoi/puoi raggiungere:

- target: quanti e quali sono – definizione della tua **audience**
- mercato: rischi e opportunità – definizione **contesto**
- brand: USP (unique selling point o argomentazione esclusiva di vendita), beneficio, **linee guida comunicative**
- benchmarking: **contesto competitivo**
- settore merceologico: **tendenze** e previsioni
- **obiettivi**: offline e online.

*Obiettivi*

Gli obiettivi devono essere: chiari, quantificabili, realistici, misurabili, implementabili.

### FASE 3

*Strutturazione: la progettazione – individuazione di strumenti e strategie*
Per raggiungere i tuoi obiettivi in termini di brand, vendita e performance, scegli gli strumenti da usare e le modalità con cui utilizzarli:

- **strumenti** di promozione e comunicazione (sito web, social network, blog, e-zine, app, adv)
- **strategie**: targeting, branding, digital PR, customer service, comunicazione, vendita online
- **tattiche**: singole azioni e campagne
- strumenti di **monitoraggio** e **misurazione** performance: web & social analytics (es Google Analytics).

### FASE 4

*Pianificazione: tempo*
Ora che hai trovato i tuoi strumenti e metodi, individua in quanto tempo e con quanto investimento in denaro e in collaborazioni puoi raggiungere i tuoi obiettivi:

- **tempi**: strumenti di pianificazione quali project management system, piano redazionale per i contenuti
- **budget** da allocare
- **risorse umane** (persone del tuo staff o consulenti esterni)
- **assegnazione task** e competenze
- individuazione tempi/modi per **verifiche** e test.

### ESEMPIO 1

Nel tuo progetto includi la creazione o il redesign del tuo sito web. Quali possono essere gli obiettivi?

**Vendita**: restaurant booking online, richiesta disponibilità tavolo via form, vendere offline, magari con un click-to-call da mobile.

**Lead generation** – creazione di una lista di contatti: iscritti a tessera sconto, abbonamento, newsletter, follower su Twitter, fan su Facebook.

**Informare/formare**: su un territorio, una tradizione culinaria, sul settore merceologico.

**Intrattenere**: per stimolare l'engagement (quando l'utente fidelizzato ci dà feedback, contribuisce alle discussioni, promuove il nostro brand).

**Brand awareness**: far conoscere il tuo brand, soprattutto se stai lanciando un nuovo marchio.

**Brand loyalty**: recuperare la fiducia perduta dopo una crisi di comunicazione o acquisire una maggiore credibilità.

**Brand reputation**: aumentare autorevolezza e diffondere la notorietà del brand.

**ESEMPIO 2**

*Devi creare un piano di comunicazione e digital marketing per il tuo ristorante. Quali strumenti scegliere?*

Crea un **sito web** community oriented: facile da aggiornare e da arricchire frequentemente di contenuti freschi e dedicati ai tuoi lettori.

Scegli le **piattaforme sociali** da allineare al sito: non dimenticare di valutare Facebook, Twitter , Instagram, Pinterest e Google+.

Individua **strumenti di monitoraggio** e analisi performance sito web e social.

Crea strategie di **lancio e promozione** del sito web e della tua nuova veste promo-comunicativa.

Organizza il lavoro di **Content Marketing** su website e piattaforme sociali.

### *3.5.1. Che cosa individuare nel tuo target*

Ecco gli elementi da individuare nel tuo target:

- elementi demografici (età, etnia, sesso, cultura, residenza, provenienza, stato familiare)
- elementi economici (lavoro, condizioni, abitudini di spesa)
- età
- elementi familiari (single, famiglia tradizionale o alternativa, figli)
- elementi spirituali (orientamenti religiosi, scelte di vita e etiche, ecc.)

- abitudini alimentari (onnivoro, vegano, vegetariano, crudista, paleo dieta, salutista, sportivo, intollerante o allergico, diabetico, obeso, ecc.)

Contestualizza sempre, perché la tua analisi e la tua relazione con il cliente non si fermano alla fase iniziale del tuo progetto di comunicazione e vendita, ma continuano in ogni fase del vostro rapporto. Per continuare la relazione con il tuo target tieni costantemente monitorati:

- referral (quale è la fonte con cui ti ha individuato/contattato)
- stato del ciclo di vendita (prima della cena, dopo la cena, prima prenotazione)
- livello di esperienza nella meal experience (gourmet, food blogger, gastronomo, food traveller, appassionato di cucina, cuoco, cliente curioso, cliente medio, ecc.)
- livello di cultura digitale (nerd, utente esperto, utente medio, user alle prime armi, neofita)
- frequenza di acquisto (prima volta, acquisto sporadico, acquisto frequente, prenotazione ricorrente)
- modalità di acquisto/contatto (online booking, form, email, telefonata, prepagamento online, cash, carta di credito, mobile payment, Groupon e flash deal site).

### *3.5.2. Il tuo piano in pillole*

Non devi solo individuare il target con cui instaurare la relazione ma anche la tua strategia (insieme di tecniche e tattiche che ti portano a conseguire gli obiettivi che ti sei posto).
Per mettere in pratica queste tecniche e raggiungere i tuoi obiettivi individua degli strumenti: es. il sito web, il blog aziendale, la brand page di Facebook, una piattaforma di restaurant booking online, un sistema di food delivery ordering, un account aziendale su Pinterest e Instagram.
Inizia a pianificare i compiti e le tattiche, con obiettivi brevi e scadenze, scegliendo le risorse umane cui affidare le task. Individua gli indicatori di successo per il raggiungimento dei tuoi goal: misuratori e sistemi di monitoring delle tue performance.

### *3.5.3. Le 7 chiavi di successo*

Ricorda che qualunque obiettivo ti prefigga nel tuo progetto di promozione, comunicazione e vendita o in ogni singola campagna, devi tenere a mente queste 7 linee guida:

1. aumentare il numero dei lead (prospect mirati e profilati, potenziali clienti)
2. aumentare le tue conversioni (anche in termini di vendita)
3. aumentare il valore di ciascuna conversione (transazione di acquisto o ordine)
4. aumentare la frequenza di acquisto
5. incrementare la durata della relazione con il tuo cliente (in numero di anni)
6. incrementare il numero di referral (fonti dalle quali provengono nuovi clienti)
7. incrementare i tuoi margini di profitto.

Ora sei pronto a realizzare il tuo piano di comunicazione, promozione e vendita del tuo tavolo!

Mi dirai: "Tra il dire e il fare c'è di mezzo il mare!"
Certo! Per questo vedremo, nel corso del nostro manuale, di individuare suggerimenti, esempi, consigli e casi di studio utili a delineare la tua road map.
Andiamo per ordine e cominciamo dal tuo strumento primario: il sito web!

### APPROFONDIMENTI

- Vickie Flaugher, *Say What chef?*, Smartwoman Publishing, 2014
- Stephen White, *Restaurant Marketing*
- Riccardo Perini, *Il Momento Zero della Verità nel Processo Decisionale e d'Acquisto,* riccardoperini.com
- Jonas Ridderstråle, Kjell A. Nordström, *Funky Business,* 2000 (il libro che ha cambiato l'approccio lavorativo di Nicoletta), fuori catalogo, ma i loro libri successivi sono molto interessanti.
- Paula Yacomuzzi, *Progettare un Logo*, Logos Edizioni, 2012
- *Zero Moment of Truth (ZMOT)*, thinkwithgoogle.com

### TAKE AWAY

- Parti dalla tua identità, senza presunzioni, senza preconcetti
- Scegli o cura la tua nicchia esclusiva e differenziati
- Disegna la tua corporate identity, base per qualsiasi strategia di comunicazione, promozione, vendita
- Non esiste la verità assoluta, la soluzione fotocopiabile e replicabile su tutti i ristoranti: scegli le opportunità che meglio si sposano con la tua offerta e con il tuo mercato/target
- Il segreto per una buona pasta è la pasta! Lavora sempre sulla *tua offerta* che non è solo cucina, ma servizio, comunicazione interna, esterna, promozione, distribuzione, ecc.
- Individua strategie e strumenti adatti per il tuo ristorante, crea un progetto basato sul marketing mix (non usare solo un tool o una tecnica)
- Non improvvisare, mai! Non sei un jazzista!
- Pensa a consolidare i clienti acquisiti e a creare nuovi clienti (il costo di un nuovo cliente è tra le 7/10 volte più oneroso)
- Misura i tuoi risultati: con il web lo puoi e lo devi fare
- Il piano di marketing digitale non è ONE shot, ma un processo lungo e articolato.

# 4. Sito web, strumento fondamentale

*di Nicoletta Polliotto*

*«Great products and services require bravery.*
*Design puts a shape to your courage».*
Robert Hoekman Jr

## 4.1. Creazione

Dopo aver analizzato le potenzialità, individuato le linee guida della tua strategia digitale, elaborato il tuo progetto, metti in ordine le priorità e fai un passo dopo l'altro.
Crea uno spazio online rappresentativo del tuo ristorante, istituzionale, *owned*, con la possibilità di raccogliere contatti, prenotazioni, di creare e nutrire la tua community.
Il **SITO WEB** è lo strumento marketing più potente a tua disposizione, non più esclusivamente una vetrina online. Un vero e proprio toolkit di vendita e comunicazione, specialmente in piena era web 3.0, così dominata dalla conversazione in real time tra le persone e tra cliente e brand.

Il website va costruito intorno all'utente. Cerchiamo di scoprire perché.

### *4.1.1. Come iniziare?*

*Come valutare quale momento dell'anno sia quello giusto per iniziare il tuo progetto?*
La domanda è retorica, perché escludendo le settimane di maggiore operatività, come luglio e agosto per i ristoranti in riva al mare, è sempre il momento giusto, considerando che un buon progetto richiede un'evoluzione anche di parecchi mesi.

*Quando è ora di creare/riprogettare un website?*
Dipende dalla storia del tuo brand e dalle necessità del tuo business. È sicuramente utile in questi tre casi:

**STARTUP**
Apertura di un nuovo locale o ristorante.

**REDESIGN**
Quando il sito web non risponde alle esigenze degli utenti, non è performante, non è attuale da un punto di vista tecnologico, comunicativo ed estetico.

*Esempi*
- Tu vorresti inserire news e ricette ma non puoi farlo
- il tuo cliente prova a collegarsi sul tuo sito web da mobile e non vede nulla o solo contenuti illeggibili
- provi a digitare il nome del tuo ristorante su Google e non lo trovi nelle prime pagine dei risultati... Devi correre ai ripari!

**REBRANDING**
Quando il tuo website non è allineato alla comunicazione aziendale.

*Esempi*
- Hai appena commissionato un nuovo logo e tutto il tuo corredo comunicativo, ma il tuo sito web è rimasto indietro
- hai ristrutturato il ristorante, cambiando colori, interior design, servizi. Devi allineare il tuo sito corredandolo di un buon servizio fotografico.

- stai aprendo a nuovi mercati e nuovi target. Sul tuo sito web, però, ti rivolgi al target sbagliato.

**NUMERI IN PILLOLE**

I dispositivi connessi sono più degli abitanti sulla Terra.
Circolano più smartphone (4 miliardi) che spazzolini da denti (3,5 miliardi).
I dati visivi sono processati, dal nostro cervello, 60.000 volte più velocemente rispetto a quelli testuali.[33]

Tutto il mondo è online, prevalentemente su dispositivi mobile, dove si condividono per lo più immagini, video e recensioni. Dunque, sono questi gli obiettivi cui il tuo sito deve puntare:

- comunicare (clienti, prospect, lead)
- promuovere (offerta e brand reputation)
- vendere worldwide/24h
- customer service in real time.

Nel precedente capitolo abbiamo capito quanto sia importante definire un progetto di Digital Marketing. Insieme abbiamo individuato: target, mercato, competitor e, soprattutto, i tuoi obiettivi, nonché metodologie e tool attraverso cui raggiungerli.
Il website è lo strumento di comunicazione e marketing per antonomasia: va realizzato seguendo un coerente progetto di web design, con parametri di misurabilità. Non comporta la sola realizzazione grafica – ricorda che la parola "design" ha un più ampio significato, ovvero, "progetto". Dobbiamo tenere in conto, quindi, anche la funzionalità e le performance.
È, ancora, strumento di distribuzione e vendita predominante: lo abbiamo visto per il mondo travel e lo approfondiamo nel capitolo 10 per la stessa ristorazione.

[33] Alexandra Jacopetti, *33 Captivating Statistics That Could Change Your Marketing Strategy*, socialmediatoday.com, 2014

Per questa e altre ragioni, il nostro consiglio è di rivolgerti a un'agenzia di provata esperienza, che conosca il tuo settore, mostri un portfolio di qualità, parli con chiarezza di progettazione, di obiettivi da raggiungere e ti prospetti uno strumento dinamico, di grande usabilità per i tuoi lettori e facile gestione per te, mobile friendly, attuale e innovativo. Che sappia coinvolgerti.
Scopriamo insieme alcuni punti chiave per comprendere come l'agenzia dovrebbe prospettarti un progetto condiviso.

## 4.2. Processo di riprogettazione in 7 passi

Realizza uno strumento implementabile e aggiornabile, grazie a un CMS (Content Management System),[34] misurabile attraverso la Web Analytics, in linea con il tuo progetto di Digital Marketing, facilmente condivisibile – fidelizzazione e passaparola – anche attraverso i social media.

### *4.2.1. Interviste*

È importante realizzare una serie di interviste e di incontri ristorante/agenzia: sarà così più semplice condividere e delineare visione e missione del ristorante, linee guida del brand e del progetto e futuri contenuti.

*Obiettivo*
Creare un website che fornisca informazioni utili al lettore.

*Deliverable (cosa ti viene consegnato)*
Intervista.

### *4.2.2. Bozza di progetto*

Realizzare una bozza di progetto è indispensabile, affinché l'agenzia e il team del ristorante siano allineati e ben aggiornati su tutte le linee

[34] Sistema per la gestione semplificata dei contenuti di un sito web. Consente l'inserimento e la modifica agevole di pagine, articoli, immagini e altri dati senza ricorrere a conoscenze tecniche di sviluppo

guida. Questa traccia è aggiornata periodicamente, man mano che il progetto evolve, e avrà il compito di rispondere alle seguenti domande:

- quali sono i nostri obiettivi?
- in che modo sapremo se il progetto avrà successo?
- perché dobbiamo realizzare questo website?
- che cosa ci occorre, in funzionalità?
- a chi ci rivolgiamo? E come glielo faremo sapere?
- chi fa parte del team di progetto?
- quali sono le deadline (tempi di consegna)?

*Deliverable*
Traccia del progetto (project brief).

### *4.2.3. Analisi dei competitor*

Guardiamoci attorno. Bisogna analizzare il panorama di competitori del tuo ristorante, comparandone punti di forza e di debolezza, evidenziando opportunità – non colte da altri – sulle quali far leva e caratteristiche da evitare.

*Deliverable*
Analisi comparativa.

### *4.2.4. Architettura dell'Informazione*

L'architettura dell'informazione ha il compito di organizzare il contenuto, così che sia facile da capire. Regalerà, già in fase iniziale, una visione d'insieme della struttura.
Verrà disegnata una mappa che mostra le relazioni tra i contenuti e le parti principali del tuo nuovo sito. Si valutano i contenuti, gli attuali obiettivi, le performance del sito e il traffico e poi si procede alla modifica in base agli aggiornamenti da compiere. Questo diagramma ci aiuta a verificare i nostri nuovi goal e ci guida nel lavoro durante tutte le fasi successive.

*Deliverable*
Mappa o diagramma del sito.

**Figura 4.1. Ordina i contenuti: made in Italy, vendita online, ingredienti naturali (© CreativeMints)**

### *4.2.5. Wireframe*

Approvata l'architettura, si passa alla creazione di wireframe o bozze in cui si studia la distribuzione degli elementi (testi, immagini fotografiche, video) nello spazio della pagina, in base alle loro priorità.
Aiuta sia a comprendere come sta evolvendo il nuovo sito sia a creare i contenuti in modo più funzionale.

*Deliverable*
Wireframe.

### *4.2.6. Tavole di ispirazione*

Per respirare in anteprima stile e visione del nuovo progetto, sono di grande aiuto le tavole di ispirazione – alla Pinterest – in cui si combinano parole, scelte tipografiche, immagini, animazioni e palette colori.
Lo scopo è presentare diverse ispirazioni creative, capire e selezionare il mood che meglio si adatta alle caratteristiche del tuo nuovo progetto.

*Deliverable*
Schede e tavole di ispirazione.

**Figura 4.2. Palette colori e header per il blog Ristorante La Terrazza, San Marino**

**Figura 4.3. Combinazione tipografica per il blog Ristorante La Terrazza, San Marino**

**Figura 4.4. Facebook brand page: mockup in linea col nuovo brand del Ristorante La Terrazza, San Marino**

### *4.2.7. Mockup e prototipi*

L'ideale è vedere attraverso gli occhi del proprio pubblico. Per questo si disegnano in questa fase dei mockup. Sono bozze grafiche dettagliate delle tue pagine, integrate con testi e immagini fotografiche e accompagnate, se possibile, anche da prototipi interattivi. Utili per effettuare dei test, avere feedback ed evidenziare, così, eventuali aree problematiche o confermare la bontà delle soluzioni adottate.

*Deliverable*
Mockup e prototipi.

**Figura 4.5. Risotteria Melotti NYC: percorsi intuitivi e chiare call-to-action**

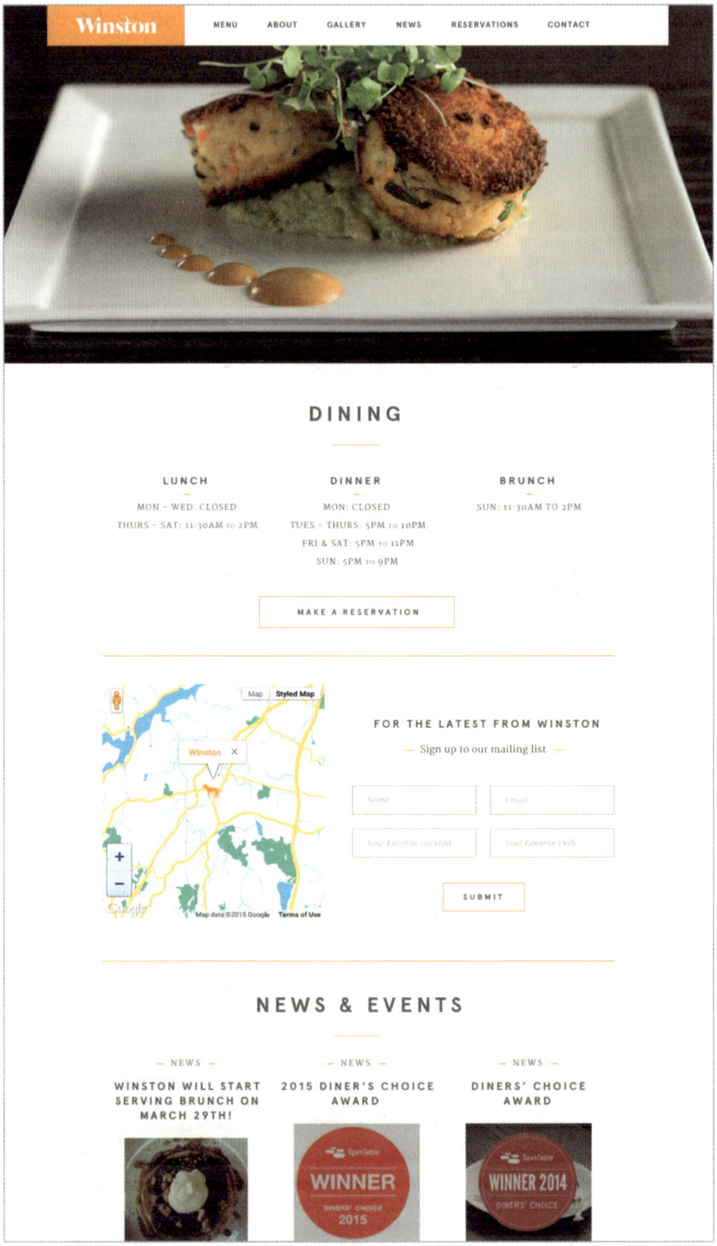


**Figura 4.6. Winston Restaurant: soluzioni grafiche evolute, come localizzazione e RWD**

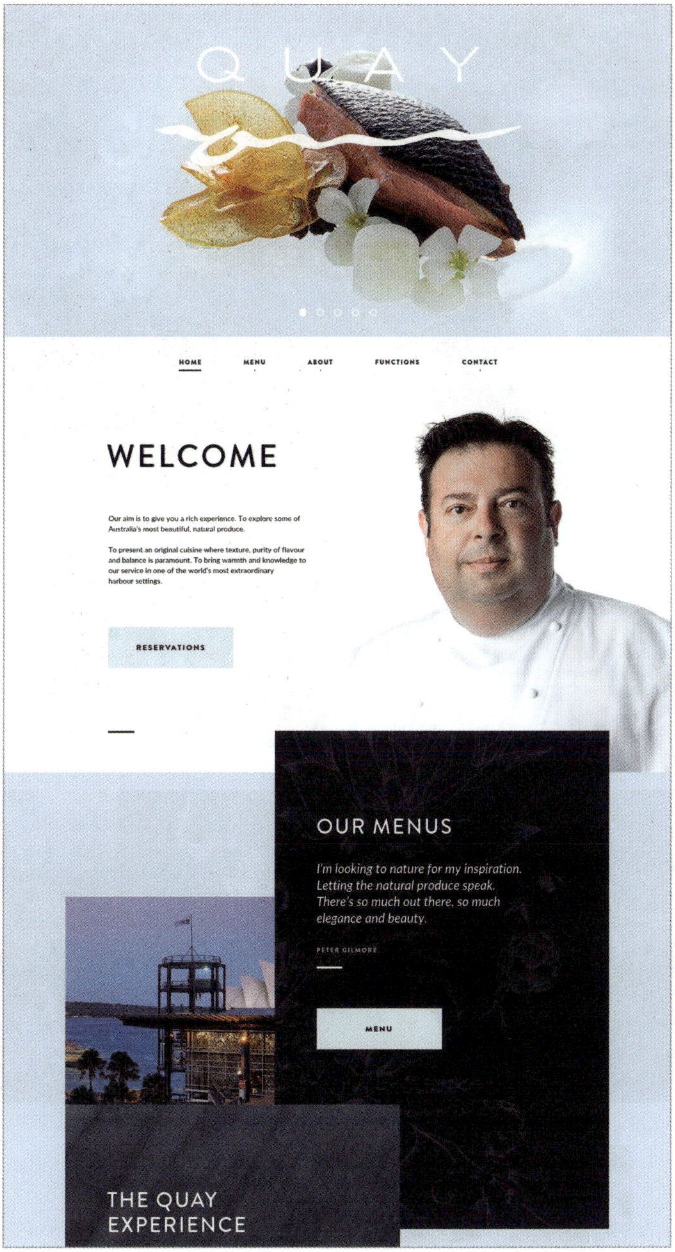


**Figura 4.7. Quay Restaurant: contenuti dinamici, menù e news, gestiti in autonomia**

**Figura 4.8. TheRosa (by George Olaru): foto grandi, suggestive e testi incisivi**

Completato il processo di architettura dei contenuti e progettazione visiva, si procede, quasi in parallelo, allo sviluppo del codice e configurazione del CMS.
Nonché alla creazione dei testi e alla realizzazione dello shooting fotografico.[35]

Prima della pubblicazione online, dovremo preoccuparci dell'editing finale e della fase di testing, per verificare la buona funzionalità del sito.

## 4.3. Fare felici i tuoi clienti (customer experience)

Abbiamo visto come sia determinante conoscere e ascoltare i tuoi clienti per progettare meglio gli strumenti di promozione e di engagement online.
Questi stessi strumenti – il tuo sito web, il tuo blog, le tue piattaforme sociali – così come la relazione con il tuo cliente devono convergere verso la sua soddisfazione e la sua felicità.
Questo ne favorisce fidelizzazione, passaparola e condivisione di una gratificante esperienza con amici (in rete ha una connotazione "estensiva"). Trasforma il tuo cliente in un brand ambassador o un influencial people.[36]
Ecco 5 modi per fare felice il tuo cliente *sia offline sia online* con ogni strumento di cui dispone il tuo ristorante.

### OTTIMIZZA L'OSPITALITÀ DEL TUO STAFF

Il servizio è giudicato talmente importante dal tuo ospite da essere considerato al pari della qualità dei tuoi piatti. Uno staff gradevole e affiatato aumenterà anche il benessere dei tuoi stessi collaboratori. Punta sulla formazione e insegna loro ad essere cordiali, rispettosi, ad ascoltare il cliente, anche online.

### CREA UN PROGRAMMA DI FIDELIZZAZIONE

Una card con punti, uno sconto, un omaggio per il compleanno, piccoli doni fedeltà. Meglio ancora se a consegnarli è lo chef o il titolare. La parola chiave è la sorpresa! Comunica bene online.

[35] Capitolo 5
[36] Vedi capitolo 12

### GESTISCI I PROBLEMI E RISOLVILI

Come avviene online con le recensioni su TripAdvisor, anche nel ristorante, un piatto arrivato troppo tardi o un cibo freddo può diventare una tragedia. Insegna al tuo personale a gestire con rapidità e in modo smart le problematiche. Il problema passa davanti a tutto, il piatto si sostituisce, pensa a una gratuità per compensare l'inconveniente.

### CREA L'EFFETTO SORPRESA

Con un omaggio inatteso o con un messaggio personalizzato sul tavolo o nel piatto... si sentiranno i VIP della serata (se ha prenotato online e lo riconosci al ristorante hai fatto bingo!).

### PERSONALIZZA IL RAPPORTO

Impara i loro nomi e riconosci i clienti abituali. Chiedi a fine pasto se c'è qualche cosa che si possa migliorare. Accetta le critiche, invita a lasciare recensioni online e riserva, al ristorante, un'accoglienza dedicata ai tuoi follower virtuali.

Ricorda che non avrai solo dipendenti e clienti più felici, ma *incassi maggiori*.

## Mirco Moretti ⌘

## PROGETTARE UN SITO WEB PER RISTORANTI DELIZIOSAMENTE RESPONSIVE

### Introduzione

*"Perché ho bisogno di un nuovo sito web?"*
È più o meno questo il genere di domanda a cui molti dei nostri nuovi clienti in Muse Comunicazione desiderano trovare risposta. Difficilmente non è accompagnato da "dolorose" confessioni, del genere:
*"Il nostro sito è davvero superato; è stato disegnato, a prezzo di favore, da un caro amico diversi anni fa... ma non ha mai portato contatti né risponde più alle nostre esigenze. Inoltre ha un aspetto terribile sul mio iPhone! Non riesco a trovare link e pulsanti."*

A questo punto, parecchi baldanzosi web designer subito inizierebbero a incalzare il cliente, tessendo le lodi del Responsive Web Design come panacea di tutti i mali.

⌘

Niente di più corretto, ma si rischia di costringere l'attenzione al solo piano estetico. Per completezza, poi, dovremmo introdurre anche concetti come mobile-first e progressive enhancement.[37] Il rischio è di scivolare in territori esclusivi per smanettoni.

Se noi professionisti della comunicazione non siamo in grado di delineare il contesto e, quindi, trasmettere il significato e il vantaggio reale di un approccio responsive alla progettazione o far comprendere l'impatto che esso può avere sul business dei nostri clienti, allora potranno accumulare solo ulteriori dubbi.

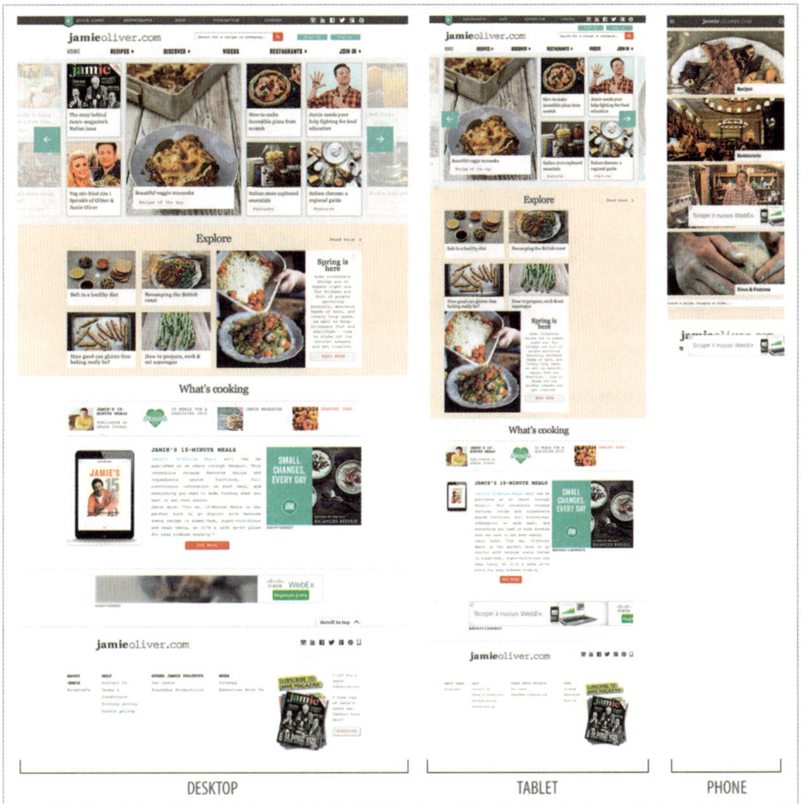


**Figura 4.9. Jamie Oliver Website, buon esempio di Responsive Web Design**

[37] *Mobile-First, Responsive Web Design*, bradfrostcom

### Un mondo in multi-visione

Il tuo ristorante non può più permettersi di ignorare il variegato e florido mondo "mobile" e, purtroppo, avere un sito web "figo", di tendenza, non è più sufficiente. Se ciò che desideri è attirare più persone nel tuo locale, come minimo devi garantire al sito web compatibilità con questo universo, progettandolo in ottica mobile-friendly o, meglio, device-friendly.

**Figura 4.10. Un mondo multi-schermo, ben rappresentato nella home del progetto *This is Responsive*[38] di Brad Frost**

Operiamo in una realtà multi-schermo. Le persone rivolgono piena attenzione e completa fiducia a una miriade di dispositivi differenti, per trovare ciò di cui hanno bisogno. Cosa particolarmente vera nella nicchia del local business, dove, secondo i risultati di recenti sondaggi, il 63% degli utenti usa più dispositivi per trovare un'azienda nelle vicinanze. Ristoranti e altre strutture ricettive dominano questa classifica.

Sai bene, inoltre, quanto sia importante collezionare ottime recensioni per il tuo business. Ciascun ristoratore agogna recensioni online in grado di stimolare il passaparola e attrarre clientela nel proprio locale. Grazie alla rete, è diventato estremamente facile controllare opinioni e consultare i menù, anche quando gli utenti sono in strada o fuori casa. Vale anche per i tuoi

[38] bradfrost.github.io/this-is-responsive

concorrenti. Quindi è più che mai fondamentale sfruttare nuovi approcci alla progettazione, come il Responsive Web Design, per costruire la migliore esperienza utente possibile.

**Cos'è il Responsive Web Design?**
Responsive Web Design (RWD) – questo sconosciuto – è un termine/concetto coniato dal progettista e sviluppatore Ethan Marcotte[39] nel "lontano" 2010. La sua geniale intuizione, spinta dalla necessità di recuperare l'innata fluidità del medium web, prendeva spunto dalla definizione di "architettura reattiva", basata su spazi che hanno la capacità di ridimensionarsi, reagire a seconda del numero e flusso di persone al loro interno.

Una delle possibili trasposizioni in italiano potrebbe essere: Progettazione Web Reattiva. Moltissimi parlano di Sito Web Responsivo, espressione che non amo molto, dato che ha un suono poco elegante. Preferisco, dunque, la prima definizione. Sta di fatto che, in qualsivoglia modo tu preferisca chiamarlo, non cambia lo sforzo tecnico che intende perseguire:

**UN SITO WEB CHE SI ADATTA AL FORMATO DELLO SCHERMO SUL QUALE È VISUALIZZATO, A PRESCINDERE DAL DISPOSITIVO, RECUPERANDO UNO DEI PRINCIPI CARDINE DEL WEB DELLE ORIGINI – LA FLUIDITÀ.**

Idealmente si vuole raggiungere la persona che è appena tornata a casa dal lavoro e desidera controllare sul proprio PC news o eventi di un locale nelle vicinanze, il manager indaffarato che sul suo iPhone è in cerca di un buon posto per una cena di lavoro o il ragazzo che, all'uscita di scuola, usa il suo dispositivo mobile per trovare un posto speciale dove festeggiare con gli amici. Tutti arrivano al tuo sito web seguendo percorsi diversi, guidati, però, dalla stessa necessità: uno strumento facile da usare.

Sta di fatto che il modo migliore per spiegare il responsive design è quello di mostrare come funziona nella realtà e cosa può fare.
Non basta parlare di punti di interruzione, media-query e funzionalità multi-device. Per noi addetti ai lavori è fin troppo facile dimenticare quanto insignificanti questi termini possano suonare alle orecchie di un cliente che si occupa, giornalmente, di tutt'altro.

[39] Ethan Marcotte, *Responsive Web Design*, alistapart.com, 2010

**Siti Web Responsive vs. Mobile Apps**
Giungiamo così alla seconda delle domande che più spesso sentiamo rivolgerci in agenzia:

*"Dovrei investire in un sito web responsive o nello sviluppo di un'app dedicata?"*

La risposta è semplice: l'una non esclude l'altra. Se hai a disposizione un budget bello corposo e obiettivi marketing ben precisi, puoi pensare d'investire anche nella seconda soluzione. Così garantisci la massima qualità nell'esperienza d'uso che, in genere, un'applicazione nativa può regalare.

Per motivi di "bilancio", però, è di buon senso che i piccoli imprenditori scelgano solo una tra le due e, spesso, l'ideale startup per le esigenze specifiche del tuo business è l'approccio responsive. Considera i costi iniziali per riprogettare il tuo sito web in ottica mobile-friendly. Poi i costi per aggiornamenti e manutenzione occasionale. Con un website reattivo avrai meno cose da gestire e di cui preoccuparti, inoltre i tuoi clienti apprezzeranno l'esperienza coerente che può assicurare tra dispositivi differenti.

Se poi la visibilità sui motori di ricerca è una parte sempre più importante nella tua strategia di business, allora un sito web responsive è fondamentale per aiutare a incrementare il traffico in entrata. Un'app mobile vive, per sua natura, in un ambiente chiuso e non può essere direttamente indicizzata dai motori di ricerca, cosa che richiede l'approvvigionamento di traffico attraverso metodi e strategie marketing alternativi.

**Benèfici vantaggi**
Il bello della progettazione responsive, come dicevamo, è che può garantire coerenza visiva ed esperienza utente molto simili, a prescindere dal dispositivo usato (pc, smartphone, tablet, tv, console, ecc.). Semplifica la vita alle persone che visitano le tue pagine, finalmente in grado di trovare quello che cercano.

*L'obiettivo principale, per la presenza online del tuo ristorante è creare un'esperienza utente appagante, piacevole, coinvolgente tanto da innescare un incremento d'affari.*

Alcuni ristoranti riescono ad acquisire grande notorietà grazie al passa-parola di ospiti meravigliati dalla bontà della cucina servita. Come i grandi chef fanno grandi i ristoranti, così bravi team marketing possono realizzare efficaci sistemi di promozione online.
Se offriamo e presentiamo informazioni in modo intuitivo e convincente,

diamo a tutti una ragione per provare dal vivo il nostro servizio, dopo aver "assaggiato" con gli occhi quello virtuale. Creando, a esempio, menù facili da consultare online con iPhone, iPad, Android – o altri "nuovissimi" dispositivi mobile – in grado di stuzzicare gli appetiti dei lettori.

**Progettazione: curare l'interfaccia e l'esperienza utente**

Progettare attorno al cibo, raccontarlo visivamente, in genere rappresenta una grande sfida.
Come catturare e lasciar pregustare l'aroma di un gustoso pasto con uno scatto fotografico digitale?

A tuo vantaggio puoi sfruttare una serie di elementi, fondamentali, da includere durante la creazione del tuo nuovo sito web. L'idea è di creare un'interfaccia completamente usabile, accompagnata da contenuti che sappiano stimolare curiosità, appetito e trasmettere ai visitatori tutte le informazioni di cui hanno bisogno, prima dell'arrivo.

**Figura 4.11. Foto avvolgenti e spettacolari (Faicco's Restaurant design by Virgil Pana)**

## 1. FOTO SPETTACOLARI

Fotografare il cibo non è facile. Il mio consiglio è di ingaggiare un professionista, perché un'immagine può veramente fare la differenza e se realizzata con poca cura – tanto da risultare per nulla appetitosa – oltre a rivelarsi visivamente poco invitante, può definitivamente scoraggiare i tuoi visitatori online. Oltre ai piatti, un bravo fotografo sarà in grado di catturare anche l'essenza e l'atmosfera del locale, valorizzandone gli angoli migliori.

Figura 4.12. Menù online facili e veloci (Faicco's Restaurant design by Virgil Pana)

## 2. MENÙ CONSULTABILE

Proponi sempre un menù consultabile, facilmente navigabile online –non è sufficiente "buttar su" un PDF – con foto, descrizioni e prezzi sempre aggiornati. È quello che le persone vogliono, non neghiamoglielo ed evitiamo di accoglierle con brutte sorprese.

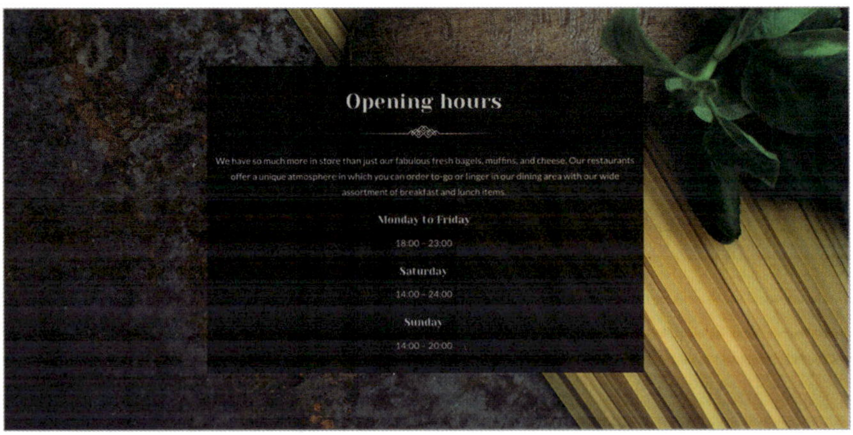


Figura 4.13. Info sempre a disposizione dell'utente, come gli orari di apertura

### 3. POSIZIONE/GEOLOCALIZZAZIONE

Mostra dove andare. Mappe e strumenti di geolocalizzazione non dovrebbero mai mancare e vanno integrati nel sito web del tuo ristorante. Comprese le informazioni di contatto e gli orari di apertura. Magari, sorprendi i tuoi visitatori aggiungendo un servizio di prossimità, che indichi loro quanto sono lontani dal locale.

**Figura 4.14. Tool di prenotazione online funzionali e in evidenza**

### 4. PRENOTAZIONE

Strumenti che è necessario sempre prevedere, in base alle caratteristiche del proprio locale, includono la possibilità di richiedere: prenotazione online di un tavolo, ordinare cibo d'asporto o a domicilio. Un calendario aggiornato, se ospiti musica live o altri eventi.

### 5. CONTENT STORYTELLING

Racconta la tua storia, la passione per il cibo e i tuoi piatti, magari aprendo un blog grazie al quale anticipare l'uscita di nuove ricette, lanciare news o eventi straordinari, serate a tema e tanto altro. Coinvolgi i visitatori, invogliali a tornare e leggere periodicamente i tuoi contenuti.

### 6. CONDIVISIONE SOCIAL

Per guidare gli utenti in questo processo di complicità, non possiamo rinunciare ai tool di condivisione sociale. Mi raccomando, focalizza l'attenzione solo sui più efficaci e utili alla tua causa. Alcune grandi catene di ristoranti forniscono anche il servizio clienti, offerte speciali e coupon attraverso i social media. Perché non sfruttare le stesse possibilità?

### 7. RECENSIONI/TESTIMONIAL

Non sottovalutare il potere delle recensioni e opinioni online. Le persone ardono dalla voglia di sapere dove trovare buon cibo e, grazie alle nuove tecnologie, si affidano al passaparola online in ogni occasione e momento.
Le buone recensioni, o le testimonianze di clienti soddisfatti, possono contribuire a far scegliere il tuo locale. Pensa bene di collegare al tuo sito anche popolari servizi di rating come: TripAdvisor, 2Spaghi, ilMangione, ecc.

### 8. COLORI E BRANDING

Costruire l'identità del proprio brand, sia da un punto di vista strategico sia di comunicazione visiva, è un aspetto che nel nostro paese tendiamo spesso a sottovalutare. Soprattutto tra la piccola imprenditoria.
In realtà incarna le solida fondamenta sulle quali poggiare tutto il potenziale e le capacità attrattive del tuo business. Preferisco, dunque, dedicargli un piccolo paragrafo all'interno di questo breve intervento.

**Brevi consigli di brand identity: poggiare su solide fondamenta**

Il brand rappresenta quell'insieme di elementi reali (persone, servizi, punti vendita, materiale promozionale) e sensoriali (opinioni, esperienze, valori aziendali) in grado di raccontare ai clienti le qualità e le caratteristiche del tuo business. Una delle sue funzioni principali, dunque, è distinguere il tuo ristorante dalla concorrenza.
Quando ben progettato e professionalmente realizzato, riesce a trasmettere emozioni e chiari segnali visivi che si estendono a tutte le aree: dal design degli interni al completo ventaglio del materiale pubblicitario.
Sviluppare e utilizzare, con coerenza, un marchio identificabile può dare al ristoratore un reale vantaggio competitivo.

Gli aspetti visivi di un brand rivestono un importante ruolo di supporto per quella che, in inglese, chiamiamo *brand promise* (il brand è una vera e propria promessa). Aspetti che si caratterizzano attraverso logo, colori, stili tipografici, immagini e contenuti.
Ricorda, poi, che cenare al ristorante è un'esperienza sensoriale e il tuo brand deve far leva su una serie di elementi capaci di influenzare e coinvolgere le persone. Deve spiccare, emergere in tutto ciò con cui il cliente interagisce, persino nel modo di presentare il piatto a tavola.
Stile visivo e di racconto andrebbero applicati in modo consapevole e coeso a tutto il materiale marketing: sito web, profili sociali, menù, packaging, pubblicità, biglietti da visita, presentazioni, segnaposto, divise, decorazione degli interni ecc., anche al più piccolo e, apparentemente, insignificante dettaglio.

## CASO DI STUDIO: SISTEMA COORDINATO E COMPLETO DI BRAND IDENTITY

*Ristorante Poplavok, design di Ira Smolikova (fonte: Behance.net)*

Figura 4.15. Biglietti da visita e cancelleria

Figura 4.16. Materiale promozionale e di servizio

Figura 4.17. Book ricette e shopper brandizzati

Figura 4.18. Tazze personalizzate

Figura 4.19. Cartoline promozionali

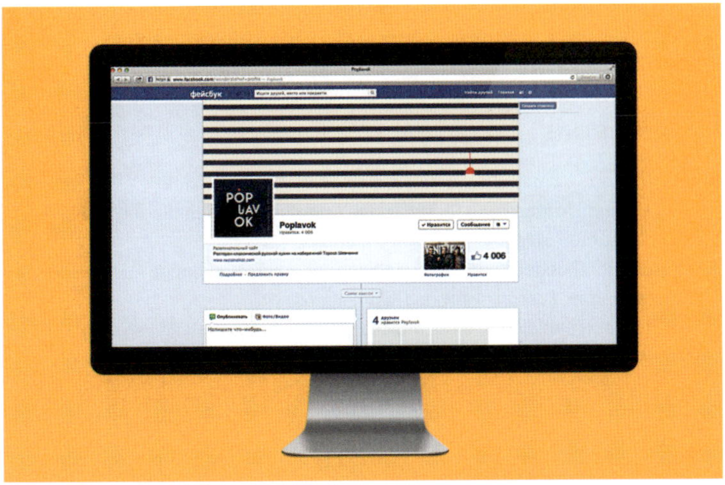


Figura 4.20. Profili sociali

Figura 4.21. Website

Un marchio forte delinea una personalità e un'identità esclusiva per il tuo ristorante. Questo aiuta a incrementare, diffondere la riconoscibilità del nome e creare l'aspettativa di un'esperienza culinaria irresistibile, fondamentale per attirare clientela nuova e consolidata.
Ricorda, progettare un brand richiede un processo continuo di crescita. Rappresenta un primo importante passo nel costruire, stimolare e raggiungere il successo di vendite e, perché no, notorietà.

### APPROFONDIMENTI

- Mark Boulton, *A pratical guide to designing for the web*, ebook
- CnR – Comunicazione nella Ristorazione - comunicazionenellaristorazione.it
- Aaron Gustafson, *Adaptive Web Design*, ebook
- Hubspot, blog.hubspot.com, blog dedicato al marketing online
- Ethan Marcotte, *Responsive Web design*, ebook
- Mashable, mashable.com, blog dedicato alla tecnologia e alla rete
- Aaron Walter, *Designing for emotion*, ebook

### TAKE AWAY

- La tua portata principale è il sito web: il suo sapore resterà per sempre nella testa dei tuoi ospiti
- Dai all'utente quello che vuole: il menù con una pagina dedicata, informazioni di orari e location, ricette e tanta emozione!
- Concepiscilo Mobile-First: pensalo prima da dispositivo mobile, è da lì che il tuo utente si collega sempre più spesso
- Il design del tuo sito web non è un gradevole trastullo, ma una garanzia di performance
- Brand equity o patrimonio di marca: offri un'immagine coerente a tutti gli utenti, non svilire o danneggiare il tuo brand (valore impalpabile ma consistente)
- Brand experience: pensa un'esperienza utente armonica, piacevole e performante
- Priorità ai contenuti principali: scegli cosa e come mostrare, per ogni dispositivo
- Risposta adeguata ai bisogni degli utenti: metti la customer experience prima di tutto!
- Risparmio in tempo e denaro: crea e gestisci un unico strumento
- Content Marketing più funzionale: prova a visionare un sito web non responsive sul mobile. Chiedi a Google cosa ne pensa...
- Riduci la complessità: parti dalla mobile experience, semplificando l'architettura dell'informazione
- Promuoviti con chiarezza: URL univoche per indicare a esempio una landing page
- Aumenta il traffico: convoglia strategie SEO, ADV, SEM su un'unica piattaforma
- Investi in tecnologia: RWD è future friendly e crea le basi per l'utilizzo su future device

# 5. Content Marketing: arte della promozione

*di Nicoletta Polliotto*

*«Uno dei compiti che fanno onore al buon cuoco è quello di divulgare e incrementare la cultura gastronomica, per un verso insegnando a mangiar bene e correttamente con il cibo offerto in tavola, per altro verso istruendo i giovani e passando il testimone a chi lo merita, introducendolo alla cultura gastronomica, che quando è veramente tale è esperienza consapevole, ricerca applicata in continuo perfezionamento e adattamento alla vita».*

Gualtiero Marchesi, *10° punto del decalogo*

## 5.1. Raccontare la tua visione gastronomica

Se ti stai avvicinando al Digital Marketing per migliorare comunicazione e vendita del tuo Ristorante sul web, hai già capito che devi fare sul serio: è un vero e proprio percorso di crescita imprenditoriale. Ti può capitare di incontrare sul tuo cammino consulenti con approcci poco professionali e superficiali oppure modaioli e di tendenza.

L'atteggiamento corretto per l'imprenditore lungimirante è confrontarsi con strategie e strumenti, per individuare la formula più adatta

per il proprio ristorante. Quello dei marketer è di non trincerarsi dietro acronimi e tecnicismi, ma decodificare, spiegare e applicare i loro piani di azione.
Questo vale anche per il **CONTENT MARKETING**, utile per promuoverti online, con piattaforme sociali, sito web e blog aziendale, riempiendoli di contenuti di qualità, *per passare dalla tua visione culinaria ai sogni sensoriali dei tuoi ospiti.*

## 5.2. Definizione di Content Marketing

Darlene Rondeau, di Leonardo.com, lo definisce con semplicità e in modo pratico:

«*Il Content Marketing è una tecnica di marketing (aggiungiamo un insieme di tecniche, strategie e strumenti) per ideare, creare e distribuire contenuti di valore, rilevanti e coerenti, per attrarre e acquisire una definita Audience, con l'obiettivo di guidarla verso un nuovo ruolo di cliente*».

Non prevede di pubblicizzare in modo smaccato la tua offerta, piuttosto di offrire valore e utili informazioni per conquistare i tuoi interlocutori. Qui sta la differenza tra:

**PUBBLICIZZARE**
Diffondere un'offerta in modo palesemente commerciale, solitamente pagando uno spazio per esporre o diffondere il tuo messaggio.

**PROMUOVERE**
Raccontare un'offerta che agganci e conquisti il tuo pubblico perché ne condividi valori, conoscenza, esperienza e soluzioni.

Lo spartiacque è rappresentato dalla capacità di padroneggiare l'arte e la scienza del comunicare e del coinvolgere, attraverso il Content Marketing.
Come altri strumenti o strategie, però, includi il Content Marketing in un contesto di progetto più ampio e coordinato, personalizzato sui tuoi target e sulla tua unicità, altrimenti rischia di trasformarsi in una parodia di se stesso.
Tieni a mente, inoltre, la sua trasversalità – da qui l'importanza della

coerenza – dovendo applicarlo al sito web, al blog aziendale, ai social media, all'email marketing, ai contenuti ospitati su piattaforme terze, all'advertising e anche offline.

*Il Content Marketing è un elemento fondamentale e trasversale nel digital marketing applicato al tuo ristorante.*

## 5.3. Le 3 fasi del Content Marketing

L'obiettivo è organizzare messaggi per creare, raccontare e divulgare la tua storia online – il famoso storytelling –, fidelizzare i tuoi clienti e raggiungere ulteriori prospect (possibili futuri clienti), trasmettendo la tua esperienza e fornendo il tuo aiuto. In un termine: "donando".

I contenuti più gettonati nel mondo della ristorazione vanno, così, a forgiare la nostra top 5.

### 1. MENÙ

Quanti sono, quale tipo di cucina rappresentano, quali abitudini alimentari comprendono? Sono completi di nome del piatto e sua descrizione, frequenza di aggiornamento e costi?

**Figura 5.1. Le Duc Restaurant propone il suo menù online (restaurantleduc.com)**

### 2. RICETTE
Raccontano i sapori della tradizione? Svelano alcuni dei piccoli segreti dello chef e attirano l'attenzione sui menù? Stuzzicano il desiderio di provare i tuoi consigli e le tue idee culinarie?

### 3. PIATTI
Sono presentati con belle immagini fotografiche? Stimolano i sensi delle persone, raccontando colori, disposizioni, dimensioni e tecniche di taglio degli ingredienti?

### 4. VITA IN CUCINA
Racconti la storia dello chef e della tua brigata di cucina? Delle difficoltà, dei piccoli momenti di gioia e degli aneddoti più buffi? Il lettore partecipa a queste emozioni e ne apprezza la trasparenza e lo spirito di condivisione.

### 5. INTERIOR DESIGN
Anticipi l'esperienza, non solo culinaria ma visiva, che i clienti proveranno nel tuo locale? Attraverso colori, materiali, disposizione dei tavoli, tovagliati e la generale atmosfera?

**Figura 5.2. Contenuti utili e condivisi: cucina, interior design, piatti (L'Unità Ristorante, Toronto, lunita.ca)**

Per organizzare i contenuti, ti proponiamo uno schema da applicare nel tuo ristorante: il content marketing è divisibile in 3 fasi.

### FASE 1. CONTENT MARKETING: CONTENT STRATEGY

Nella prima fase armonizza questa strategia nel tuo progetto di comunicazione e marketing. Non perdere mai di vista i tuoi obiettivi specifici. Se hai dei dubbi fatti questa domanda:

*"Ma questa azione a cosa mi serve? Quale obiettivo contribuisce a raggiungere?"*

Se non riesci a trovare una risposta, lascia perdere e metti la tua ipotesi nel cassettino delle idee. Avrai tempo per riprenderla più tardi.

*Strategie*: a chi parlare, con quale linguaggio e tono di voce e quali argomenti trattare; con quale frequenza pubblicare e con quali modalità creare l'engagement – contatto, coinvolgimento – del tuo utente.

*Strumenti*: piano editoriale (organizzare e calendarizzare i contenuti); Hootsuite[40] (per programmare e temporizzare le pubblicazioni); tool per cercare, realizzare, post-produrre immagini e video; editor di testo, strumenti di project management (per coordinare il lavoro di squadra).

*Tattiche*: eventi e degustazioni; contatto con influencer da coinvolgere sulle tue piattaforme; concorsi; idee di viral marketing, a esempio coinvolgere i tuoi ospiti realizzando un Food Selfie con un hashtag dedicato; raccolta di email per creare una newsletter o per le tue campagne sconto, ecc.

*Media*: il sito web; il blog aziendale; quanti e quali social media; portali o e-zine nei quali programmare delle uscite, ecc.

*Risorse umane*: per realizzare, inserire e distribuire i contenuti.

[41] Hootsuite: uno degli strumenti più intuitivi, free fino a 3 profili sociali gestiti hootsuite.com/it-it

Non scordare gli strumenti di misurazione dei tuoi risultati e di valutazione della bontà del tuo operato.[41]

### FASE 2. CONTENT MARKETING: CONTENT CREATION

Chiarisciti le idee sulle classiche 5 W, ereditate dal giornalismo anglosassone e adattate al tuo progetto:

**Who**: a chi sto parlando? Target
**What**: che cosa sto dicendo? Messaggio
**When**: quando lo posto? In che fascia oraria e con che frequenza
**Where**: quale piattaforma scelgo? Sito web, social media
**Why**: obiettivi da colpire? I goal

Quando hai compreso come orientare i tuoi contenuti, passa alla vera e propria fase di creazione: *testi* (es. un post per il tuo blog aziendale o uno per Facebook); *immagini* (es. la foto di un piatto che stai cucinando); *video* (es. una lezione di cucina); *registrazioni* (es. un podcast dedicato ai prodotti che utilizzi in cucina e ai loro benefici nutrizionali e, perché no, fitoterapici) ecc.
Tutto quello che ti serve e che vuoi pubblicare.

Questi alcuni degli elementi da tenere sotto controllo quando crei i tuoi contenuti:

*Estetica*: appare bello e attraente al tuo lettore?

*Comunicazione*: racconta la storia della tua azienda e delle persone che ne fanno parte?

*Visual design – Colori, forme, elementi grafici*: sono in armonia con il tuo brand e con le attese dei tuoi lettori?

*Layout – Impaginazione*: è chiara, semplice, intuitiva?

*Stile*: il messaggio è chiaro, sincero, diretto? Arriva al cuore del tuo lettore? Si percepisce la tua unicità e la tua personalità aziendale?

[41] Individua e prepara indicatori di performance e strumenti per raccogliere i dati. Individua inoltre strumenti di web e social analytics

*Context – Target e media*: il contenuto è adeguato ai lettori – non dimenticare che un ristorante può avere diversi target, es. pranzo e cena oppure cene romantiche e banchetti? È adatto ai media sui quali stai pubblicando – sito istituzionale, blog o social media?

Il nostro consiglio, abbinato a quello già espresso di lavorare accuratamente sulla progettazione della tua comunicazione, è di creare i contenuti in più momenti, tornando più volte sul pezzo sul quale stai lavorando, perché dopo molto tempo non riesci più a distinguerne le imprecisioni.
Crea prima una traccia, poi elaborala, rifiniscila, rileggila ad alta voce. Lascia riposare e ritornaci il giorno dopo: scoprirai ancora piccole opportunità di miglioramento.

### FASE 3. CONTENT MARKETING: CONTENT CURATION

Quando il contenuto è pronto lo devi:

*Pubblicare*: programma l'uscita del blogpost e dei post sugli account aziendali del tuo social network.

*Curare*: monitora le performance e modera in tempo reale commenti, mi piace, condivisioni; rispondi a commenti positivi e negativi, a recensioni e feedback.

*Misurare*: testa la qualità del tuo lavoro, con strumenti di web e social analytics, analizzati nel capitolo 11.

*Amplificare*: se scrivi un post sulla tradizione culinaria natalizia del territorio di appartenenza del tuo ristorante, rilancia il link sui vari social, includilo nella newsletter via email, proponilo a riviste online di settore, segnalalo a influencer che possano interessarsi e aiutarti a diffonderlo, postalo in community su Google+, gruppi di discussione su Facebook, individua hashtag interessanti con cui postarlo su Instagram,[42] ecc.

*Riproporre*: rilancia il post a scadenze prestabilite sul tuo calendario editoriale, crea appuntamenti seriali a puntate in cui richiami i contenuti già proposti in passato, usa post-liste con gli argomenti più signi-

[42] Tattiche sviluppate nel capitolo 7

ficativi che hai già pubblicato, crea una rassegna stampa settimanale o mensile sugli argomenti più significativi che hai trattato, realizza un ebook con tutte le tue ricette o con le tradizioni culinarie della tua terra, regalandolo a chi si iscrive alla newsletter o a chi prova un tuo nuovo servizio.

## 5.4. Storytelling: l'arte di raccontare

La tecnica più funzionale per convincere il tuo lettore è raccontare la tua storia, fornire informazioni, renderti utile, risolvere – meglio anticipare – la soluzione dei suoi problemi.

Ma quale il modo migliore per farlo?
Come sempre affermiamo che la risposta è insita nel tuo progetto e lì ne scoverai le linee guida.

Ma ci sono alcuni suggerimenti che sono utili per tutti:

### 1. ESSERE AUTENTICO

Racconta sempre la verità, anche se ti costringe a metterti a nudo. Meglio non creare false aspettative che hanno come naturale conseguenza insoddisfazione, perdita del cliente, passaparola negativo, recensioni pessime online.

### 2. GUARDATI ATTORNO

L'oggetto della comunicazione è il tuo ristorante, ma tu allarga la tua visione, raccontando anche il territorio, le sue tradizioni, gli eventi che vi si svolgono. Puoi colpire anche clienti non locali, come i turisti Leisure, Business e Bleisure (nuova tipologia di viaggio, mix tra i due classici tipi).
Inoltre favorisci le relazioni con il territorio e con gli altri operatori, con possibili collaborazioni e partnership.

### 3. BE SOCIAL

Il tuo racconto è presente in *tutti i tuoi strumenti*: questo rende i tuoi contenuti veri e propri ingredienti trasversali.
Scopri che una costante dei contenuti è la facilità/gradevolezza con la quale vengono condivisi sui social media.

#### 4. THINK OUSIDE THE BOX

Il tuo storytelling dev'essere originale, mai copiato-incollato (se scrivi la *tua* ricetta non copiarla da Giallo Zafferano, per quanto autorevole sia questo blog), e raccontare le persone che stanno dietro il tuo marchio, la tua brigata di cucina, le emozioni dello chef, i preparativi della brigata di sala.

Non scrivere quello che raccontano gli altri: tu sei uguale solo a te stesso. E poi la tua originalità si deve ripercuotere anche nello stile, nelle idee che metti in gioco, nei guizzi per coinvolgere i clienti con le immagini dei piatti che loro stessi realizzano sulle tue tavole, nelle trovate per personalizzare la tua accoglienza, nei sistemi che studi per farti lasciare più recensioni positive possibili.
Rifletti sulla tua unicità e sul modo originale (e vero) con il quale trasmetterla.

## 5.5. Tipologia di media e contenuti

Un altro aspetto da non trascurare riguarda la tipologia di media da utilizzare: owned, earned, paid.

#### OWNED

Sono le piattaforme di proprietà del brand (sito web, blog aziendale, email marketing del ristorante).

*Vantaggi*: l'attenzione viene attratta su piattaforme di tua proprietà nelle quali puoi veicolare/raccogliere contatti, guidare la lead generation (user che lasciano informazioni di contatto in modo spontaneo), la prenotazione, l'acquisto. Le performance vengono capitalizzate e migliorano il tuo posizionamento organico e la tua visibilità. Fornisci spunto di fidelizzazione e di passaparola.

#### EARNED

Sono i media in cui si è guadagnata la presenza grazie alla bontà dei contenuti e a una sapiente opera di digital PR e di ufficio stampa. Es. contenuti pubblicati dai media perché ritenuti news o approfondimenti; citazioni ed endorsement da blogger e influencer[43]; condivisioni, citazioni e link dai brand ambassador.

*Vantaggi*: puoi ottimizzare posizionamento organico e visibilità. Migliori la brand reputation. Costruisci una rete di relazioni e di fan: la tua community. Aumenti il traffico sui tuoi principali spazi web.

**PAID**

Spazi in cui appare il tuo contenuto perché hai acquistato una pubblicità, generalmente *pay per click*, come inserzioni o banner in siti e portali; contenuti sponsorizzati (advertorial o pubbliredazionali, anche inclusi nella categoria native advertising); email marketing di proprietà di terzi (es. acquisto di uno spazio sulla newsletter di un media); Google Adv; Social Adv.

*Vantaggi*: ottimi risultati subito, spesso in termini di visibilità e di vendita. Non sono influenti in modo diretto per costruire reputazione e posizionamento organico. Utili, in fase iniziale, per tastare il terreno sulla tipologia di ricerca del tuo target.

La ricetta per il mix perfetto delle 3 tipologie di contenuto non esiste. Un buon equilibrio potrebbe essere: 40/40/20.
Ti invitiamo, però, a tenere d'occhio la crescita sorprendente dei Social Adv e l'incremento del consumo di pubblicità da mobile.

## 5.6. Le 7 sfide al successo del tuo Content Marketing

Oltre a evidenziare gli aspetti positivi e i consigli per sviluppare praticamente l'attività di comunicazione e promozione del tuo ristorante, nostro compito è anche quello di sottolineare i punti critici per il buon esito di tale attività, sui quali ti invitiamo a riflettere e a prepararti.

Ne abbiamo sintetizzati 7:

**1. PERSONALE DELLO STAFF**

Come scegliere i tuoi collaboratori da formare e assegnare all'attività di promozione del ristorante? Come valutare il tempo e la competenza?

[43] Approfondisci leggendo il capitolo 12

**2. BUDGET PER LA COMUNICAZIONE**
Ogni risorsa umana coinvolta ha un costo, sia essa dello staff o una collaborazione in outsourcing. Come valutare il budget da allocare?

**3. QUANTITÀ E QUALITÀ DEI CONTENUTI**
Come produrre un numero adeguato di risorse da pubblicare, garantendone anche l'elevato profilo e l'adeguatezza al progetto e al target?

**4. FONTI DI INFORMAZIONE E DI IDEE**
Dove trovare gli adeguati spunti, in dati, informazioni, idee creative?

**5. CULTURA IMPRENDITORIALE E ORGANIZZATIVA**
Come diventare cosciente (e rendere tali soci e collaboratori) in merito all'importanza della comunicazione, alla creazione degli adeguati strumenti e competenze da mettere in gioco?

**6. MISURAZIONE RISULTATI**
Quali strumenti di monitoraggio e quali indici di valutazione del lavoro svolto?

**7. PROMOZIONE DEI CONTENUTI**
Quali media scegliere e quali tipologie prediligere (owned, paid, earned)?

Non è nostra intenzione lasciarti con domande insolute, ma è importante che tu comprenda come non esista una soluzione unica replicabile su tutti i ristoranti. Confrontati con gli altri casi di studio, leggi di strategie, tecniche, esempi, cogli le idee ma rapportale sempre e soltanto con le caratteristiche del tuo business, con il tuo mercato, i clienti, le tue opportunità e i tuoi obiettivi.

### *5.6.1. Consigli di organizzazione e di gestione dei contenuti*

In buona sostanza è importante che tu scelga alcuni collaboratori e li formi in modo adeguato – magari con l'aiuto iniziale di un'agenzia esterna – che predisponga un budget da destinare al Digital Marketing e ai contenuti, che identifichi strumenti e strategie, modelli e fonti di ispirazione, che adotti un metodo di organizzazione del lavoro e di programmazione dei contenuti, che analizzi gradimento e successo delle risorse postate e che a ognuna di esse corrisponda l'adeguata distribuzione/promozione.

Per quanto riguarda la promozione dei contenuti, di cui abbiamo parlato precedentemente, definendola *content curation*, ricorda che essa è importante quanto la loro creazione.

Per una buona distribuzione dei contenuti ti consigliamo:

- una costante presenza e attività di social networking
- digital PR e relazioni con i media tradizionali
- influencer marketing (coinvolgimento di opinion leader, celebrità, blogger)
- email marketing (es. con una newsletter)
- advertising
- event marketing (organizzazione di eventi, concorsi, strategie virali)

## 5.7. Web copywriting: come scrivere per il web

Web copywriting: un argomento davvero vasto. Richiederebbe un libro dedicato per essere sviluppato in modo organico. Il nostro compito, per ora, è suggerirti alcuni spunti di riflessione utili per tuoi futuri approfondimenti.

Raccontare il food ti porta sicuramente con più naturalezza a usare uno stile immediato – che non significa semplicistico o banale – un tono cordiale, informale e coinvolgente, a evocare immagini sensoriali attraverso i tuoi racconti. I colori e le forme per la **VISTA**, i profumi per l'**OLFATTO**, i tessuti, i materiali del tuo ristorante, la morbidezza, la fragranza del cibo per il **TATTO**, la croccantezza di un prodotto, il gorgoglio di una bevanda o il risucchio[44] durante la degustazione di un olio per l'**UDITO** e poi un tripudio di stimoli per il **GUSTO**!

Devi affinare le tue tecniche, ricordando che il web writing è anche una po' "scienza". Bisogna destreggiarsi tra calcoli algoritmici dei motori di

[44] In gergo, *strippaggio*

ricerca[45] e persuasione del lettore, attraverso i principi della psicologia percettiva e comportamentale.

Scrivere per il web in modo funzionale ed efficace per i tuoi lettori, orientato alla SEO e all'ottimizzazione dei tuoi contenuti, persuasivo e affascinante per catturare l'attenzione e persuadere l'utente, non è un gioco da ragazzi, ma con l'impegno e la voglia di imparare puoi perfezionarti o scegliere di formare un tuo collaboratore. Non devi certo essere il nuovo Luigi Pirandello!

Considera ogni porzione di contenuto come una fonte di contatto e relazione con la tua audience: cura con semplicità e in modo diretto il tono di voce e lo stile narrativo: dai del TU, fai sentire l'utente al centro di un dialogo, come in una discussione piacevole seduti al tavolino di un bar, il tuo!
Sii un ospite gentile e generoso e in cambio ti verranno restituiti attenzione e rispetto.

### *5.7.1. Partiamo dai titoli*

Il titolo dev'essere riferito ai bisogni del lettore, in buona sostanza una risposta alle sue domande. Per questo si consiglia di includere alcune keyword: rassicurano subito i lettori sul fatto di essere atterrati nella pagina giusta, che risponda a esigenze e aspettative.

*Parti dai benefici che offri: per la legge di reciprocità il lettore restituisce il favore donandoti la sua attenzione.*

Ricorda inoltre che sul web 8 lettori su 10 utilizzano una lettura a scansione, selezionando solo alcuni elementi della pagina, tra questi sicuramente il titolo.
Molti copywriter suggeriscono, quindi, di trascorrere un tempo adeguato a costruire il titolo ideale. Studi recenti hanno dimostrato come rivestano un maggior peso visivo la prima e le ultime tre parole del titolo, anche definito *headline*.

[45] Ti rimando per un approfondimento al prossimo capitolo dedicato al Search Marketing

### *5.7.2. Qualche trucco per aumentare l'efficacia del titolo*

In questo paragrafo ti diamo qualche consiglio, frutto di studio e di esperienze verificate con altre strutture: fanne tesoro, misura, valuta e trova la formula migliore in base alla tua audience. Inizia a scrivere qualche titolo dei tuoi blogpost, ispirandoti ai nostri suggerimenti: allenati con questi format.

1. L'attenzione del lettore è catturata con grande facilità dai numeri:
   Es. *7 Modi Infallibili per non Bruciare la Frittata di Cipolle*

2. Sono molto graditi gli aggettivi intriganti e sorprendenti, come quelli che implicano la soluzione a un problema del lettore:
   Es. *Guida Facile per Ottenere la Frittata Perfetta*

3. Risultano convincenti i titoli definiti "How To" vissuti come un sistema facile e veloce per risolvere da sé un problema o evadere un bisogno:
   Es. *Come Cuocere senza Errori la Frittata di Cipolle*

4. Evita titoli molto lunghi: perdono incisività e possono risultare tranciati nei risultati della SERP, Search Engine Result Pages[46]:
   Es. di titolo eccessivamente lungo: *Ingredienti e Procedure dalla Tradizione Culinaria della Basilicata per la Cottura di una Gustosa Frittata alle Cipolle*

Ora inizia a esercitarti: non ti abbattere se all'inizio ogni titolo ti sembrerà inadeguato, poco per volta ti sentirai sempre più sicuro.

### *5.7.3. Le 7 regole d'oro per creare il post perfetto*

Ti illustriamo ora uno schema pratico per la realizzazione di un valido blogpost o una porzione di copy per il web.
Anche in questo caso, occorre che tu trovi il metodo di creazione, lo stile di composizione e il tono giusto su misura per il tuo ristorante e per il tuo lettore.

[46] Leggi le informazioni relative al funzionamento dei motori di ricerca nel capitolo successivo

Ti consigliamo di studiare e aggiornarti costantemente: come per la tua cucina, la sperimentazione e il confronto con nuove soluzioni e idee ti fa crescere ed evolvere senza posa.

Non creare il tuo copy e pubblicarlo di getto, ma elabora il contenuto in diverse fasi: prima raccogli informazioni e risorse, costruisci uno schema, sviluppane i punti, rendilo scorrevole e concatena i pensieri in modo consequenziale, rileggilo molte volte, anche ad alta voce.
Noi facciamo così e funziona: ora prova tu seguendo questi 7 trucchi di scrittura:

- *titolo killer*: lavora su un titolo attrattivo e convincente
- *apri con un BANG!*: l'intro invoglia a continuare la lettura
- *immagini affascinanti*: la comunicazione visuale ha grande forza
- *corretta formattazione*: dà respiro ai tuoi pensieri e il lettore si sincronizza con te; attento agli spazi bianchi che sono fondamentali, donando leggibilità al testo. Non esagerare con **grassetti** e *corsivi*
- *allineato ai social media*: rendi il testo condivisibile; usa i widget per segnalare il post sugli account sociali del lettore
- *voce del blog personale*: trova il tuo tono che comunque dev'essere colloquiale e amichevole
- *usa le call to action (CTA):*[47] dopo che ti ha donato un po' del suo tempo, fallo... convertire!

**TIPS&TRICKS IN NUMERI**

| | |
|---|---|
| **Titolo:** | 65 caratteri – 6 parole |
| **Description:** | 150/160 caratteri |
| **Blog Post:** | 800/1000 parole |
| **Facebook Post:** | 200 caratteri |
| **Tweet:** | 140 caratteri |

[47] Call to action, un invito all'azione, è un pulsante, un link testuale, un'immagine che attrae l'attenzione del lettore, suggerendo i benefici relativi a cliccare sullo stesso. È un punto di contatto importante tra il lettore e il brand e solitamente porta il primo su una landing page, pagina in cui l'utente può compiere una conversione, ossia un'azione importante quale una compilazione di un form, una richiesta di approfondimento, un'iscrizione a una newsletter o un acquisto

### *5.7.4. Raccomandazioni sui contenuti*

Ti lasciamo con le raccomandazioni finali, prima di passare ad analizzare le potenzialità del blog aziendale.

#### CONTENUTI DI QUALITÀ FAVORISCONO UN'AUDIENCE MIRATA

Come leggerai nel capitolo 6, ottimizzare una risorsa per il suo posizionamento sui motori di ricerca è un lavoro composito che fa convergere vari fattori, tra i quali i contenuti di buona qualità.
I contenuti di qualità sono inoltre graditi alla tua audience, che ritorna sul tuo website per trovare altro materiale o che fa passaparola e condivide.

*Cosa fare?*
Studia bene le esigenze del tuo ospite attuale e dei tuoi clienti ideali. Scrivi pensando a loro, dopo aver seguito dove e come comunicano online. Dai loro del tu e usa il loro linguaggio.

#### PUBBLICARE FREQUENTEMENTE PORTA VISITATORI SUL TUO SITO WEB

Dal 2011, data di un aggiornamento algoritmico di Google che amo molto (anche perché si chiama Caffeine), diventa più consolidata la relazione tra freschezza dei contenuti e loro indicizzazione sui motori di ricerca. Attenzione: non è questo il solo elemento da valutare, perché devi essere intrigante e favorire commenti e condivisioni.

*Cosa fare?*
Programma con la giusta frequenza i tuoi contenuti utilizzando temi graditi e utili: includi i termini che i lettori utilizzeranno per porre le "domande" ai motori di ricerca.

#### BUONI CONTENUTI AIUTANO LA DISTRIBUZIONE ORGANICA

Se scrivi dei post interessanti verrai visto, letto e condiviso, magari linkato da fonti autorevoli e dagli influencer.

*Cosa fare?*
Rivolgiti alla tua audience ma individua – magari curando la relazione attraverso il Digital Public Relashionship – food blogger, giornalisti, critici gastronomici, testate giornalistiche, e-zine, interlocutori, interessati ai tuoi contenuti, cui segnalarli.

### CONTENT MARKETING FAVORISCE IL SOCIAL ENGAGEMENT

Come abbiamo più volte detto non basta postare un buon contributo attendendo che venga distribuito dal vento.
Sostieni e promuovi il tuo contenuto in modo strategico.

*Cosa fare?*
Ascolta il tuo pubblico e rispondi alle sue esigenze, obiezioni, domande con contenuti mirati, usando le sue parole.
Vivi i social network e partecipa alle discussioni, nelle community, nei gruppi di discussione, sostieni i contenuti di altri imprenditori: non aver paura e non vedere i colleghi come nemici. Creando un seguito sempre più nutrito di follower i tuoi contenuti vengono distribuiti con rapidità esponenziale.

### CONTENT MARKETING È LA NUOVA SEO?

Ovviamente questa domanda è una provocazione: la SEO[48] è ancora una questione di codici di programmazione (per i quali ti sono d'aiuto i consulenti digitali) ma vediamo sempre più rilevanti le *risorse mirate* e coerenti, la *cura dell'audience*, la *distribuzione*, promozione e, perché no, la pubblicità di contenuti online del tuo ristorante.

*Cosa fare?*
Affronta con responsabilità tutto il tuo progetto di promozione, comunicazione e marketing, soprattutto online.
Crea una visione lungimirante, a medio-lungo periodo. Non credere a chi vende specchietti per le allodole. Il vero valore aziendale è all'interno della tua impresa: investi in aggiornamento e formazione e scegli dei consulenti di qualità.
Quando si tratta della tua storia, del tuo brand, della tua impresa economica, soprattutto oggi, non puoi scherzare o improvvisare.
Devi iniziare il tuo percorso di innovazione!

## 5.8. Business blog e food blog

Che cosa si intende per *business blog*?

[48] Search Engine Optimization, come da capitolo 6

La risposta è tanto ampia che dovremmo scriverci un libro, se non ci fosse già qualcun altro che ci ha pensato.[49]

Soffermiamoci un attimo su questa premessa: il tuo mercato di riferimento (le altre offerte ristorative, i tuoi partner e fornitori, le tendenze del tuo settore) è cambiato. E l'utente è divenuto esigente, cosciente, curioso: è online. Per conquistarlo devi far leva sul suo desiderio di partecipazione e di immersione emozionale, in ogni fase della sua scelta o acquisto.
Colpiscilo al cuore con i tuoi contenuti per convogliare la sua attenzione sulle tue piattaforme, favorendo una relazione e stabilendo un contatto.

Sarà poi in seconda battuta che farai i conti con la sua razionalità, quando valuterà il rapporto benefici/costi e verificherà la tua tariffa!

Intanto devi rendere i contenuti attraenti, per interessare, far nascere un desiderio, essere persuasivo fino alla fidelizzazione, alla condivisione, all'engagement e si spera alla conversione.
Abbiamo detto che lo storytelling diventa una miccia che scatena un mix di emozione e fiducia. Con il food tutto questo diventa più naturale.

E se questi racconti si trovassero su un **BLOG AZIENDALE** all'interno del tuo sito web, quale soluzione migliore?
Con questo strumento, miscelate con cura, puoi veicolare non solo emozioni del gusto, ma anche offerte, ricette, degustazioni ed eventi, news del territorio, novità e avventure che accadono quotidianamente nel tuo ristorante.

### *5.8.1. Che cos'è il restaurant blog?*

Il blog è una piattaforma contenente blogpost, singole porzioni di contenuto, in cui includere testo, immagini, video.
Si gestisce con estrema facilità attraverso un CMS, strumento che garantisce una semplice gestione del backend, in fase di inserimento di contenuti e risorse.

[49] Alessio Beltrami, *Come Vendere con il Blog Aziendale*, Dario Flaccovio Editore

Si allinea con facilità al tuo sito web istituzionale, crea l'opportunità di aggiungere commenti da parte dei lettori ed è agevolmente condivisibile attraverso i principali social media.

Ricorda che il blog è una parte del tutto, un elemento incluso nella tua strategia di comunicazione, come abbiamo chiarito nel paragrafo dedicato alle 3 fasi del Content Marketing.

Perché progettare un blog aziendale all'interno del sito web istituzionale del tuo ristorante? Ecco un piccolo elenco di motivazioni, ti bastano?

- integrato al website
- gradito a Google
- utile per gestire i tuoi contenuti dinamici
- ricco di contenuti freschi
- adatto a fidelizzazione
- favorisce passaparola e sharing sui social media
- stimola il link baiting (crea opportunità per farti linkare da altre fonti autorevoli)
- integrabile nella tua content strategy
- agevola il guest blogging (autorevoli blogger specializzati che scrivono nel tuo spazio).

*Alessio Beltrami* ⌘

**BLOG AZIENDALE: COME MIGLIORARE VISIBILITÀ, POSIZIONAMENTO E FIDELIZZAZIONE**

L'utilità di strumenti, tecnologie e strategie per generare opportunità di business cambia nel tempo in relazione alle abitudini dei consumatori e questo vale anche online. Non esiste quindi un sistema sicuro o un metodo certo: oggi più che mai è indispensabile comprendere le abitudini e le esigenze dei clienti per poterli raggiungere nel modo migliore (quello che a parità di investimento genera più risultati).
Per questo il blog aziendale è oggi in una posizione privilegiata, rispondendo a comportamenti e abitudini che rappresentano la quotidianità per il cliente,

⌘

con un livello di concorrenza ridotto: poche aziende lo utilizzano a differenza di ciò che accade con altri strumenti (pagine Facebook e pubblicità PPC per citare due soluzioni ormai largamente diffuse).

Perché è così conveniente e cosa sfugge a una prima valutazione?
Prima di prendere la nostra decisione di acquisto, che si tratti di andare al ristorante, cambiare la macchina o prenotare le vacanze, c'è una fase da cui passiamo tutti: la **ricerca su Internet**.
Su Internet facciamo domande e cerchiamo risposte:

Domande → Risposte

Questa è la dinamica lineare che caratterizza il nostro processo decisionale come consumatori.
Abbiamo dubbi, cerchiamo informazioni tecniche, vogliamo approfondire e la strada che seguiamo è sempre la stessa: ricerca online.

Per questo un blog aziendale pensato per rispondere alle domande più frequenti, ai dubbi più radicati e alle curiosità più accese è di fatto uno strumento di marketing potentissimo.
Il blog aziendale con i suoi contenuti si comporta come l'orso di Katmai che attende tranquillo il salmone che risale la corrente.

"È vecchio, si usava già negli anni '90, la gente non legge, sono tutti sui social media..." diventano obiezioni deboli, prive di fondamento, perché non rispecchiano la realtà dei fatti: le persone oggi utilizzano Internet per cercare risposte precise su cui basare la scelta finale di acquisto. È quello che accade ogni giorno.

### VISIBILITÀ E POSIZIONAMENTO

Anche una valutazione superficiale ci consente di rilevare due aspetti cruciali che derivano dall'utilizzo del blog:

- servizi, prodotti e brand godono di maggiore visibilità (risultati per cui solitamente è necessario investire in PR, comunicazione e pubblicità)
- numero di pagine Google indicizzate e il loro ranking aumentano (risultati per cui solitamente è necessario investire in consulenze SEO e pubblicità online).

### NON È GRATIS, MA FUNZIONA

Non è tutto facile e non è tutto gratis chiaramente, ma alcuni aspetti sono un dato di fatto, analizziamoli assieme.

Un blog per un ristorante è un investimento che garantisce risultati anche nel lungo periodo: investi oggi su qualcosa che darà i suoi frutti domani, dopodomani e nei giorni a seguire e lo fai giocando la tua partita (soldi e tempo) su una piattaforma proprietaria. Questo riduce enormemente il numero di variabili fuori dal tuo controllo.
Non è lo stesso su una pagina fan o su qualsiasi altra piattaforma che "ospita" i tuoi contenuti.

**FAI TESORO DEI DATI A TUA DISPOSIZIONE**
La piattaforma proprietaria ti consente di analizzare nel dettaglio il comportamento degli utenti e di sfruttare a tuo vantaggio queste informazioni. A cosa sono interessati? In che modo rispondono a determinati argomenti? Preferiscono immagini, video o elementi testuali?
Queste sono le informazioni che ti consentono di fare scelte di marketing sensato e operare in modo scientifico. Sai esattamente cosa cercano i clienti e non devi supporlo.

**ACCORCIA LE DISTANZE E FIDELIZZA**
Far percepire al cliente la tua unicità e i tuoi caratteri distintivi è un obiettivo rilevante ma non basta la sola esperienza di acquisto: a volte occorrono anni. Il blog diventa quindi uno strumento perfetto per fornire al cliente informazioni che precedono il primo acquisto e che lo accompagnano nel dopo acquisto.

**COINVOLGI IN MODO NATURALE: ENGAGEMENT**
Ogni volta che sento parlare di engagement mi chiedo: perché un cliente dovrebbe sentirsi coinvolto e partecipare attivamente interagendo online con l'azienda? Non è forse una semplice transazione commerciale?
È così in effetti, ma il blog permette di toccare tematiche che vanno oltre le argomentazioni classiche che caratterizzano il dialogo azienda-cliente. Ti permette di essere personale, una cosa che difficilmente può essere trasmessa con pubblicità o comunicazioni istituzionali.

**COSA POTRESTI FARE IN PRATICA E COME**
I contenuti sono la vera benzina di un blog e non devono necessariamente limitarsi alla forma testuale. Devono però sempre veicolare un messaggio preciso: il TUO messaggio. Per questo "cosa" dire e "come" diventano aspetti vitali per il tuo blog aziendale.

Anche se non sei un copywriter hai un grande vantaggio...
Le aziende – ristoratori e albergatori in testa – hanno una grande risorsa su

cui costruire una comunicazione di successo attraverso un blog: l'esperienza acquisita negli anni a contatto col cliente.
Di qui arrivano i contenuti che hanno maggiori opportunità di attenzione, interesse e fiducia da parte del lettore per un motivo molto semplice: parlano esattamente di loro.

Questo è un pilastro insostituibile e costituisce il primo passo per generare quello che viene definito engagement (coinvolgimento del cliente).

*Inizia con gli argomenti che nelle conversazioni offline rappresentano dei generatori di attenzione naturali: sono quelli che i clienti saranno disposti a leggere sul tuo blog e il motivo per cui torneranno a farti visita.*

Tematiche a cui il cliente è sensibile trattate in modo personale sono quindi un punto di partenza che va oltre qualsiasi tecnica di copywriting: attribuiscono un altro super potere al tuo blog, **quello di essere riconoscibile**, e il modo migliore è proprio quello di metterci la faccia, essere presenti, visibili.

**Riassumendo**
Competenze ed esperienza possono diventare l'ingrediente segreto del tuo blog a patto che tu faccia lo sforzo di selezionare con attenzione quegli argomenti a cui il lettore è maggiormente sensibile utilizzandoli in modo personale (la tua visione e il tuo volto).
Questo, oltre a generare un aumento naturale delle visite verso il tuo sito (indicizzazione organica del tuo blog), darà una voce alla tua attività trasformando l'anonimato di servizi e caratteristiche in argomenti che spingono i lettori a tornare sul tuo blog (fidelizzazione) e approfondire facendoli sentire stimolati a dire la loro (engagement).

*Cosa serve davvero?*
Un pizzico di coraggio, autocritica e buon senso che non guasta mai. La condizione di oggi rende questa strada particolarmente favorevole in funzione del fatto che poche realtà stanno sfruttando seriamente il blog. Questo ti garantisce un vantaggio competitivo che renderà ancora più semplice il lavoro. Cosa aspetti?

### *5.8.2. Blog aziendale su website o piattaforma esterna?*

Sinora abbiamo analizzato l'ipotesi del business blog all'interno del website del tuo ristorante o su dominio dedicato. Esistono anche altre soluzioni, come la creazione del tuo blog all'interno di una piattaforma di blogging, che implicano pro e contro che andiamo ad esaminare nel prossimo intervento.

Analizziamo Tumblr, piattaforma al confine tra social network e strumento per la creazione/gestione di blog. In Italia ancora poco diffuso, ma in grande espansione tra gli utenti di giovane età, soprattutto se si parla di food.

## *Luigi Mastandrea* ⌘

### TUMBLR A TAVOLA

Tumblr è uno dei social network più importanti a livello mondiale, forte di almeno 400 milioni di utenti e più di 209 milioni di blog. La sua storia ufficiale inizia nel 2007 e il suo successo va ricondotto a diversi fattori, principalmente:

- usabilità, sia su mobile che su desktop
- versatilità
- natura ibrida, per metà social network (con una forte community) e per metà piattaforma per creare blog.

Un capitolo importante nella storia di Tumblr è stata l'acquisizione, a inizio 2013, da parte di Yahoo, che ha comportato una grande apertura di Tumblr al mondo del business e della pubblicità on line, oltre a una serie di miglioramenti nell'esperienza utente.

Su Tumblr si creano blog (con tutti i vantaggi che ne derivano, dal traffico di ricerca alla possibilità di personalizzare il layout), in linea di principio votati alla semplicità e alla rapidità nella condivisione dei contenuti, soprattutto fotografie e GIF animate ma anche testi e video.

Come su Twitter o su Instagram (e a differenza di Facebook), la dashboard di un utente Tumblr non filtra i contenuti, ovvero si riceve qualunque aggiornamento condiviso dagli utenti che si è scelto di seguire, senza alcuna differenziazione tra persone, organizzazioni o brand. In pratica, si è tutti ugualmente utenti dotati delle stesse funzionalità di interazione, tra cui like, reblog, messaggistica, menzione di altri utenti.

⌘

Da un punto di vista demografico, il pubblico di Tumlbr si caratterizza per essere giovane (più della metà degli utenti ha meno di 34 anni), ha un reddito più alto rispetto agli utenti degli altri social network e un livello di istruzione elevato. L'utente medio di Tumblr è un tipo di target esigente rispetto ai contenuti, ama la privacy, ma dedica molto del suo tempo a questa piattaforma e può permettersi acquisti (online e offline) di una certa consistenza.

Considerando questi dati (semplicità, qualità, immediatezza, pubblico istruito, giovane e disposto a spendere) il settore della ristorazione può ottenere dall'uso di Tumblr una serie di vantaggi, da considerare evidentemente caso per caso e sempre nell'ottica di una strategia di presenza on line di ampio respiro. Come su tutti i social network, alle considerazioni strategiche devono seguire precise scelte editoriali e criteri di verifica dei risultati ottenuti (Google Analytics e gli insight di Tumblr).

Un dato importante, almeno per il momento, è la presenza della categoria "ristoranti" all'interno della sezione "Spotlight" di Tumblr[50] a dimostrazione dell'interesse per l'argomento da parte della community e dello staff interno, che seleziona e pone in evidenza i migliori blog di ristoranti o di recensioni a ristoranti. Di conseguenza, aprire un blog (o un Tumblog) su questa piattaforma ha come primo vantaggio quello di inserire il blog del proprio ristorante in un ecosistema pronto ad accogliere e a promuovere esattamente questo tipo di contenuti.
Il secondo vantaggio è nella doppia natura di Tumblr: se da un lato ci rivolgiamo ad una community interessata a tutto quello che gravita intorno al settore food, dall'altro abbiamo a disposizione uno spazio aperto all'esterno, ovvero un blog interamente consultabile senza essere iscritti a Tumblr, indicizzato, facile da gestire anche via mobile, altamente personalizzabile e pensato per rilasciare aggiornamenti anche in tempo reale.

Quindi, il blog su Tumblr di un ristorante potrà spaziare a livello editoriale dal live blogging (ad esempio per gli eventi) alla presentazione accurata del locale, dei suoi spazi, del personale e del menù. Tutti questi contenuti inoltre, con gli opportuni accorgimenti tecnici, rientreranno nel sistema di ricerca interno alla piattaforma, che giudico molto efficiente. La ricerca di parole-chiave su Tumblr restituisce sia contenuti singoli (foto, post di testo, video ecc.) che interi blog. Senza dimenticare quanto già detto a proposito dello spotlight.

[50] tumblr.com/spotlight/restaurants

Tutti questi elementi combinati tra di loro forniscono un grande potenziale di viralizzazione dei contenuti e del blog che si gestisce (perché gli utenti di Tumblr, se apprezzano un contenuto, possono "rebloggarlo", ovvero condividerlo interamente o parzialmente sui propri blog) e la funzione reblog garantisce anche link in ingresso al proprio blog o dove si preferisce. Ma Tumblr è anche un social media, quindi valgono sempre le buone pratiche di interazione, la netiquette, così come è decisiva la vita di community. Penso al ricambio del follow (quando si ritiene opportuno), all'espressione di apprezzamento per i contenuti postati dagli altri utenti, alla condivisione.

La visibilità e la viralità di un post su Tumblr dipendono ovviamente dal suo grado di pertinenza, di rilevanza, dal livello di entusiasmo che è in grado di suscitare in quella specifica community. Ma è anche una questione legata al corretto utilizzo della piattaforma, che si può riassumere in:

- uso di testo scritto per accompagnare immagini, link, video
- uso delle tag, specie quelle di uso più frequente e coerenti con i contenuti postati
- uso dei link di destinazione associati alle immagini
- orari di condivisione: preferibilmente di sera.

Una piccola catena di bar e ristoranti, Momofuku,[51] ha affidato parte della sua comunicazione on line a Tumblr, riscontrando un alto livello di gradimento grazie a foto di ottima qualità, racconto delle attività dei suoi ristoranti, ricette sotto forma di illustrazioni, piccole interviste.

A differenza di altri social molto popolari come Facebook o Instagram, su Tumblr le immagini possono essere caricate in formati più grandi e con il tipo di orientamento desiderato, grazie alla possibilità di personalizzare il layout. L'attività di questo tumblog non si limita alla condivisione di contenuti propri, ma interagisce fortemente con altri account attraverso la funzione reblog.

Un altro caso di successo per la ristorazione su Tumblr è Adventures in Ice Cream[52], su un nome di dominio personalizzato di un laboratorio per la produzione di gelati da vendere a domicilio. Il blog si caratterizza per una scelta davvero accurata delle immagini (molto apprezzate dalla community di Tumblr) e del racconto legato alla produzione artigianale di gelati. Il layout pre-

[51] momofuku.tumblr.com
[52] blog.milkmadeicecream.com

scelto si abbina felicemente ai colori e al formato delle immagini condivise. Puoi verificare subito su ogni post presente in homepage la data di pubblicazione, le tag e il numero di note (ovvero la somma di like e reblog ricevuti).

Come noterai la frequenza di pubblicazione su Tumblr non deve essere necessariamente regolare, anche perché un post ha un periodo di "vita" molto lungo, continua a circolare nella community anche dopo mesi, se merita!

Ritengo che Tumblr sia una valida soluzione per piccoli locali dalla clientela sofisticata, interessata al cibo di qualità e alla cura dei dettagli, ma con un approccio innovativo o di tendenza. Ritengo molto valida la scelta anche per le catene di ristorazione che abbiano un approccio simile e che dispongono di budget più importanti da dedicare alla gestione editoriale del blog su Tumblr con video, gif e grafiche realizzate appositamente.

La corretta gestione di un blog su Tumblr porterà quindi a un incremento di nuovi contatti per il proprio locale e a rinforzare il rapporto con i clienti abituali e occasionali. Il grande spazio dedicato alle immagini e ai video sarà un'ottima occasione per pubblicizzare i punti di forza del ristorante, soprattutto se si hanno a disposizione foto di buona qualità, realizzate professionalmente.

Da un punto di vista tecnico, Tumblr fornisce link in ingresso a beneficio del sito principale del ristorante o può essere di per sé il sito principale, sempre con i dovuti accorgimenti a livello di layout e di ottimizzazione per i motori di ricerca.

### 5.9. Elementi di Visual Marketing: definizione e utilizzo

Abbiamo già parlato di storytelling, come tecnica di narrazione tra le più efficaci per comunicare il messaggio del tuo ristorante.
Quando a essa affianchiamo le immagini nasce il *Visual Storytelling*, evoluzione del racconto testuale, vera e propria arte dalle potenti sfumature persuasive.

Mentre il design del tuo sito web – stile, forme e linee, disposizione degli elementi nello spazio, colori, intuitività di navigazione e interazione, buon uso delle immagini – cattura l'attenzione e ti connota come brand, è il racconto della tua storia e il modo di esporla, che poi tiene agganciati i lettori, trasmettendo il messaggio in modo diretto e coinvolgente.

Il Visual Marketing promuove (strategicamente) il tuo business attraverso il sapiente uso delle immagini. Ci insegna come sfruttare al meglio i messaggi visivi che il cervello umano focalizza, processa più rapidamente e ritiene più convincenti. Comunica, quindi, usando infografiche, presentazioni, splendide fotografie e video.

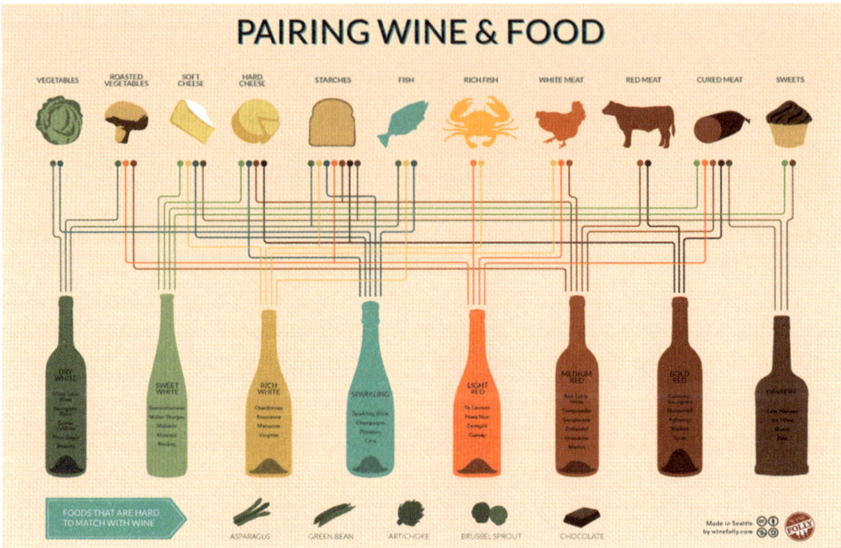


**Figura 5.3. Infografica: digerisci dati e statistiche complesse con l'aiuto della grafica (@2015 WineFolly.com, Pairing Wine and Food)**

Il racconto per immagini evoca emozioni, stimola la curiosità, fa scattare sottili meccanismi di immedesimazione e condivisione, invita all'engagement: in una parola ti fa emergere tra le molteplici offerte esaltando la tua identità e la tua unicità, rendendo partecipi i tuoi utenti.

Come tutte le strategie, non è esente da errori. Ecco i più comuni:

### ERRORE 1. ESSERE TROPPO GENERICO

Ogni storia ha un protagonista – nel tuo caso è il ristorante – e la trama va tessuta attorno al soggetto principale: cattura le persone che lavorano in cucina, i camerieri che curano una *mise en place*, fotografa il tuo locale.

Quando racconti il tuo brand, utilizza sempre immagini personalizzate e di proprietà ed evita foto stock acquistate su Internet. Il cliente vuole immergersi nel tuo mondo e non in quello anonimo di un'immagine da libreria.
Mettici la faccia ma anche la firma: le tue immagini devono possedere una voce, un tono narrativo e stilistico che non solo ti farà conoscere, ma soprattutto... riconoscere tra mille.

**Azione**: Se racconti la storia di una ricetta tramandata di generazione in generazione, utilizza la foto dello chef, inserendo un album con le varie fasi della lavorazione degli ingredienti.

**Figura 5.4. Scelta delle materie prime e preparazione del piatto (@2015 PalmeGemelle)[53]**

## ERRORE 2. DECONTESTUALIZZARE I CONTENUTI

Le storie che racconti hanno come obiettivo quello di coinvolgere,

[53] Shooting fotografico accurato, per il sito web dell'Hotel con Ristorante Palme Gemelle, palmegemelle.it

affascinare e convincere. Ma soprattutto portare clienti alla tua struttura: racconta con le immagini com'è il tuo locale, dove si trova, come ci si arriva. Evita di "delocalizzare" i contenuti.

**Azione**: Impegnati a realizzare scatti coinvolgenti, capaci di immergere i lettori nella tua attività quotidiana, nel tuo locale, nel tuo territorio: falli innamorare dei tuoi posti.

### ERRORE 3. UTILIZZARE IMMAGINI DI PESSIMA QUALITÀ

Con l'evoluzione degli schermi e dei dispositivi di connessione, il raggiungimento di definizioni elevate anche con i display di smartphone e tablet, non puoi utilizzare immagini piccole e di bassa qualità. I lettori amano fotografie di grandi dimensioni e in alta risoluzione, soluzioni estetiche e progettuali di tendenza[54]. Accompagnare la tua storia a foto scadenti, sgranate, sfocate, sovraesposte, troppo piccole o con una composizione insignificante è il modo più rapido per allontanare i tuoi utenti.

**Azione**: gli attuali smartphone hanno fotocamere adeguate per realizzare buoni scatti e l'utilizzo di strumenti semplici dona quel tocco genuino alle immagini da utilizzare sui social media.
Distingui tra la quotidianità del racconto e della vita di squadra in sala o in cucina, perfetta per le tue storie sui social media e la qualità professionale cui devi ricorrere per le immagini del tuo website e del tuo blog aziendale. In questo caso devi ricorrere a un professionista di Food Photography.[55]

[54] Rivedi le indicazioni sul Visual Design del sito web nel capitolo 4

[55] La Food Photography è una specifica area della fotografia dedicata alla realizzazione di scatti di piatti e prodotti agro-alimentari. Richiede – oltre ad approfondite conoscenze della tecnica fotografica (composizione, luce, soggetto, esposizione, profondità di campo) – abilità nello still life (realizzazioni in studio) e nello styling dei piatti

**Figura 5.5. Frontale (sinistra, su Pinterest) o 45° (destra, ©MònicaPinto): dettagli in evidenza per esaltare struttura e tridimensionalità del piatto**

**Figura 5.6. Scegli una buona fonte di luce diffusa, posteriore o laterale, e riempi le ombre con pannelli bianchi**

Figura 5.7. Dall'alto: scelta di stile da realizzare con estrema cura della composizione (©2015 MarionLuttenberger)

Figura 5.8. Creativo: Julies Kitchen, nota Instagramer, compone il cibo come una texture

## ERRORE 4. NON CREARE UN CONTESTO PER LA TUA STORIA

Qualunque sia il punto di forza della tua struttura, se non crei un contesto non hai una buona storia.

Inserisci i tuoi temi in un quadro di più ampio respiro, crea dei collegamenti con il tessuto del tuo territorio e lega i racconti tra loro come episodi di un'unica saga. Se non progetti queste connessioni tutto il lavoro rischia di andare perduto.
Progetta e pianifica una serie di racconti visuali collegati e presentali come fossero puntate di un serial TV o di una telenovela: crea coinvolgimento, raccontando una storia a puntate.

**Azione**: per raccontare un tuo nuovo piatto, comincia con la storia del contadino che fornisce le materie prime al tuo ristorante; descrivi lo chef che al mercato seleziona questi ortaggi accompagnati dalle giuste erbe aromatiche.
Passa poi a immagini dello chef che studia la preparazione del menù... un po' di Menu Engineering e di calcolo del Food Cost non fa male!
Procedi con l'incontro con il maître per studiare – magari assaggiandolo – il giusto vino da abbinare al piatto e così via, stimolando il desiderio di saperne di più e creando aspettativa. Ma anche un'intima condivisione di valori e di emozioni.

### *5.9.1. Selfie: tra Visual Content e UGC*

A proposito di intimità e di condivisione, parliamo della moda del momento: il **SELFIE**.
Prima si chiamavano autoscatti, poi con la nascita dei social media e l'introduzione nel 2010 della telecamera frontale sull'iPhone 4, l'abitudine degli autoritratti fotografici è diventata una mania.
Tra visi a tre quarti, bocche a cuore, inquadrature dall'alto, verso il basso, scatto e condivisione sui social media, il fenomeno che più ci interessa analizzare in questo libro è il *Food Selfie* che può diventare un vero e proprio strumento di promozione del tuo brand.

Il food è da sempre l'esperienza più fotografata e condivisa su social media e app. Quando all'esperienza del gusto si lega la voglia di protagonismo, si soddisfano due bisogni primari: nutrimento e affermazione sociale. Nascono così il *Food Selfie*, in cui il cliente si ritrae mentre gusta un piatto o beve un drink, oppure lo *Street Food Selfie*, fotografare sé stessi o la propria mano con un prodotto culinario tipico di un territorio.

**Azione**: prova ad applicarlo anche al tuo ristorante, creando una zona

Food Selfie e chiedendo ai tuoi clienti di fotografarsi proprio lì, con un tuo piatto in mano. Divertente vero?

Ogni moda virale e tendenza spontanea di successo presuppone un risvolto marketing. Raccontare l'atmosfera del locale, la simpatia del cuoco e dello staff, la bontà dei piatti... invogliando i clienti a provare nuove esperienze, trasmettendole a loro volta con i selfie: circuito virtuoso. Click ed è fatta!

Il contenuto è UGC – User Generated Content – quindi l'utente lo pubblica in autonomia, senza crearti aggravi in lavoro o in diritti d'autore. Se poi il cliente che condivide il suo scatto è un food blogger o un influencer, ancora meglio: su piattaforme come Instagram e Pinterest il gioco della viralità è molto contagioso!

**Azione**: Inventa un gioco con i selfie, abbina un hashtag e promuovilo: gli stessi partecipanti lo renderanno virale!

### ESEMPIO 1

Per il tuo locale dal nome ipotetico: Ristorante dal Santo, idea un gioco con la giuria formata dalla tua brigata.

Il tuo ospite ordina, scatta un food selfie e lo etichetta con il tag *#SantoSelfie2015*. Lo pubblica sulla tua piattaforma sociale.

Viene scelto il contributo più affascinante, bello, divertente, serio, professionale. Decidi tu le regole del gioco e il premio da destinare al vincitore.[56]

### ESEMPIO 2

Chef Fan:[57] se lo chef è spiritoso e ama entrare in sala a una certa ora per ringraziare e salutare gli ospiti, progetta un #celebrityselfie... a maggior ragione se il tuo ristorante è stellato e lo chef famoso.

[56] Attenzione che in Italia esiste una regolamentazione molto dettagliata in merito ai concorsi a premi, quindi valuta con accuratezza ogni dettaglio. Anche le piattaforme sociali hanno policy relative ai contest

[57] La tecnica è utile anche per realizzare foto con i VIP ospiti del tuo ristorante, non banali e polverose. Ma soprattutto facili da diffondere sul web!

### APPROFONDIMENTI

- Blog *Il Mestiere di Scrivere* di Luisa Carrada, blog.mestierediscrivere.com
- Blog *Content Marketing Institute*, contentmarketinginstitute.com/blog
- Ada Boni, *Le Ricette ritrovate del Talismano della Felicità*, 2007
- Susanne Currid, *Build your Tribe The new marketing manifesto*, 2013
- Clelia D'Onofrio, *Il Cucchiaio d'argento*, 1950
- Film *Il Pranzo di Babette*, regia di Gabriel Axel, 1987
- Film *Big Night*, regia di Scott Campbell e Stanley Tucci, 1996
- *How Instagram is transforming professional coking*, wired.com, 2015
- Colleen Jones, *Clout – the Art and Science of Influential Web Content*, 2011
- Philip Kotler, *Marketing 3.0: Dal prodotto, al cliente, all'anima*, 2010
- Pellegrino Artusi, *La scienza in cucina e l'arte di mangiar bene 790 ricette da tutta Italia*, 1891
- *Regole e tecniche fotografiche di base*, abfotografia.it

### TAKE AWAY

- Content Marketing è l'arte e la scienza di tramutare in contenuti i tuoi messaggi e la tua storia: assume importanza crescente nel piano di Digital Marketing
- Contenuti sono trasversali, adattabili per le diverse piattaforme – sito web, blog, social network, article marketing, promozioni
- Contenuti divertenti o informativi? Dipende dal tuo progetto: crea un mix dei due ingredienti, con un pizzico di approccio commerciale per proporre la tua offerta
- Scrivi contenuti per i tuoi utenti e per... Google. Componi testi SEO oriented
- Non scrivere i contenuti senza una strategia di promozione
- Non pensare i tuoi contenuti come i più buoni del mondo (come la tua zuppa di pesce!). Evidenzia la tua unicità... ecco l'ingrediente segreto!
- I contenuti più graditi sono le immagini e i video: non trascurare il Visual Marketing
- Utilizza i contenuti realizzati da utenti e clienti (UGC), a esempio i selfie

# 6. Search Marketing

*di Luca Bove*

*«Il miglior posto per nascondere un cadavere è la seconda pagina di Google».*
Detto popolare nella comunità SEO

Tempo fa Google ebbe un blackout e si spense per 10 minuti: il traffico Internet mondiale diminuì del 40%. Sì, dai motori di ricerca passano in tanti e la ricerca online è una delle attività più frequenti. Vari studi confermano che, in media, almeno il 40% delle persone prima di arrivare ad un sito web passa dai motori di ricerca.
Questo è il motivo principale per cui te ne devi occupare.

Il presente capitolo è diviso in due parti, la prima dedicata alla SEO (*Search Engine Optimization*, ottimizzazione per i motori di ricerca), ovvero la visibilità sui motori di ricerca non a pagamento, e la seconda dedicata alla SEA (*Search Engine Advertising*, pubblicità sui motori di ricerca), anche se in realtà gli strumenti che vedrai permettono di andare oltre la ricerca in senso stretto.

Tradizionalmente queste due forme complessivamente prendono il nome di Search Engine Marketing (SEM) o meglio Search Marketing e per ottenere i migliori risultati vanno svolte assieme. Di solito con la SEO i risultati si vedono dopo molti mesi di lavoro e si ha maggiore difficoltà di controllo a causa di molteplici fattori in gioco, tra cui: i competitor, che a loro volta investono nel digitale, gli utenti, che modificano il loro comportamento, le innovazioni tecnologiche, gli algoritmi dei motori di ricerca in continua evoluzione e il mercato che cambia. Con la SEA si ottiene visibilità nel giro di pochi giorni e si ha un maggior controllo dei risultati. Di contro richiede investimenti più alti.

## 6.1. Cos'è la SEO e perché è importante per il tuo ristorante?

Per SEO si intende una serie di tecniche e attività atte ad ottimizzare il sito web del tuo ristorante in modo da migliorarne il posizionamento (o ranking) nei motori di ricerca, ottenendo visibilità e in ultima battuta più clienti.

Ad oggi, in Italia, oltre il 95% degli utenti utilizza Google come principale motore di ricerca. Per questo motivo da questo punto in avanti focalizzeremo la nostra attenzione su di esso e sui suoi algoritmi che regolamentano le SERP (*Search Engine Result Page* ovvero la pagina che restituisce Google ogni volta che effettuiamo una ricerca). I principi base rimangono validi anche per gli altri motori.

### *6.1.1. Come fare a comparire tra i risultati di Google?*

Innanzitutto è necessario avere un sito web **INDICIZZABILE DAI MOTORI DI RICERCA.** Ciò vuol dire che bisogna accertarsi che non esista alcun tipo di problema che impedisca ai motori di ricerca di leggere e inserire nei loro indici il tuo sito.
Avere il sito web del tuo ristorante "ottimizzato" diventa una necessità che potrebbe far fruttare il tuo business. Non è una peculiarità che possono permettersi solo grandi catene o grossi player del settore ristorazione, lo puoi fare anche tu!

Prevedere un'attività SEO nel proprio piano strategico di web marketing è fondamentale. Non farlo significa rinunciare ad una grossa fetta di visitatori al sito web e di conseguenza rinunciare a potenziali clienti.

L'attività SEO, semplificando un pochino, si suddivide fondamentalmente in due aree principali:

- **on-site**: racchiude una serie di attività atte ad un'ottimizzazione delle pagine interne al sito web
- **off-site**: attività di ottimizzazione svolte all'esterno del sito (link building, social media, forum, ecc.)

### *6.1.2. Ottimizzazione on-site*

Prima di procedere con ogni tipo di attività di promozione e ottimizzazione del sito all'esterno (off-site), è necessario concentrarsi sull'ottimizzazione on-site andando ad analizzare quella che è la struttura interna del tuo sito. Una volta stabilito il punto di forza e differenziante e/o il settore specifico (ristorante di pesce, ristorante vegano, ecc.) per la tua attività e l'area geografica di riferimento (Milano, Roma, ecc.), dovrai scegliere parole chiave adeguate a quello specifico settore, ad esempio "Ristorante di Pesce a Milano", "Ristorante vegano a Roma", ecc. facendone riferimento diretto all'interno del sito. Parleremo in maniera più approfondita della ricerca delle parole chiave nel paragrafo 6.1.2.12.

Esistono molti parametri legati all'ottimizzazione on-site ai quali Google stesso fa riferimento per determinare il ranking di un sito o di una specifica pagina web. Nei paragrafi successivi li vedremo nei dettagli.

#### *6.1.2.1. Architettura del sito*

Uno dei primi step nel processo di ottimizzazione on-site di un sito web è certamente quello di verificare l'architettura del sito, ovvero il modo in cui hai strutturato le pagine interne, come e quanto queste ultime si collegano tra loro tramite link. Ne abbiamo già parlato nel capitolo 4, qui ci concentreremo sull'ottimizzazione per i motori di ricerca.

Un sito web con un'ottima architettura delle informazioni garantisce una migliore esperienza di navigazione all'utente, permettendogli di trovare velocemente il contenuto che desidera; inoltre contribuisce a migliorare vari parametri come il tempo di permanenza sul sito e la frequenza di rimbalzo (la percentuale di utenti che abbandonano il sito dalla pagina da cui sono entrati, senza interagirvi).

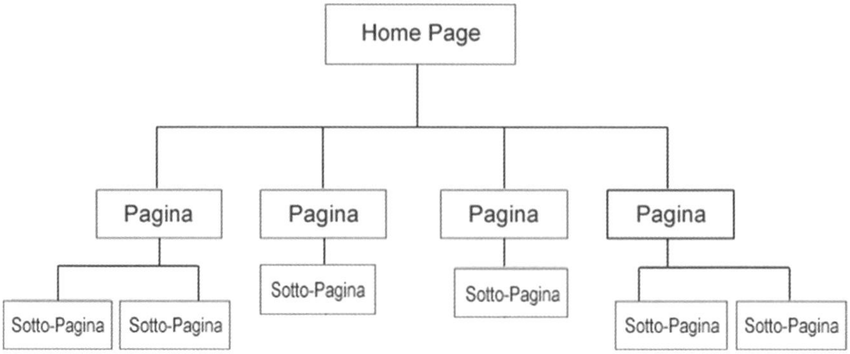


**Figura 6.1. Architettura del sito**

Considerando la homepage come pagina principale del sito, essa generalmente rappresenta quella più visitata e per molti utenti il punto di partenza per la navigazione. Una pagina interna aumenta di livello nell'architettura del sito quanto più si allontana dalla home. Nella struttura di navigazione è bene quindi conservare ad un livello alto le pagine principali e fare in modo che tutte le altre non raggiungano un livello superiore a 4/5.

Aiuta la navigazione degli utenti con le briciole di pane!

Non è un battuta, è molto importante utilizzare i **BREADCRUMB**, ovvero la navigazione "a briciole di pane". L'idea dei breadcrumb prende spunto dalla fiaba di Pollicino, che utilizza le briciole di pane per tracciare il suo cammino e poterlo poi ritrovare la strada di casa. Si tratta in pratica di una lista di link disposti orizzontalmente in cima alla pagina, che indica la profondità della pagina in cui ci si trova al momento.
Questo permette agli utenti di conoscere la propria posizione all'interno della gerarchia del sito e di navigare indietro verso la categoria precedente o verso la home.

Il **MENU DI NAVIGAZIONE** è molto importante. Esso contiene i primi link che sia gli utenti che i motori di ricerca incontrano e perciò dovrebbe includere le pagine più importanti. Aggiungere ulteriori collegamenti non fondamentali nel menu principale potrebbe distrarre l'utente e non far concentrare il motore di ricerca sulle pagine che contano.

### *6.1.2.2. Url "parlanti" e Search Engine Friendly*

Una URL non è altro che l'indirizzo specifico di una pagina web. Per questo è importante che contenga le parole chiave utilizzate nel titolo della pagina stessa. Molto spesso, soprattutto se utilizzi siti dinamici basati su un CMS (es. WordPress, Joomla, ecc.) come impostazione di default verranno generate url complesse e poco leggibili es.:

**http://www.nomedominio.it/?post_type=page&p=116**

Nonostante Google sia in grado di comprendere tali URL, è importante evitare che siano troppo lunghe ed è opportuno renderle "parlanti" in modo che siano più facilmente leggibili anche dagli utenti, es.:

**http://www.nomedominio.it/menu/antipasti**

Ricorda che una URL semplice da capire comunica meglio il contenuto della pagina. Inoltre viene visualizzata nei risultati di ricerca di Google ed evidenziata in grassetto se contiene una o più parole chiave cercate dall'utente. Affinché una URL sia ben strutturata, deve rispondere al seguente criterio: è comprensibile dagli utenti?
In altre parole, se condividessimo una URL via mail, social, ecc. l'utente che la visualizza dovrebbe essere in grado di comprendere immediatamente il contenuto della pagina direttamente dalla URL.

### *6.1.2.3. Tag title e meta description*

Il **TAG TITLE** serve a comunicare sia agli utenti sia ai motori di ricerca il titolo della pagina, ovvero l'argomento principale trattato in una specifica risorsa. Per impostarlo si utilizza il tag <title> posizionandolo all'interno del tag <head> nel codice HTML della pagina web.

```
<html>
<head>
<title>Ristorante nel centro storico di Lecce | La Pergola</title>
<meta name="description" content="Ristorante a Lecce con giardino e piscina,
cucina tradizionale di mare e di terra accompagnata dai migliori vini del Salento.">
</head>

<body>
```

**Figura 6.2. Tag title**

Il titolo della tua homepage dovrebbe contenere il nome del tuo sito/attività e altre informazioni importanti come il luogo in cui la tua attività si trova oppure alcuni dei tuoi servizi o aree di interesse.

Il **META TAG DESCRIPTION** invece serve a fornire agli utenti e ai motori di ricerca un piccolo sommario dell'argomento trattato nella specifica pagina web. Come per il title anche il tag description va inserito all'interno del tag <head> nel codice HTML della pagina.

```
<html>
<head>
<title>Ristorante nel centro storico di Lecce | La Pergola</title>
<meta name="description" content="Ristorante a Lecce con giardino e piscina,
cucina tradizionale di mare e di terra accompagnata dai migliori vini del Salento.">
</head>

<body>
```

**Figura 6.3. Tag description**

Sia il title sia la description sono molto importanti perché di solito (ma non sempre) compaiono nei risultati di ricerca di Google.

**Figura 6.4. Risultati di ricerca**

Questo aiuta sia Google sia gli utenti a capire se la pagina corrisponde alle intenzioni che hanno espresso facendo la ricerca. Ottimizzare title e description per ogni pagina può contribuire a migliorare il posizionamento nei motori di ricerca e le visite al tuo sito.

**Importante:**

- title e description è bene che siano univoci per ogni pagina
- affinché non vengano troncati da Google nei risultati di ricerca

devono rispettare la lunghezza massima consigliata, circa 65 caratteri per il title e circa 156 per la description

- non inserire semplicemente un elenco di parole chiave ma descrivi il contenuto reale della pagina puntando solo su una specifica keyword per pagina.

### *6.1.2.4. Immagini*

Tutte le immagini del ristorante presenti sul sito (interni, esterni, piatti, logo, ecc.) devono essere ottimizzate. Il nome del file immagine deve essere descrittivo, ad esempio "sala-da-pranzo.jpg" evitando nomi del tipo "IMG-1654868.jpg". La dimensione fisica del file immagine deve essere quanto più leggera possibile (evitare file oltre i 150/200 kB), in modo da non rallentare eccessivamente il caricamento della pagina web contenente le immagini; inoltre, tutte le immagini devono essere di qualità. È sempre consigliato raggiungere un buon compromesso tra leggerezza e qualità.

Una volta inserite sul sito, imposta l'**ATTRIBUTO ALT** nel tag img nel linguaggio HTML (*<img src="../sala-da-pranzo.jpg" **alt**='Sala da pranzo' />*) che fornisce un testo alternativo all'immagine, descrivendone il contenuto, quando questa non può essere visualizzata. Molto utile anche in caso di utenti non vedenti che utilizzano browser testuali, i quali, non elaborando le immagini, ne leggeranno solo l'attributo alt.

Infine, per ridurre i tempi di caricamento ed elaborazione delle immagini presenti nella pagina, è importante specificarne, sempre all'interno del codice HTML, la larghezza e la lunghezza (*<img src="../sala-da-pranzo.jpg" **alt**='Sala da pranzo' **width=300' height='150"**/>*).

### *6.1.2.5. Heading tag*

I tag HTML di heading, ovvero di intestazione (in pratica sono i titoli e i sottotitoli dei paragrafi), servono a specificare e organizzare la struttura di una pagina web in modo da distinguere il tema principale dai sottotemi.
Esistono diversi tag di intestazione che vanno da <H1> a <H6>: più alto è il numero meno importante è il titolo. Per questo motivo cerca di applicare una gerarchia all'interno delle pagine utilizzando il tag <H1>

per indicare il titolo principale e il tag <H2> e successivi per i sottotitoli.

### *6.1.2.6. Robots.txt e meta tag Robots*

Alcune volte si ha la necessità di non permettere ai motori di ricerca di vedere o indicizzare una determinata risorsa/pagina di un sito web. Per indicare questo divieto a Google ed altri motori di ricerca si hanno due soluzioni, il robots.txt e i meta tag Robots.

Il **FILE ROBOTS.TXT** è un semplice file testuale, da creare anche con il blocco note, nel quale inserire delle regole e restrizioni che i motori di ricerca dovrebbero rispettare.
Ad esempio, se vogliamo bloccare un'intera cartella del sito web a qualsiasi motore di ricerca, basterà inserire questi due comandi all'interno del file robots.txt

```
User-agent: *
Disallow: /cartella-da-bloccare/
```

Il file robots.txt deve essere raggiungibile all'indirizzo http://www.nomedominio.it/robots.txt, per questo deve essere caricato all'interno della cartella principale del dominio.

In alternativa utilizza il **META TAG ROBOTS** direttamente all'interno del tag <head> nel codice HTML della specifica pagina da non indicizzare.

Esempio:

```
<meta name="robots" content="noindex,follow">
```

I principali parametri che puoi indicare tramite questo tag sono:

- **index/noindex**: indica al motore di ricerca se può o meno indicizzare quella risorsa
- **follow/nofollow**: indica se, durante la scansione delle pagine, il motore di ricerca può o meno seguire i link che trova all'interno della risorsa.

### *6.1.2.7. Rich snippet*

Come avrai certamente notato, le pagine dei risultati di ricerca (SERPs) di Google sono formate da diversi piccoli blocchi contenenti sostanzialmente tre elementi: titolo della pagina, URL e descrizione breve. L'insieme di questi blocchi prende il nome di **SNIPPET**.

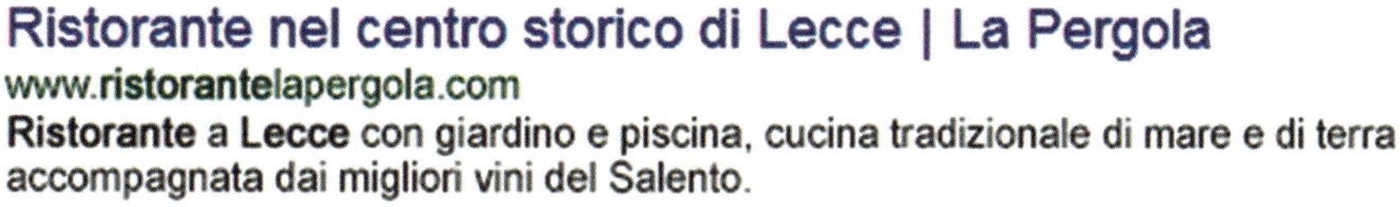


**Figura 6.5. Esempio di snippet sulle SERP**

Mediante l'utilizzo di alcuni marcatori (che vedremo più avanti) è possibile fornire a Google maggiori informazioni sul contenuto di una pagina web, di conseguenza il motore di ricerca è in grado di "arricchire" i classici snippet mostrati in SERP con informazioni aggiuntive da mostrare all'utente, dando vita a quelli che vengono denominati **RICH SNIPPET**.

**Figura 6.6. Rich snippet con le stelline delle recensioni**

**Figura 6.7. Rich snippet di una ricetta**

Nel caso del tuo ristorante, ad esempio, puoi sfruttare i rich snippet per visualizzare la sua valutazione in base alle recensioni che gli utenti hanno rilasciato sul tuo sito.

Come implementare i rich snippet sul sito?

Il concetto di base è quello di evidenziare alcune delle informazioni contenute nella pagina web in modo che Google riesca ad interpretarle. Uno dei metodi possibili a tale scopo è quello di utilizzare i **MICRODATI** e il vocabolario di schema.org.

Schema.org è uno standard nato da un accordo tra Google, Bing e Yahoo! che fornisce un vocabolario condiviso da tutti i webmaster e comprensibile dalla maggior parte dei motori di ricerca, mentre i microdati sono dei particolari tag HTML utilizzati per evidenziare le informazioni all'interno della pagina web.

Sul sito ufficiale di schema.org troverai tutte le indicazioni e una serie di esempi su come inserire i microdati del tuo ristorante nel sito web .

Di seguito, un esempio di implementazione dei microdati e schema.org per evidenziare l'indirizzo e altri dati della tua struttura:

```
<div itemscope itemtype="http://schema.org/Restaurant">
 <span itemprop="name">Ristorante La Pergola</span>
 <div itemprop="address" itemscope itemtype="http://schema.
org/PostalAddress">
 <span itemprop="streetAddress">Viale Rossi</span>
 <span itemprop="addressLocality">Lecce</span>,
 <span itemprop="addressRegion">Puglia</span>
 <span itemprop="postalCode">73100</span>
 </div>
 <span itemprop="telephone">0854265489</span>
 <a itemprop="url" href="http://www.ristorantelapergola.
com">www.ristorantelapergola.com</a>
</div>
```

Hai implementato correttamente i rich snippet?
Una volta che hai inserito i microdati è necessario verificare che non ci siano errori nel codice e che Google riesca ad interpretare correttamente i dati che hai evidenziato, attraverso lo strumento di verifica.[58]

[58] developers.google.com/structured-data/testing-tool

**Figura 6.8. Testing tool**

### *6.1.2.8. Contenuti*

Abbiamo parlato nel capitolo 5 dell'importanza dei contenuti in generale, in questo paragrafo ci concentreremo solo sull'effetto che hanno per la SEO.
Il contenuto di un pagina è il motivo principale per il quale un utente visita il tuo sito. Un contenuto utile e originale è tra i segnali di ranking più importanti, poiché, senza contenuti, Google non ha niente da leggere e da indicizzare.

Gli utenti sanno riconoscere un contenuto di qualità, se è in grado di soddisfare le loro esigenze e rispondere alle loro domande. L'obiettivo principale di un contenuto è quello di facilitare la vita dei tuoi clienti. Quando scrivi, cerca sempre di avere in mente quali sono le domande comuni dei tuoi clienti partendo dalle più banali. Non dare mai niente per scontato, ma esplicitalo, come ad esempio "C'è il parcheggio? No? C'è un parcheggio vicino? Dove? È a pagamento? Come si fa quella vostra ricetta speciale? Quali sono gli ingredienti che usate?".

Se i contenuti sono utili, saranno gli utenti stessi a consigliarli ad altre persone e a condividerli online o sui social network. È importante non limitarsi a scrivere poche righe per pagina, ma affrontare in maniera esaustiva un determinato argomento.

Ottimizza la struttura del testo in paragrafi, utilizzando elenchi puntati, grassetti e sottotitoli dove possibile, per facilitare la lettura all'utente (e al motore di ricerca).

La tendenza di Google è di considerare importante quello che è importante per l'utente.

### *6.1.2.9. Velocità*

La velocità di un sito web non rappresenta un segnale diretto sul posizionamento nei risultati di ricerca, ma ne è una conseguenza. Avere un sito eccessivamente lento non garantisce certamente una buona esperienza lato utente: se un sito è lento, l'utente abbandona prematuramente la pagina e i motori di ricerca interpretano questo dato come un segnale negativo. Esistono vari strumenti online per testare la velocità di un sito web.
Uno tra i più efficienti è **GTMETRIX**.

**Figura 6.9. GTmetrix**

Inserendo l'URL da analizzare nella home di GTmetrix e avviando il processo di analisi, dopo pochi secondi il tool genera il report, basandosi su due differenti strumenti per il test della velocità di caricamento: PageSpeed e YSlow, il primo fornito da Google, il secondo da Yahoo. Nel report saranno presenti due differenti percentuali di ottimizzazione e due schede (*PageSpeed* e *YSlow*) con elencati una serie di provvedimenti, in ordine di importanza, da implementare per migliorare la velocità della risorsa analizzata. Nella scheda *Timeline*, invece, è possibile analizzare i tempi di caricamento di ogni singola componente della pagina in modo da individuare le risorse più lente da migliorare.

#### *6.1.2.10. Sitemap.xml*

Sitemap.xml è l'equivalente dell'indice o sommario di un libro: si tratta di un file in formato xml (*eXtensible Markup Language*) che fornisce ai motori di ricerca tutte le URL che compongono il tuo sito in modo da garantirne una corretta scansione e indicizzazione. Per generare una sitemap puoi utilizzare dei plugin dedicati nel caso in cui il sito sia stato creato tramite CMS oppure puoi sfruttare uno dei numerosi tool gratuiti online come ad esempio xml-sitemaps.com.

Una volta ottenuta la sitemap e caricata nella directory principale del sito è importante segnalarla a Google tramite l'apposita sezione in Google Search Console (che vedremo nel paragrafo 6.1.2.10)

#### *6.1.2.11. Blog*

Abbiamo già parlato di Content Marketing nel capitolo 5, qui riprendiamo solo i concetti base in funzione SEO.
Il blog è uno strumento molto potente all'interno di un sito web per ristoranti. Senza di esso il sito si ridurrebbe alle classiche 5/6 pagine essenziali (dove siamo, contattaci, menù, ecc.) con le quali la tua presenza nelle SERPs di Google sarebbe troppo limitata. Puoi invece sfruttare la sezione del blog per affrontare temi collaterali al tuo ristorante, oppure promuovere un particolare evento.
Lo scopo del blog è quello di attirare nuovi utenti sul tuo sito sfruttando articoli che trattano tematiche correlate alla tua attività. La scelta delle tematiche e degli argomenti da affrontare nei post non deve essere casuale, ma bisogna partire da un'idea e verificare quanto traffico

si potrebbe ricevere affrontando una particolare tematica. Si tratta sostanzialmente di effettuare un'analisi delle parole chiave conosciuta anche come *keyword research*.

Avere un blog con molti contenuti aumenta le probabilità di apparire su Google. Se poi i contenuti piacciono ai lettori puoi anche ottenere dei link che, come vedremo nei paragrafi successivi, sono preziosi per aumentare la visibilità sui motori di ricerca.

### *6.1.2.12. Keyword research*

Anche se ne parliamo ora, questa fase è una delle prime da affrontare in un progetto SEO. In base alle parole chiave si creano i contenuti adeguati.
Cos'è la *keyword research*? Partendo da un'idea di base, si tratta di trovare e scegliere una serie di parole/frasi che i tuoi potenziali clienti utilizzano maggiormente online per cercare l'argomento che vuoi affrontare. Per prima cosa fai una distinzione tra keyword principali, ovvero ad alta concorrenza (es.: "Ristorante Milano"), le quali richiedono maggiore tempo e lavoro per ottenere un buon posizionamento, e keyword secondarie, dove la concorrenza è medio-bassa ed è possibile raggiungere buoni risultati in un arco di tempo più breve.
Esistono numerosi strumenti online gratuiti che ti aiutano in questa prima fase di analisi.

#### KEYWORDTOOL.IO[59]

Partendo da un'idea di parola chiave puoi sfruttare questo tool gratuito che utilizza i dati raccolti in Google Suggest, uno strumento di Google che si attiva nel momento in cui si inizia a scrivere qualcosa all'interno del box di ricerca, in modo che vengano "suggerite" delle ricerche per l'autocompletamento. Si tratta di ricerche che sono state già effettuate in passato da molti altri utenti, quindi potenzialmente utili in quanto indicano che c'è un volume di traffico per quella parola/frase.
Esistono altri due servizi simili che meritano una citazione: UberSuggest e Merlinox Suggest.

[59] keywordtool.io

## GOOGLE ADWORDS KEYWORD PLANNER[60]

Per poter accedere al keyword planner è necessario avere un account Google ed essere registrati al programma Google AdWords. Se non sei ancora registrato segui la procedura di registrazione gratuita al programma AdWords che ti si apre quando accedi al tool per la prima volta.

Effettuata la registrazione, seleziona dal menu *Cosa vuoi fare?* la voce *Cerca nuove idee per le parole chiave e i gruppi di annunci*, compila il primo campo *Il tuo prodotto o servizio* e clicca su *Trova idee.* Nella schermata successiva, spostandoti nella scheda *Idee per le parole chiave*, il tool ti fornirà, in base alle statistiche in suo possesso, una serie di idee di parole chiave correlate con una stima del traffico mensile e della concorrenza.

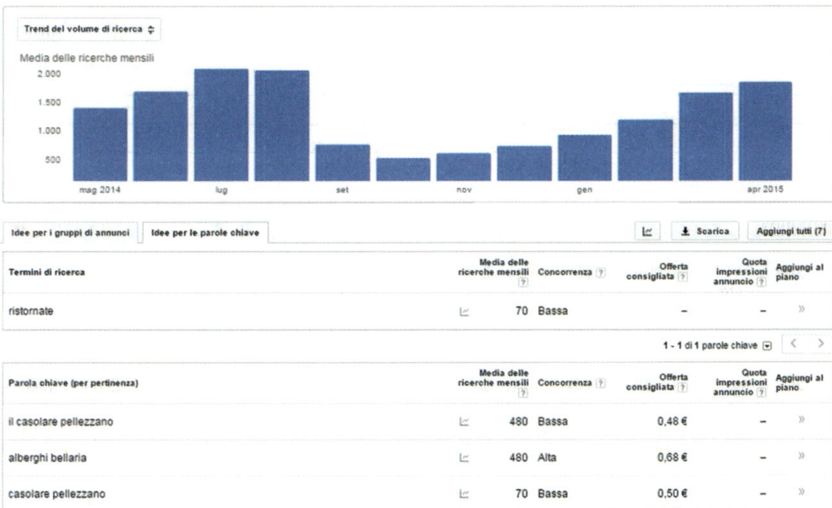


**Figura 6.10. Google AdWords Keyword Planner**

[60] adwords.google.it/KeywordPlanner

### GOOGLE TRENDS[61]

Google trends è uno strumento online gratuito offerto da Google, che non necessita di alcuna registrazione e che ti permette di analizzare l'andamento di ricerca di una o più parole chiave in un arco di tempo impostato, in modo da avere un'idea sulle tendenze di ricerca degli utenti, sulla stagionalità, ecc.

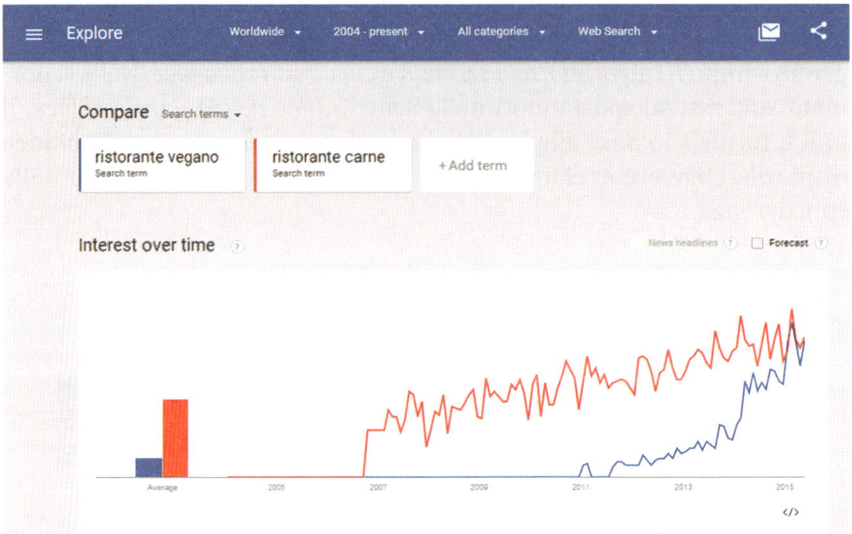


**Figura 6.11. Google Trends**

## *6.1.2.13. Ottimizzazione off-site*

Il successo di un sito web passa non solo dall'ottimizzazione on-site ma necessita anche di strategie off-site che possiamo genericamente identificare come "Far parlare del tuo sito web e del tuo ristorante su Internet". Tra queste attività la più importante è l'ottenimento di link, conosciuto come **LINK BUILDING** o più correttamente **LINK EARNING.**

Per link earning si intendono tutte quelle strategie volte a ottenere link da siti terzi verso il tuo sito web.

Fino a pochi anni fa queste attività erano molto più spinte e nella peggiore

[61] google.it/trends/?hl=it

delle ipotesi i motori di ricerca ignoravano i link così ottenuti. Il rischio era quindi basso. I nuovi algoritmi di Google sempre più sofisticati e attenti a combattere le attività di link spam (link non naturali appositamente creati per favorire il posizionamento del sito su Google) hanno reso questa attività molto più complessa e articolata. Ogni link ottenuto verso il proprio sito deve essere naturale e spontaneo, non deve essere acquistato. Google è diventato molto bravo ad identificare i link innaturali e si rischia seriamente di essere penalizzati.

Quindi, quando otteniamo dei link, accertiamoci che:

1. il sito che li ospita sia a tema o comunque attinente con la tua attività
2. la parola o frase che contiene il link, in gergo *anchor text*, sia naturale e integrata con il resto del contenuto. Se parli di ricette del tuo ristorante, è bene linkare "ricette del ristorante". È opportuno che l'anchor text non sia però eccessivamente "spinta" ovvero non deve sempre contenere parole chiave con le quali ti vuoi posizionare su Google. Ad esempio, evita di avere link su parole chiave come "Ristorante vegano Milano" o "Ristorante di pesce Gallipoli". È molto più naturale (e Google lo sa) ottenere il link sotto forma di URL estesa del tuo sito, o nome dominio, oppure come "clicca qui", "maggiori informazioni", ecc.
3. il testo che contiene il link sia unico e di qualità, ovvero utile all'utente e non scritto con l'unico scopo di inserirci dei link
4. i link non siano inseriti nelle aree marginali di un sito web come ad esempio footer, sidebar, ecc.

Quali sono le tattiche per guadagnare dei link?

**PARTECIPA A FORUM E BLOG DI SETTORE, COMMUNITY E SOCIAL**, per parlare degli argomenti che tratti e farti riconoscere come esperto. Questo attrae link. Fallo in maniera naturale e non autocelebrativa

**UTILIZZA COMUNICATI STAMPA E ALTRE ATTIVITÀ DI P.R.** per promuovere e diffondere iniziative ed eventi della tua attività. Chi lo riceve magari inserirà anche dei link.

**PUBBLICA OFFERTE E PROMOZIONI SUL TUO SITO.** Questa attività potrebbe portare a una condivisione naturale della notizia e quindi generare un link al tuo sito da parte di altri utenti.

Altre tattiche per guadagnare link sono comuni a quelle per guadagnare citazioni di cui parlo al capitolo 8, ovvero fai accordi con attività complementari e vicine: ad esempio, se dalle parti del tuo locale c'è una palestra, fai un accordo e metti il link del ristorante sul sito della palestra magari con un'offerta dedicata.

### *6.1.3. Analisi e monitoraggio con Google Search Console*

Google offre una console gratuita di strumenti finalizzati a migliorare la visibilità del tuo sito, i quali risultano fondamentali all'interno di un'attività SEO in quanto ti aiutano a "vedere" il sito con gli occhi di Google. Per registrare il tuo dominio su Google Search Console è necessario avere un semplice account Google, accedere alla home[62] e aggiungere una nuova proprietà (URL del sito web). Fatto questo e portate a termine le successive istruzioni per la verifica della proprietà, avrai accesso al pannello principale. Da qui si hanno a disposizione varie metriche. Vediamone in dettaglio alcune tra le principali.

#### *6.1.3.1. Analisi delle ricerche*

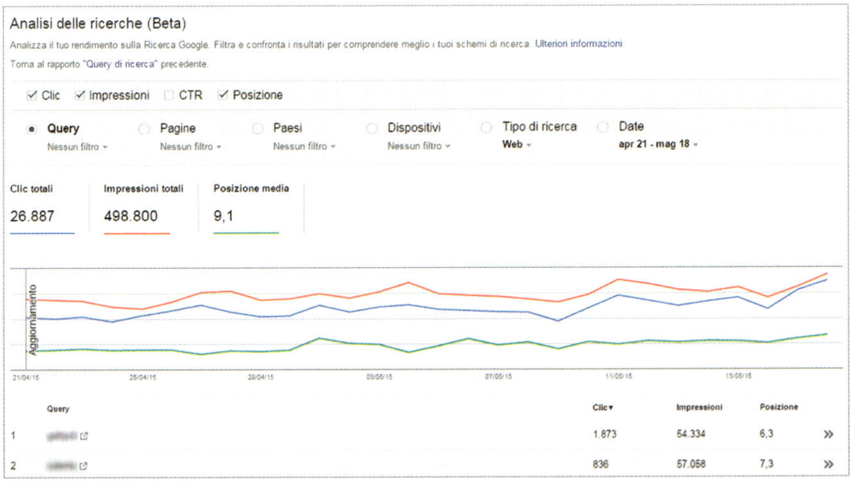


**Figura 6.12. Analisi delle ricerche**

[62] google.com/webmasters/tools/home?hl=it

In questa sezione è possibile analizzare principalmente le **QUERY** (parole chiavi che gli utenti digitano su Google) per le quali compare il tuo sito tra i risultati della ricerca. Nella prima riga di opzioni hai la possibilità di confrontare quattro metriche:

- *Clic*: numero di click al tuo sito per una determinata query
- *Impressioni*: numero di volte che una pagina del tuo sito compare in una SERP per la specifica query
- *CTR*: percentuale ricavata dal rapporto fra il numero di click e le impressioni per una specifica query
- *Posizione*: la posizione media in cui compare la pagina del tuo sito nella SERP ottenuta per una specifica query.

### *6.1.3.2. Sitemap*

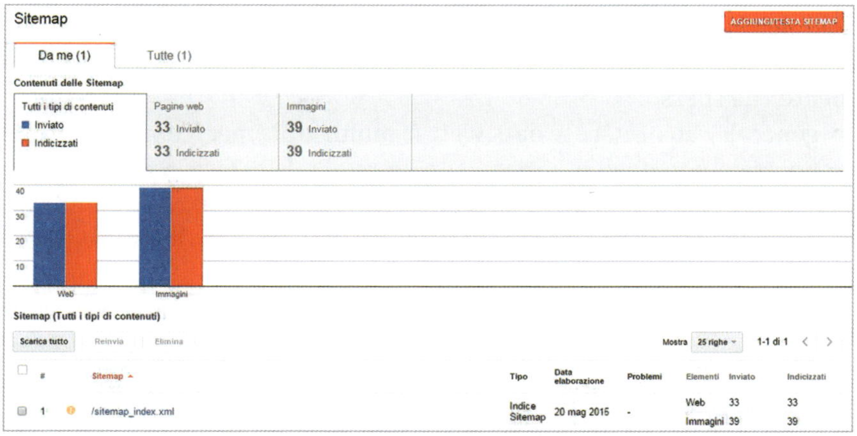


**Figura 6.13. Sitemap**

Una volta creata la sitemap è possibile inviarla a Google spostandoti nella sezione *Sitemap* che trovi all'interno del menu *Scansione*. Cliccando sul pulsante in alto a destra *Aggiungi/testa sitemap è* sufficiente inserire l'URL corretta e cliccare su *Invia sitemap*. Monitorando nel tempo questa sezione, è possibile scoprire se la sitemap presenta errori e se Google ha indicizzato tutte le pagine segnalate.

*6.1.3.3. Errori di scansione*

Se Google e di conseguenza anche gli utenti non riescono ad accedere ad alcune pagine del tuo sito troverai in questa sezione un elenco di URL con il relativo codice d'errore, raggruppate in tre schede in base alla tipologia del problema: DNS, Connessione al server, Recupero Robots. txt.

*6.1.3.4. Link che rimandano al tuo sito*

Nella sezione dei link che rimandano al tuo sito sono presenti due colonne fondamentali: la prima contiene una serie di domini che hanno uno o più link verso il tuo sito, trovati da Google durante il suo processo di scansione e indicizzazione del web; la seconda colonna contiene le pagine del tuo sito con più link in ingresso.
Occorre specificare che i dati presentati da Google Search Console sono parziali, non vengono visualizzati nella loro completezza e si riferiscono solo agli ultimi tre mesi. Con Google Search Console hai quindi uno strumento per controllare lo stato di salute del sito. Controllalo velocemente, ma spesso.
In generale, analizzare i dati web è molto utile per comprendere il comportamento degli utenti sul sito, in modo da capire la direzione da percorrere per ottimizzare ulteriormente ogni pagina, così da indirizzare gli utenti al raggiungimento di un determinato obiettivo (es.: richiesta di informazioni, preventivo o prenotazione). Ma di questo parleremo meglio nel capitolo 11.

## 6.2. Cos'è la SEA e perché è importante per il tuo ristorante?

Secondo Google oltre il 60% delle ricerche effettuate dagli utenti sul suo motore di ricerca è di tipo locale e tre persone su cinque cercano un ristorante via web. Inoltre uno studio ha mostrato che il 30% delle ricerche online di ristoranti è effettuato con un dispositivo mobile e il 28% da tablet.[63] Ciò significa che essere presenti sul web è imperativo

[64] *Survey Reveals Local Businesses and Consumers Out of Sync on Mobile Search Expectations*, ricerca condotta da Neustar's Localeze, comScore e Geary LSF's 15 miles, 2014

anche, e soprattutto, per attività che si rivolgono ad un'utenza locale.

Ma avere un sito internet non basta: bisogna che i visitatori entrino nel sito. Però, se il sito è nuovo e Google e gli altri motori di ricerca non lo hanno ancora indicizzato/posizionato, nessuno lo vedrà tra i risultati di ricerca.
Facciamo un esempio: hai un ristorante a Roma, e ovviamente la concorrenza è spietata. Investi per fare un sito bello, funzionale, usabile. Ovviamente se qualcuno cerca su Google "Ristorante a Roma", la tua massima aspirazione sarebbe vedere il tuo sito sopra tutti gli altri risultati. Invece, nella migliore delle ipotesi, il sito non è neanche in seconda pagina...
Abbiamo visto nei paragrafi precedenti alcune tecniche per migliorare la visibilità organica, ma per sortire risultati occorrono molti mesi, anche più di un anno. Serve una strada alternativa, che si rivela più breve, più immediata, ma anche un po' più rischiosa (se non opportunamente ottimizzata). Stiamo parlando della pubblicità Pay-per-click (PPC) o più genericamente della SEA, pubblicità sui motori di ricerca. Useremo questi due termini come sinonimi.

### *6.2.1. PPC con Google AdWords*

Con una campagna pubblicitaria pay per click, paghi per uscire con un tuo annuncio personalizzato nelle prime posizioni dei risultati di ricerca. Si parla di pay per click perché non paghi per far visualizzare gli annunci, ma soltanto se qualcuno clicca sul tuo annuncio, il che significa che arriva nel tuo sito, dove avrai la possibilità di convincerlo a fare una prenotazione, fidelizzarlo ecc.

La piattaforma PPC più utilizzata è **GOOGLE ADWORDS**. Se usi Google (chi non lo usa?), avrai notato che gli annunci escono quando cerchi praticamente tutto: alcuni annunci vengono visualizzati in alto, alcuni nella colonna a destra, altri ancora in fondo alla pagina.

È cruciale investire in attività promozionali che portino redditività. La pubblicità offline (giornali, riviste, cartellonistica) è spesso costosa e si è bombardati da così tanti annunci che è difficile distinguerne uno dall'altro. Inoltre è arduo capire quale di queste attività porti effettivamente clienti.

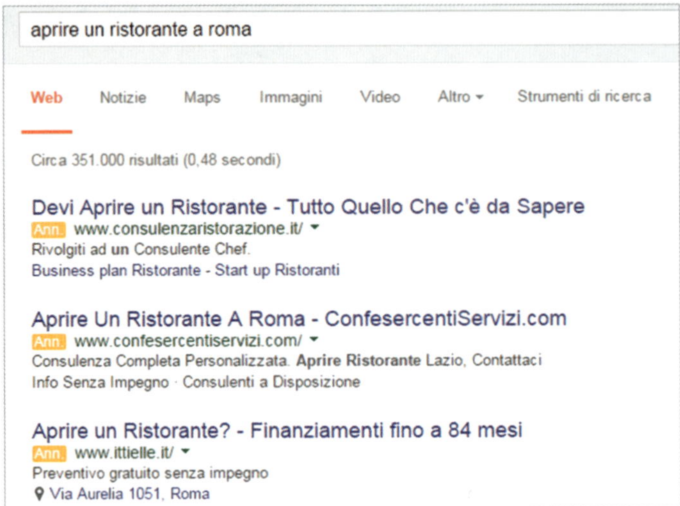


**Figura 6.14. Annunci PPC**

La cosa buona di AdWords è che la gente che usa Google sta cercando un'informazione specifica. Per cui paghi i click fatti da persone che hanno espresso un reale interesse nei confronti di un'attività come la tua. Inoltre, è possibile tracciare esattamente quanto traffico la campagna AdWords stia portando sul sito ed eventualmente anche quanti contatti stiano arrivando. Così facendo sei sicuro di usare i tuoi soldi in modo saggio e soprattutto efficace.

#### *6.2.1.1. Come funziona*

Il funzionamento di AdWords è il seguente:

**STEP 1**

Crei un **ACCOUNT ADWORDS**, seguendo i vari step (google.it/adwords/start).

Il tuo account sarà suddiviso in campagne e ciascuna campagna in gruppi di annunci.

Ciascuna campagna deve focalizzarsi su un argomento specifico; a sua volta, ciascun gruppo di annunci deve concentrarsi su una sottocategoria dell'argomento principale della campagna.

| Account | | | |
|---|---|---|---|
| Negozio di arredamento | | | |
| **Campagna** | | **Campagna** | |
| Tavoli | | Letti | |
| **Gruppo di annunci** | **Gruppo di annunci** | **Gruppo di annunci** | **Gruppo di annunci** |
| Tavolini | Tavoli da pranzo | Divani letto | Letti king size |
| **Annunci**<br>Annuncio 1<br>Annuncio 2 | **Annunci**<br>Annuncio 1<br>Annuncio 2 | **Annunci**<br>Annuncio 1<br>Annuncio 2 | **Annunci**<br>Annuncio 1<br>Annuncio 2 |

**Figura 6.15. Account AdWords**

Per capire come strutturare correttamente il tuo account AdWords, ti consiglio di leggere la guida.[64]

### STEP 2

Definisci il **BUDGET** che vuoi spendere.

### STEP 3

Scegli la tipologia di campagna che più si adatta alle tue esigenze. La tipologia dipende dal tipo di rete che scegli. Hai queste tre opzioni:[65]

- **solo rete di ricerca**: gli annunci vengono visualizzati nella pagina di ricerca di Google tutte le volte che gli utenti digitano determinate parole chiave
- **solo rete Display**: la rete Display è composta da tutti i siti che ospitano pubblicità di Google, quindi gli annunci possono essere visti da utenti mentre navigano su siti diversi dal tuo

[64] *Organizzazione dell'account AdWords*, support.google.com

[65] Per ulteriori approfondimenti sui tipi di campagne disponibili, leggi *Scelta del tipo di campagna più adatto alle proprie esigenze*, support.google.com

- **rete di ricerca con selezione Display**: una combinazione di entrambe le reti.

Un particolare tipo di campagna disponibile se scegli la rete Display è il **REMARKETING**, che ti permette di raggiungere gli utenti che hanno già visitato il tuo sito, durante la loro successiva navigazione su altri siti appartenenti alla stessa rete. Stiamo parlando dei banner che "ti seguono"...
Il remarketing è fondamentale perché, mentre crea una brand awareness, ti aiuta a ricontattare quegli utenti che non hanno compiuto nessuna azione sul tuo sito.[66]

### STEP 4

Scegli le **PAROLE CHIAVE** su cui puntare. Esse ti permettono di determinare per quale ricerca degli utenti far comparire i tuoi annunci.
Per scegliere correttamente le parole chiave, puoi aiutarti con diversi strumenti di cui abbiamo parlato nei paragrafi precedenti, ovvero il Keyword Planner, messo a disposizione da Google,[67] che estrapola tutti i Google Suggest ed altro. Ricordati sempre di utilizzare il tuo cervello, ovvero mettiti nei panni dei tuoi potenziali clienti e cerca di riflettere su cosa cercherebbero loro per trovare un servizio come il tuo.

### STEP 5

Tieni conto che esistono diversi **TIPI DI CORRISPONDENZA** delle parole chiave (contraddistinti da segni ortografici diversi), che consentono di gestire al meglio il momento in cui far comparire l'annuncio, in base al grado di "somiglianza" della tua parola chiave con la ricerca dell'utente.

[66] Per ulteriori approfondimenti sul remarketing leggi *Funzionamento del remarketing*, support.google.com

[67] keywordtool.io

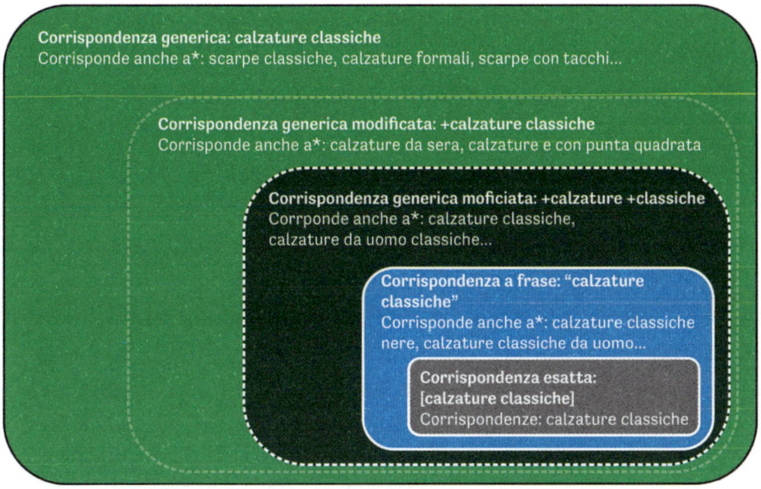


* La parola chiave visualizzata in ogni insieme corrisponde anche alle ricerche degli insiemi più piccoli.
Iol grafico viene fornito solo come illustrazione e non su scala.

**Figura 6.16. Vari tipi di corrispondenza delle parole chiave**

Le corrispondenze sono riportate di seguito.[68]

**LA CORRISPONDENZA GENERICA**: nessun segno ortografico

**es. Ristorante Roma**

Come dichiara lo stesso Google «*l'annuncio può essere pubblicato se un termine di ricerca contiene i termini della parola chiave in qualsiasi ordine ed eventualmente insieme ad altri termini*», compresi i sinonimi e le ricerche correlate. Per cui l'annuncio potrà comparire per ricerche del tipo: "Ristoranti a Roma", "Voglio un ristorante vicino Roma", "Ristorante Roma", "Trattoria Roma Termini".

*Vantaggi*: molto traffico.
*Svantaggi*: molte ricerche non in target.

[68] Per ulteriori approfondimenti sulle corrispondenze delle parole chiave, leggi *Utilizzo delle opzioni di corrispondenza delle parole chiave*, support.google.com

**LA CORRISPONDENZA GENERICA MODIFICATA**: segno + prima di ciascuna parola che compone la parola chiave

**es. +Ristorante +Roma**

Come dichiara lo stesso Google, con la corrispondenza generica modificata «*i tuoi annunci vengono pubblicati solo quando la ricerca contiene i termini modificati o varianti simili dei termini modificati, in qualsiasi ordine*».
L'annuncio, quindi, potrà comparire per ricerche del tipo: "Ristoranti a Roma", "Ristorante Roma", "Ristorante Roma Termini".
La differenza fondamentale rispetto alla corrispondenza generica è che l'annuncio non può essere pubblicato con i sinonimi e le ricerche correlate, limitando quindi le possibilità di errore (ricerche non in target) che si possono verificare con la corrispondenza generica.

**LA CORRISPONDENZA A FRASE**: segno ""

**es. "Ristorante Roma"**

Come dichiara lo stesso Google con la corrispondenza a frase «*il tuo annuncio può essere pubblicato quando un utente cerca la tua parola chiave esatta o la tua parola chiave esatta preceduta o seguita da altre parole*».
L'annuncio, quindi, potrà comparire per ricerche del tipo: "Cerco Ristorante Roma", "Ristorante Roma Termini", "Ristoranti Roma".

**LA CORRISPONDENZA ESATTA**: segno [ ]

**es. [Ristorante Roma]**

Come dichiara lo stesso Google «*il tuo annuncio può essere pubblicato quando un utente esegue una ricerca utilizzando la tua parola chiave esatta senza aggiungere altri termini. Il tuo annuncio verrà pubblicato anche quando un utente utilizza per la sua ricerca varianti simili di tale parola chiave specifica*».
L'annuncio, quindi, potrà comparire per ricerche del tipo: "Ristorante Roma", "Ristoranti Roma".

*Vantaggi*: traffico qualificato.
*Svantaggi*: traffico ridotto.

**LA CORRISPONDENZA INVERSA**: segno –

**Es. – vegetariano**

Grazie alla corrispondenza inversa puoi «*impedire che il tuo annuncio sia visualizzato da utenti che ricercano determinati termini. L'annuncio non viene pubblicato se un termine di ricerca contiene il termine della parola chiave a cui hai anteposto il segno meno (-)*».
Quindi, se hai inserito tra le parole chiave +Ristorante +a +Roma, ma non servi cibi vegetariani, il tuo annuncio NON comparirà per ricerche del tipo: "Ristorante vegetariano a Roma".

**STEP 6**

Una volta scelte le parole chiave, abbinandole alle corrispondenze che deciderai di usare, suddividile in gruppi di annunci. Cerca di essere quanto più preciso possibile, creando gruppi di annunci specifici.
Se hai un ristorante-pizzeria nel centro storico di Roma, potrai creare *x* gruppi di annuncio: 1 gruppo con le parole chiave relative a "Ristorante a Roma", 1 gruppo con quelle relative a "Pizzeria a Roma", 1 gruppo con quelle relative a "Ristorante Roma centro storico", e così via.

**STEP 7**

Finita la suddivisione delle parole chiave in gruppi di annunci, puoi passare alla creazione degli annunci veri e propri.[69]

Consigli:

- non limitarti ad un solo annuncio per gruppo. Testane diversi (almeno due) con creatività differenti
- scrivi annunci accattivanti, che spingano l'utente a cliccare. No alla banalità!

[69] Per ulteriori approfondimenti leggi *Suggerimenti per la creazione di annunci di testo efficaci*, support.google.com

- utilizza nel titolo la parola chiave
- utilizza il punto interrogativo nel titolo
- inserisci offerte
- evidenzia i tuoi punti di forza.

In generale il consiglio migliore è quello di testare costantemente. Non dare nulla per scontato: se un annuncio ti sembra perfetto, non è detto che anche gli utenti lo percepiscano allo stesso modo, quindi testa sempre e monitora il rendimento, eliminando ciò che non ti porta contatti.

### *6.2.1.2. Perché AdWords*

Vediamo ora perché, se hai un ristorante, ti conviene attivare una, o più, campagne AdWords.

#### 1. PERCHÉ PUOI RAGGIUNGERE I TUOI POTENZIALI CLIENTI

Fare una campagna AdWords equivale ad avere una lavagna col menù sul marciapiede davanti al ristorante: alcuni ci passano davanti senza guardarla, altri si fermano a leggerla e proseguono, altri ancora la leggono e decidono di entrare.
Il tuo annuncio viene visualizzato in prima pagina anche se il tuo sito non è indicizzato/posizionato: gli annunci, quindi, sono il modo perfetto di attirare l'attenzione dei tuoi potenziali clienti e convincerli a entrare nel tuo sito.

**Figura 6.17. Campagna AdWords**

## 2. PERCHÉ PUOI RAGGIUNGERE I TUOI CLIENTI A LIVELLO LOCALE

Tra i settaggi disponibili nella piattaforma di Google AdWords, quando crei una campagna, puoi scegliere in quali località (città, regioni, nazioni, codici postali, raggio d'azione) far visualizzare i tuoi annunci pubblicitari.

**Figura 6.18. Localizzazione della campagna AdWords**

Il targeting per località è ideale per tutti quei business, come i ristoranti appunto, i cui servizi sono legati alla posizione geografica.
Se hai un ristorante a Roma, puoi restringere il campo d'azione della campagna, impostando il targeting solo nella città o provincia di Roma, o nel raggio d'azione di 100 km da Roma.

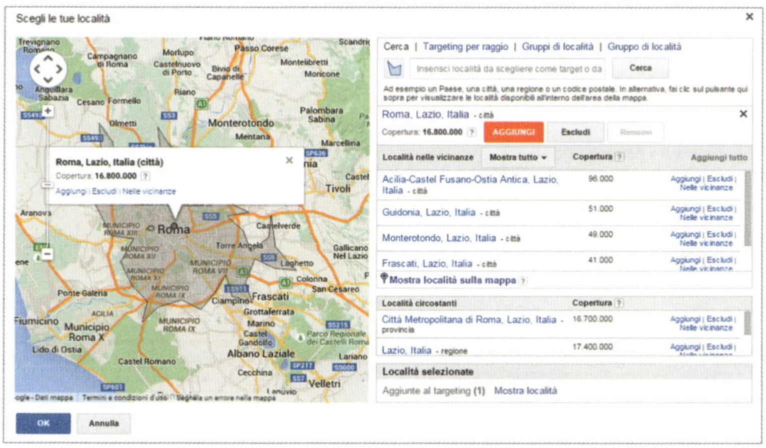


**Figura 6.19. Impostazioni per la localizzazione**

In questo modo ti assicuri che gli annunci vengano visualizzati solo da utenti che fanno ricerche nella zona in target (es. utenti a Roma che cercano "Ristorante a Roma" o "Ristorante") o da utenti che, anche non trovandosi nella località target, fanno una ricerca specifica indicando la località (es. utenti a Milano che cercano "Ristorante a Roma"). Quest'ultima distinzione dipende dal settaggio delle opzioni avanzate, disponibili nel tab *Impostazioni*.

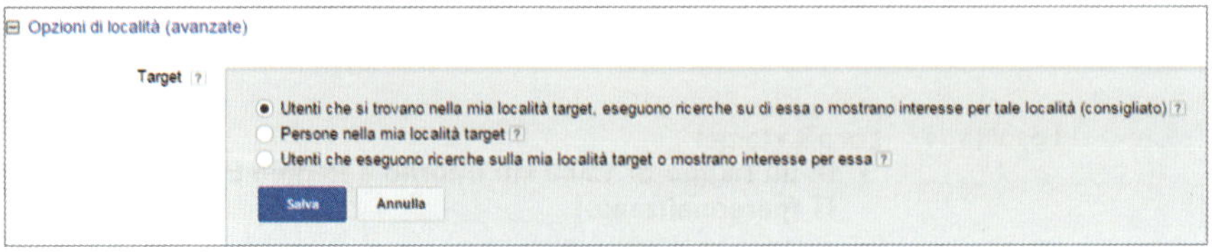


**Figura 6.20. Tab *Impostazioni***

### 3. PERCHÉ PUOI MOSTRARE LA LOCALITÀ

Le estensioni di località sono una funzionalità molto interessante all'interno di Google AdWords che ti permette di aggiungere all'annuncio dettagli sulla località in cui si trova il tuo business (indicazioni stradali, cap, località, mappa). Il potenziale cliente in questo modo ha più possibilità di trovarti.

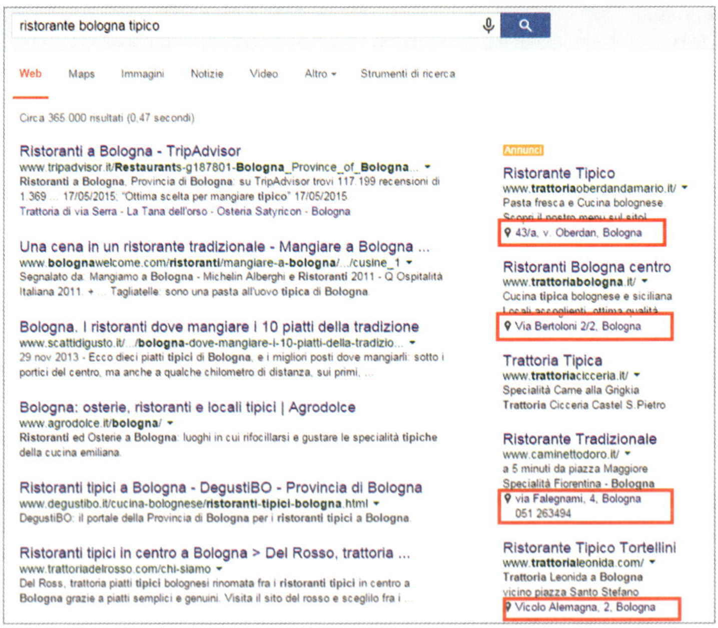


**Figura 6.21. Estensioni di località**

Per far uscire le estensioni di località, devi collegare l'account Google AdWords al tuo account **GOOGLE MY BUSINESS**.[70]

### 4. PERCHÉ PUOI MOSTRARE LE TUE INFORMAZIONI DI CONTATTO

Altra funzionalità di Google AdWords sono i **sitelink**, estensioni dell'annuncio che permettono di linkare pagine specifiche del tuo sito, in modo da offrire maggiori informazioni agli utenti.
Per esempio, puoi linkare la pagina del menù, la pagina dedicata alle offerte, la pagina per prenotare online o la pagina *Contatti*.

### 5. PERCHÉ PUOI INTERCETTARE RICERCHE ALTAMENTE TARGETTIZZATE

Se decidi di utilizzare Google AdWords, devi scegliere con molta cura le parole chiave da inserire nella campagna. Più saranno specifiche, più saranno in grado di intercettare traffico qualificato, ovvero utenti che cercano proprio un servizio come quello che offri con alta probabilità che poi si convertano in clienti paganti.
Se, per esempio, hai un ristorante vegano a Roma, puoi optare per diverse tipologie di campagne, in base al budget che decidi di investire:

- puoi generare molto traffico, ma poco qualificato, scegliendo parole chiave generiche come "Ristorante a Roma"
- puoi concentrarti sulla lead generation (ad esempio mail di richiesta prenotazione o iscritti ad una lista di mail), scegliendo solo parole chiave specifiche come "Ristorante vegano a Roma", con la consapevolezza che il volume di ricerca sarà ovviamente inferiore (così come l'investimento necessario)
- puoi mixare le due tipologie, facendo una campagna che contenga, in gruppi di annunci separati, entrambe le parole chiave.

### 6. PERCHÉ PUOI INTERCETTARE UTENTI CHE NAVIGANO DA DISPOSITIVO MOBILE

Esiste un'altra estensione dell'annuncio, detta *estensione di chiamata*, che permette di inserire il numero di telefono. L'annuncio, per chi cerca da dispositivo mobile, mostra anche un comando *Chiama*, che permette di effettuare immediatamente una chiamata. L'utente ha comunque la possibilità di cliccare sull'annuncio e atterrare sul sito per cercare ulteriori informazioni.

[70] Nel capitolo 8 trovi approfondimenti su Google My Business

L'utilità dell'estensione di chiamata è facilmente comprensibile: immagina un turista a Roma, all'ora di pranzo, che sta cercando un posto dove mangiare in zona; cerca dal suo smartphone "Ristorante a Roma", vede il tuo annuncio con la scritta "Chiama" e clicca direttamente per prenotare un tavolo!

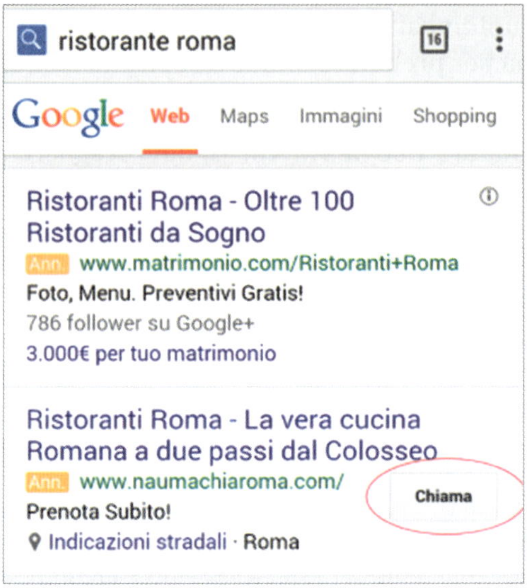


**Figura 6.22. Comando *Chiama***

Altrimenti, grazie ad un nuovo formato di annuncio disponibile per i dispositivi mobile, puoi impostare una **CAMPAGNA SOLO CHIAMATA**, in cui l'annuncio prevede solo il nome dell'azienda, il numero di telefono cliccabile, le due righe di descrizione e l'URL di visualizzazione (il numero di telefono sostituisce il titolo dell'annuncio).
A differenza delle estensioni di chiamata, qui l'utente non ha un sito da visitare: può solo compiere un'azione ovvero chiamare. Un inconveniente potrebbe essere quello di ricevere contatti non prettamente in target, perché l'utente non ha letto con attenzione l'annuncio o non ha avuto modo di visitare il sito, ma con un testo dell'annuncio che descriva bene ciò che offri puoi evitare di ottenere chiamate (e quindi click) inutili e aumentare le possibilità di contatti/prenotazioni.

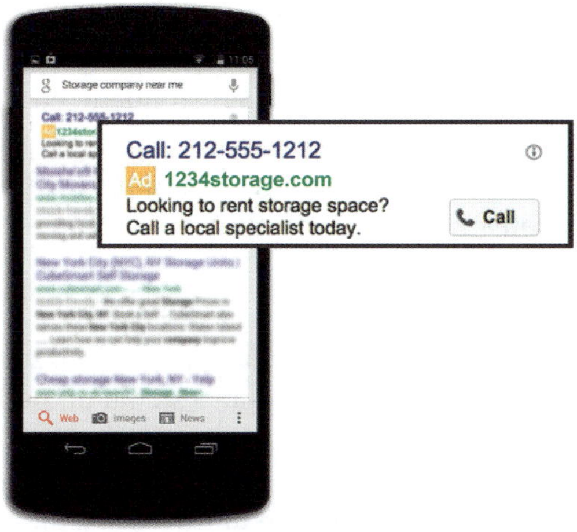


**Figura 6.23. Campagna *Solo chiamata***

### 7. PERCHÉ PUOI SCHEDULARE LA PUBBLICAZIONE DEGLI ANNUNCI

All'interno delle impostazioni di AdWords trovi anche il modo di personalizzare la pubblicazione degli annunci in base alle fasce orarie, così come ai giorni della settimana.

Puoi scegliere, per esempio, di far visualizzare degli annunci solo in alcune ore del giorno o in alcuni giorni della settimana, o anche di mostrare annunci diversi in base alle ore del giorno: all'ora di pranzo un messaggio con l'offerta "Menù Pranzo a 20 €", all'ora di cena un messaggio in cui si sottolinea che sono rimasti solo pochi posti disponibili ecc.[71]

### 8. PERCHÉ PUOI MONITORARE IL RENDIMENTO

Quando investi i tuoi soldi, è naturale che tu voglia sapere con certezza se l'investimento che stai facendo sta portando dei risultati. Con AdWords puoi monitorare il rendimento delle tue campagne. Puoi per esempio sapere:

- quanti utenti hanno visitato il sito, quanti hanno cliccato sul numero di telefono, quanti sull'indirizzo ecc.

[71] Per ulteriori approfondimenti leggi *Utilizzo della pianificazione degli annunci personalizzata*, support.google.com

- quanti utenti hanno compilato il form di contatto
- quali sono le parole chiave che hanno portato più contatti (e quindi decidere se vale la pena puntare solo su quelle ed eliminare quelle che non performano)
- il costo per conversione (e decidere di eliminare le parole chiave che hanno costo/conversione troppo alto).

### *6.2.2. Google Express*

Se non hai tempo da dedicare alla creazione, ottimizzazione e monitoraggio di una campagna AdWords, oppure se hai un budget limitato da investire e non ti puoi rivolgere a un consulente o, ancora, se non hai un sito web, una valida alternativa ad AdWords potrebbe essere **GOOGLE EXPRESS**, una sorta di fratello minore di AdWords, molto più semplice, veloce ed economico da usare.[72]

Con Google Express le uniche cose da impostare sono:

- un budget giornaliero
- la categoria di appartenenza del tuo business
- un annuncio
- il raggio di azione in cui far comparire gli annunci.

Il funzionamento è sempre lo stesso, per cui paghi solo quando l'utente clicca sul tuo annuncio.
A differenza di AdWords, però, non c'è bisogno di selezionare alcuna parola chiave: sarà Google a stabilire per quali ricerche far visualizzare il tuo annuncio, basandosi sulla tua categoria di appartenenza.
Inoltre, se per caso non dovessi avere un sito, puoi decidere di far indirizzare gli annunci direttamente sulla tua pagina Google+.

Gli annunci compariranno sia sulla pagina dei risultati di Google che su Google Maps.

*Vantaggi*: estrema facilità di attivazione, poco lavoro richiesto, sistema automatizzato.

[72] Se vuoi attivare una campagna AdWords Express vai qui: google.it/adwords/express

*Svantaggi*: molti click "irrilevanti" vista l'impossibilità di scegliere le parole chiave e di aggiungere parole chiave a corrispondenza inversa.

### *6.2.3. Bing Ads*

Abbiamo detto che Google AdWords è la piattaforma più usata per campagne pay per click. Ma ovviamente non è l'unica.
Esiste anche Bing Ads, la piattaforma messa a disposizione da Microsoft.
Il funzionamento è lo stesso di AdWords, quindi parole chiave, annunci, gruppi di annunci, campagne.
La differenza, però, sta nel fatto che Bing ha volumi di traffico nettamente minori rispetto a Google: ciò significa che c'è molta meno concorrenza e la diretta conseguenza di ciò è che il costo dei click è mediamente inferiore[73].

**APPROFONDIMENTI**

**SEO**
- *Guida Google all'ottimizzazione per motori di ricerca* - bit.ly/GuidaGoogle

**Blog**
- seoblog.giorgiotave.it
- blog.tagliaerbe.com
- moz.com/blog
- searchengineland.com/library/channel/seo

**Eventi**
- GT Master Club - gtmasterclub.it/calendario
- SMX Milan - smxmilan.it
- Be-Wizard - be-wizard.com

**Libri**
- Marco Maltraversi, *SEO e SEM: Guida avanzata al Web Marketing*, LSWR, 2014
- Francesco Margherita, *Manuale di SEO Gardening*, Dario Flaccovio, 2015
- Giorgio Taverniti, *SEO Power: Strategie e strumenti per essere visibili sui motori di ricerca*, Hoepli, 2013

>

[73] Se opti per testare una campagna Bing Ads, visita qui: advertise.bingads.microsoft.com/it-it/start

**SEA**

- Community ufficiale di AdWords: it.adwords-community.com
- Blog ufficiale AdWords: adwords-it.blogspot.it

**Blog**

- rosserva.it
- francescotinti.com/google/adwords
- searchengineland.com/library/channel/sem
- Centro Assistenza AdWords: support.google.com/adwords/?hl=it

**Eventi**

- adworldexperience.it

**Libri**

- Perry Marshall e Bryan Todd, *Google AdWords. La guida definitiva*, Hoepli, 2013
- Francesco Tinti, *La Bibbia di AdWords: Come aumentare i clienti rapidamente con Google AdWords*, Giunti, 2015
- Andrea Testa e Guido Di Fraia, *I segreti di Google AdWords: Guida avanzata per ottimizzare le performance e moltiplicare i profitti*, Hoepli, 2013

## TAKE AWAY

**SEO**

- Per comparire tra i risultati di ricerca di Google è importante che il tuo sito web sia indicizzabile ovvero che non esista alcun problema che impedisca ai motori di ricerca di leggerlo e inserirlo nei loro indici
- Utilizza i breadcrumb e il menu di navigazione per offrire una buona architettura del sito e facilitare così la navigazione agli utenti e ai motori di ricerca
- Utilizza URL "parlanti" con parole semplici che esplicitano il contenuto della pagina
- Crea tag title e description unici per ogni pagina: rappresentano il tuo biglietto da visita nei risultati di ricerca di Google
- Utilizza gli header tag per strutturare meglio il contenuto delle tue pagine
- I rich snippet aiutano Google a capire il contenuto delle pagine del tuo sito permettendoti di apparire nei risultati di ricerca in maniera più attraente per gli utenti
- Scrivi contenuti con informazioni utili agli utenti e non solo ai motori di ricerca.
  Gli utenti e i motori di ricerca apprezzano maggiormente i siti web con brevi tempi di caricamento delle pagine

>

- Crea una sitemap per fornire ai motori di ricerca una lista aggiornata delle URL del tuo sito
- Sfrutta la sezione del blog per portare maggiore traffico al tuo sito.
- Struttura un'attività di link earning per migliorare la tua visibilità offsite.
- Utilizza Google Search Console per analizzare e migliorare il traffico dei tuoi utenti.

**SEA**

- Avere un sito internet non basta, occorre investire in pubblicità online per ottenere risultati.
- La pubblicità online più utilizzata è il pay per click dove paghi solo quando l'utente clicca sul tuo annuncio.
- La piattaforma di pubblicità pay per click più utilizzata è Google AdWords.
- Quando attivi una campagna devi scegliere il tipo di rete. Ne esistono due: Ricerca e Display.
- Una campagna AdWords si compone di gruppi di annunci, annunci e parole chiave.
- Si può fare anche una campagna remarketing per seguire l'utente che ha visitato il sito nella sua navigazione successiva.
- Esistono cinque tipi di corrispondenza delle parole chiave.
- Suddividi le parole chiave selezionate in diversi gruppi di annunci.
- Crea più annunci per ciascun gruppo di annunci.
- Puoi raggiungere i tuoi clienti locali geolocalizzando la campagna.
- Puoi mostrare la località in cui si trova il tuo ristorante utilizzando le estensioni di località.
- Puoi mostrare le tue informazioni di contatto grazie ai sitelink.
- Puoi intercettare ricerche molto targettizzate scegliendo la tipologia di parole chiave più adatta (generiche vs specifiche).
- Puoi intercettare utenti che navigano da dispositivo mobile utilizzando l'estensione di chiamata o impostando una campagna *Solo Chiamata*.
- Puoi personalizzare la pubblicazione degli annunci in base ai giorni della settimana o alle fasce orarie.
- Puoi monitorare il rendimento delle campagne grazie al monitoraggio delle conversioni.
- Se vuoi qualcosa di più semplice da usare puoi attivare AdWords Express.
  Non esiste solo Google AdWords: anche Bing Ads ha i suoi vantaggi.

# 7. Social Media Marketing

*di Nicoletta Polliotto*

*«Mangiare è uno dei quattro scopi della vita.*
*Quali siano gli altri tre nessuno lo ha mai saputo».*
Proverbio cinese

## 7.1. Essere social: rischi e benefici

Quali sono le parole che sentiamo ripetere più spesso quando parliamo di tecnologia, di strategie nuove, di digital marketing?

"Ma abbiamo sempre fatto in questo modo, perché cambiare?"

Una visione poco lungimirante e chiusa a nuove prospettive rischia di creare uno scollamento tra il tuo brand e i tuoi clienti.
Sui social media i tuoi ospiti ci sono, sono influenzati nelle loro decisioni, condividono le esperienze vissute nel tuo ristorante. Si aspettano, dunque, che tu sia pronto con le risposte ai loro dubbi e ben disposto al dialogo.

Trovandoti attivo e disponibile anche sulle piattaforme sociali, trasmetti un'immagine di te più completa ed evoluta. Associano il tuo essere sociale a un'azienda trasparente, professionale e attenta nei confronti dell'utente.

In definitiva, bisogna esserci sulle piattaforme social?
Sì, ma attenzione a complessità e rischi. E soprattutto misura i numeri che contano, non quelli fittizi (esempio: non fermarti al numero dei fan).

### *7.1.1. Rischi*

Sarai esposto a critiche negative di clienti insoddisfatti ma, anche, a possibili attacchi di *mestieranti perdigiorno* che sparano a zero su tutto e tutti, solo per il gusto di farlo o perché pagati: i cosiddetti *troll*.
La tua social audience si aspetta comunque che tu risponda sempre, in tempi brevi e in modo efficace. Questo contribuisce alla creazione della *brand loyalty*, che è più della semplice fiducia. È un potente mix tra fedeltà e lealtà, non dovrai mai tradirla.

### *7.1.2. Benefici*

Se curi bene il tuo orticello sociale, ben presto inizi a notare alcuni effetti positivi.

#### 1. POPOLARITÀ

Incontrando la tua audience in modo attivo, nelle community, nei gruppi di discussione, nei flussi con hashtag mirati su Twitter,[74] il tuo brand inizierà a farsi notare e conoscere (brand awareness) e lo farà in modo virale.

#### 2. AUTOREVOLEZZA

Se lavori quotidianamente, con una comunicazione coordinata e in linea con il tuo progetto, rispondendo alle domande dei lettori, offrendo contenuti utili e interessanti su specifici temi, creando una comunità e una relazione con la tua audience online, così come con la tua clientela offline, sarai riconosciuto come autorevole e affidabile.

[74] Vedi più avanti il paragrafo dedicato a Twitter

**3. CUSTOMER SERVICE - VENDITA**
Fornendo informazioni, dissipando dubbi, rispondendo a commenti ma anche a recensioni negative, la tua costanza, il tuo impegno e il tuo coraggio verranno riconosciuti e accertati. Se superi l'esame del customer service in tempo reale, la fiducia è conquistata e la vendita (o fidelizzazione) assicurata.

**4. TRAFFICO**
Se hai usato i social media con saggezza e costruito la tua audience, è molto naturale convogliare l'attenzione sui tuoi spazi istituzionali (sito web, blog aziendale, landing page) perché sei popolare, autorevole e ispiri fiducia.

**5. GENERAZIONE LEAD**
Come per il beneficio 4, con un buon lavoro di comunicazione e di programmazione, puoi far convergere il traffico verso un punto di generazione lead (utente profilato), ad esempio un form.

## 7.2. Caso di studio: Chipotle

Se nei social network ti viene offerta l'opportunità di condividere emozioni e valori, ci si aspetta che tu accetti critiche e suggerimenti. Nasce così un rapporto di reciprocità: la **RELAZIONE DIGITALE.**
Chi saprà cavalcare i social network avrà quindi più rapidamente successo: guarda come ha fatto un autorevole collega.

*Chipotle Mexican Grill Restaurant*[75] è uno dei pochi fast food che ha centrato tutta la sua comunicazione sulla trasparenza, i valori condivisi, la considerazione delle idee e i sentimenti dei suoi clienti. C'è una forte motivazione: per una decina d'anni è stato proprietà del colosso McDonald's; ha voluto costruire, dunque, un'immagine di riscatto puntando sull'etica. E lo fa sul web e sui social media:

- **ha da sempre indicato gli ingredienti OGM** con chiarezza su menù e online; nel 2015 ha deciso di eliminarli completamente dalle cucine di tutta la catena

[75] chipotle.com

- **utilizza solo il meglio** scartando le parti ricavate da maiale di non eccellente qualità. Lo segnala con chiarezza evidenziando che la scelta è basata sulle esigenze dei clienti
- **ha ideato Food with integrity**, un'etichetta che dichiara i suoi sforzi nell'usare ingredienti biologici e servire carne di animali cresciuti in condizioni naturali
- **comunica** informazioni utili sulla nutrizione
- **partecipa** alla lotta contro l'obesità.

Tutto questo non sarebbe possibile se non usasse sapientemente le piattaforme sociali.

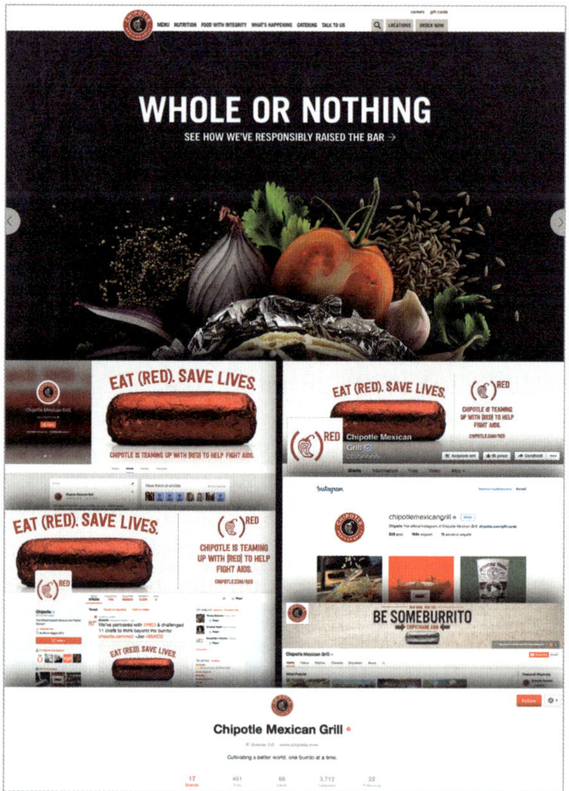


**Figura 7.1. Il brand Chipotle® sui socia medial: website, Facebook, Google+, Twitter, Instagram, Pinterest, YouTube**

## 7.3. Social a tavola

Facciamo una carrellata delle principali piattaforme sociali, in cui foodies, operatori di settore, turisti, semplici appassionati si incontrano e scambiano consigli, esperienze, informazioni, in questo percorso di narrazione allargato, condiviso e digitale, rappresentato dai **SOCIAL NETWORK.**

Lo facciamo grazie a un patchwork di interventi ricamato da specialisti, ciascuno dei quali racconta come viene visto il food nel social media di pertinenza. Noi creiamo un percorso di collegamento tra le parti, con considerazioni, immagini, testimonianze.

### *7.3.1. Cominciamo con Twitter*

Twitter, piattaforma di micro-blogging, molto amata in alcune nazioni, un po' meno utilizzata in Italia. Gioca molto sulla comunicazione in tempo reale – tanto da essere definita "volatile", ironizzando sui suoi stessi naming e logo – strutturata in brevi messaggi (tweet) della lunghezza massima di 140 caratteri.

Può sembrare complesso ma non è così. È sufficiente comprendere la semplice filosofia alla sua base: seguire personaggi o brand che ritieni interessanti (i tuoi *following*) e, a tua volta, conquistare la fiducia e il seguito di un alto e mirato numero di attivi *follower*. Tutto ciò postando tweet che sappiano catturare l'interesse della tua nicchia, magari con link di approfondimento (a eventi, notizie e retroscena, sito web, offerte succulente, blog aziendale ecc.).

È stato Twitter a introdurre e utilizzare il concetto di *hashtag* (il simbolo # davanti a un termine, che diviene "parola" o "argomento chiave" di una discussione).

Grazie agli hashtag, utilizzati come keyword, gli utenti possono ricercare all'interno di Twitter uno specifico argomento e interagire nel suo flusso di conversazione. Impara a usarlo a tuo vantaggio.

Come per ogni mossa o strategia digitale, progetta, programma, pianifica e coordina nel rispetto dei tuoi obiettivi di business. Non applicare tattiche isolate, estemporanee e discontinue. Ricorda, inoltre, di miscelare alla comunicazione del tuo marchio aziendale un pizzico di personal branding.

Parola all'esperta.

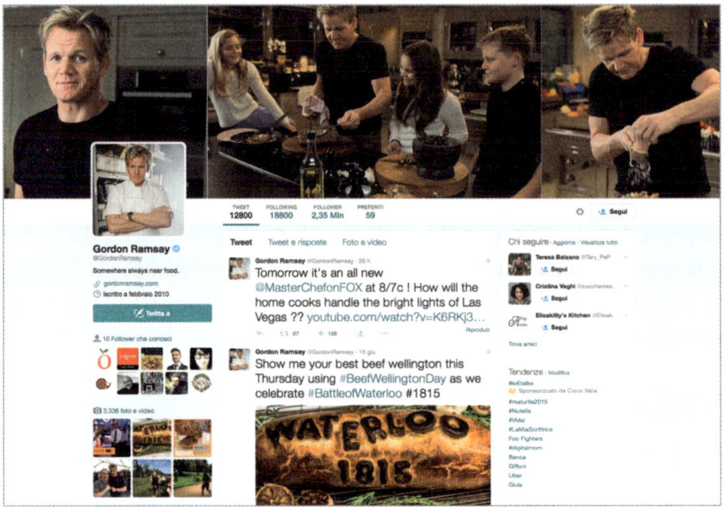


**Figura 7.2. Lo chef @GordonRamsay interagisce con i propri follower, mixando con efficacia gli argomenti**

*Valentina Lepore* ⌘

## TWITTER PER RISTORANTI

Twitter è una rete di informazioni in tempo reale. Qui, in ogni momento, si può scoprire cosa accade nel mondo, condividere informazioni ed entrare in connessione con altre persone e attività, in ogni parte del globo.
Con oltre 300 milioni di utenti attivi e 500 milioni di tweet inviati al giorno, Twitter mette in connessione le persone con i loro interessi e con ciò che per loro è importante, in qualsiasi momento e ovunque si trovino.
Che si tratti di intrattenimento, informazioni o attività commerciali, i tweet si diffondono, coinvolgono, generano conversazioni. Per questo un'attività come un ristorante può trovare in Twitter un canale di espressione e comunicazione rapido, informale e creativo, capace di valorizzare le caratteristiche e le specialità del luogo e di metterlo in connessione con i propri avventori, attuali e futuri.
Il cibo è un argomento molto chiacchierato e ogni settimana vengono inviati in tutto il mondo milioni di tweet a tema. Qui si cercano e condividono ispirazioni, informazioni sul cibo, consigli sui ristoranti, recensioni e tante immagini di luoghi e pietanze.

⌘

**Numeri**

Ogni anno Twitter organizza la #RestaurantWeek, iniziativa ideata per conoscere ed esplorare il mondo dei tweet in materia di cibo. In questa occasione, nel 2014, è stata realizzata una ricerca che dimostra quanto alle persone piaccia non solo mangiare fuori e scoprire nuove cucine, ma anche condividere queste esperienze.

Secondo lo studio,[76] il 52% degli utenti intervistati (utenti UK) mangia al ristorante almeno un paio di volte al mese e il 35% consuma pasti di frequente nei pub. Trattandosi di una piattaforma mobile, Twitter viene utilizzato tantissimo dalle persone quando sono in giro: più della metà (55%) l'ha utilizzato mentre si trovava al ristorante e il 37% ha twittato una foto del proprio pasto. Ma non si parla solo di pietanze. Due terzi degli utenti del Regno Unito ha pubblicato tweet riguardanti ristoranti in cui si trovavano o che erano intenzionati a visitare. Il 72% delle persone che hanno parlato di ristoranti lo hanno fatto in modo positivo.

Un riscontro di questi dati si può trovare anche ricercando l'hashtag #FoodFriday grazie al quale ristoranti, chef, appassionati di cucina in Europa entrano in connessione per condividere ricette, dietro le quinte delle loro cucine e tanti suggerimenti.

**Esperienza gastronomica**

Twitter dunque è un canale privilegiato per la condivisione delle esperienze sul cibo e sulla ristorazione, un luogo di scambio e conversazione.

Per gli **utenti** è il posto giusto dove scoprire e far conoscere agli altri ciò che si mangia e dove.

Per le **attività** invece è un canale privilegiato per condividere le proprie creazioni, i servizi, e per avere un contatto diretto con i clienti, presenti e futuri, e gli appassionati.

L'interesse per il cibo, la passione e il desiderio di condividerlo con gli altri riveste un ruolo molto importante nella definizione dell'identità di ciascun individuo. A ciò si aggiunge la sempre maggiore attenzione per la qualità, per gli ingredienti e la loro provenienza e per quello che riguarda le scelte di acquisto, sia quando si tratta della cucina di casa, sia soprattutto quando si tratta di mangiare fuori. Sempre lo studio effettuato per la #RestaurantWeek testimonia che più della metà degli utenti del Regno Unito ha scelto un nuovo locale per mangiare proprio sulla base delle raccomandazioni e dei suggerimenti ricevuti su Twitter.

[76] Fonte Twitter e Vision Critical, 2014, UK

Inoltre, un utente su tre segue ristoranti e altri locali, così come chef famosi, per conoscere novità, aggiornamenti e offerte.

**Cosa può offrire Twitter a un ristorante?**

Essendo Twitter una piattaforma di scambio e conversazione aperta, in tempo reale, informale e globale, che si tratti di un ristorante stellato o di una piccola osteria, di una catena di fast food o di un locale di nicchia, questo è il posto giusto dove dare voce a un marchio.

Con questa voce un'attività ha la possibilità raccontarsi, di parlare e far parlare di sé, di avvicinarsi alle persone trasmettendo la propria filosofia, i propri gusti e valori. Soprattutto ha la possibilità di farsi conoscere e diffondere il proprio nome.

Twitter offre possibilità di comunicazione e utilizzo efficaci per attirare nuovi clienti oppure offrire servizi e assistenza ai clienti affezionati e di ritorno.

Un ristorante può creare contenuti e condividerli per:

- raccontare l'attività in tutti i suoi aspetti
- ascoltare i clienti
- creare conversazioni su argomenti gastronomici di interesse
- offrire assistenza
- fare promozioni, sconti, offerte
- tessere relazioni con altre attività, esperti del settore, chef e altre persone interessate.

Non è una piattaforma per la vendita diretta, ma un **luogo dove creare relazioni e coltivare quelle esistenti**, dove offrire servizi per stabilire quel rapporto di fiducia, condizione indispensabile per scegliere il tuo ristorante.

## COME USARE TWITTER IN 5 PASSI

### 1. Crea una strategia

La scelta di essere su Twitter non può essere né improvvisata né fatta per seguire una tendenza. Come per tutti gli altri canali di comunicazione, è importante valutare se si hanno possibilità economiche, tempo e contenuti da condividere, per non rischiare di abbandonare presto la piattaforma.

Per questo, prima di cominciare, è importante ideare un progetto di marketing e pianificare una strategia di comunicazione chiara e precisa nelle sue azioni. Combinalo con gli altri canali, per creare un mix efficace.

Prima di creare il tuo account e iniziare a twittare:

- definisci la tua missione, il tuo stile, la tua filosofia
- fissa degli obiettivi chiari e accessibili
- individua il tuo pubblico
- pianifica e organizza i contenuti con un piano editoriale.

**2. Crea un profilo personalizzato**

La tua immagine rappresenta la tua attività agli occhi dei tuoi clienti e follower presenti e futuri. Per questo, al momento di avviare la tua presenza su Twitter, è importante definire la tua identità, allinearla al tuo stile e a quello degli altri canali di comunicazione, individuare il tono di voce da utilizzare.
Personalizza subito il tuo account: inserisci un'immagine per l'avatar e per la copertina che ti rappresentino, crea una biografia con tutte le informazioni utili, i riferimenti e la località. Mantieni uno stile autentico, fedele a quello che sei e originale: per i tuoi follower devi essere unico e deve valere la pena seguirti.

**3. Individua il tuo pubblico**

Strettamente legata alla definizione della tua identità c'è quella del tuo pubblico. Il tuo tono di voce, il tuo stile, offline come online, dipendono strettamente dal tuo target di riferimento.
Così come hai in mente una determinata clientela per il tuo locale, allo stesso modo dovrai avere in mente il tuo pubblico ideale per scegliere stile espressivo, linguaggio e contenuti che andrai a condividere.
Avere un buon pubblico su Twitter non significa avere tanti account che ti seguono, azione che può essere compiuta anche senza reale interesse, ma follower che ascoltano quello che hai da dire e che condividi. Questa volontà si traduce in un atteggiamento attivo e partecipe, perciò un buon pubblico sarà quello che interagisce con i tuoi messaggi, partecipa alle conversazioni e dimostra interesse.
Inizia a twittare avendo in mente la tipologia di clienti che vorresti raggiungere, cercando di immaginare cosa vorrebbe leggere e conoscere di te, dopodiché procedi alla ricerca e costruzione del tuo pubblico.
Occupati al tempo stesso di ciò che hai da dire, ma anche di ciò che dicono gli altri: sono proprio le interazioni il cardine della crescita della tua audience su Twitter e queste non avvengono quando pubblichi un tweet, ma quando intorno a questi si svolgono conversazioni. Oltre a partecipare alle conversazioni, esistono diversi modi per esplorare la piattaforma e incontrare altre persone interessate alla tua attività e da seguire:

- **utilizza la ricerca interna di Twitter** per trovare utenti, tramite nome o parole chiave e temi che ti interessano

- **segui personaggi di riferimento** del settore e altre attività
- **segui le persone affini** a chi ti segue
- **aggiungi i riferimenti per seguirti** su Twitter sul tuo sito, alla tua email e ai tuoi menù e brochure.

**4. Realizza un piano editoriale**

La comunicazione su Twitter si svolge in tempo reale, ma una buona pianificazione delle azioni e dei contenuti da condividere ti aiuta a gestire meglio la tua presenza sulla piattaforma e la sua efficacia.
Crea un **piano editoriale** per individuare nel corso della giornata e delle settimane quali saranno gli argomenti che tratterai, per abituare il tuo pubblico ad una presenza costante e interessante, con degli appuntamenti fissi da alternare a tweet più immediati e spontanei.
Molti si chiedono quale sia il numero di tweet ideale da pubblicare, ma per questo non esiste una risposta definitiva: è necessario testare e sperimentare per capire cosa è adatto alla tua attività.
In generale è bene mantenere una differenza di quantità tra tweet con contenuti di intrattenimento e tweet promozionali, cercando di non praticare una comunicazione unicamente pubblicitaria. Ricorda sempre che Twitter è uno spazio di conversazione.
Per questo motivo, puoi immaginare di strutturare il tuo calendario editoriale sia giornaliero che settimanale con diverse tipologie di contenuti fissi.

**ESEMPIO**

Mattina: condividi il dietro le quinte del tuo ristorante, della tua cucina e di ciò che gli gravita attorno.
Lunch time: quando tutte le pance cominciano ad avvertire la fame, condividi ricette e immagini dei tuoi piatti forti.
Pomeriggio: condividi notizie, curiosità e approfondimenti tramite link e altre tipologie di contenuti.
Sera: di nuovo tante prelibatezze, tramite immagini e video.

Gli utenti che seguono account di aziende, inoltre, sono molto interessati alle possibilità esclusive che questi offrono, ad esempio offerte e sconti speciali a loro dedicati. Pianifica nel corso del tempo delle attività promozionali fisse o dei concorsi per distribuire sconti e agevolazioni a chi ti segue.

**5. Prova le campagne twitter ads**

Oltre alle strategie di marketing che possono essere messe in atto senza costi aggiuntivi, esiste tutta una serie di prodotti pubblicitari a pagamento per effettuare la promozione del proprio account e dei contenuti in maniera targettizzata e con ampio spettro di diffusione e alto coinvolgimento. Si tratta dei cosiddetti *promoted products*, ovvero prodotti sponsorizzati, che permettono al tuo marchio di raggiungere le giuste conversazioni e il giusto pubblico, come altri tipi di annunci a pagamento sul web.

**3 ESEMPLARI CASI DI STUDIO**

**@DelTaco**
Catena di ristoranti americana specializzata in cucina messicana, su Twitter intrattiene una comunicazione spiritosa e accattivante, incentrata sulle immagini e sull'interazione con i clienti. Offre sconti e promozioni e un servizio di assistenza reclami tempestivo.

**@GinosRistorante**
Catena di ristoranti di cucina italiana in Spagna, offre esperienza gastronomica divertente, golosa e appassionata. Tantissime immagini per raccontare le ricette e i luoghi d'Italia che le ispirano. Ogni settimana pubblica deal esclusivi.

**@sprinkles**
La prima pasticceria di cupcake americana. Su Twitter racconta ricette, golosità, dietro le quinte ma anche eventi e storie di successo. Con #SprinklesMoment condivide momenti e situazioni che coinvolgono in prima persona i suoi avventori.

### *7.3.1.1. Evoluzioni su Twitter*

Hai capito che comunicare su Twitter è importante sia per seguire in real time le richieste o le esigenze dei tuoi follower, sia per usare le immagini che vengono lanciate dai tuoi clienti, magari con un RT (retweet di un tweet postato da loro).
È utile *fonte di informazioni*, seguendo profili interessanti di colleghi e influencer, strumento privilegiato per rivolgerti al mercato di *lingua inglese*.
I contenuti dedicati al food, alle ricette e ai piatti sono talmente rilevanti che Twitter nell'aprile del 2015 apre a titolo di sperimentazione @TwitterFood, un account per raccogliere notizie, commenti, novità ed eventi, perché il food fa tendenza!

Prova a seguire anche tu questo account ufficiale, sia per trarne ispirazione sia per individuare possibili opportunità di visibilità, sperando che questo esperimento continui e porti a buoni risultati.

**Figura 7.3. Segui il profilo @TwitterFood**

## *7.3.2. Facebook a tavola*

Come non passare al più famoso, citato, frequentato social media di tutti i tempi?

Facebook ha 1 miliardo e 400 milioni di user, anche se il dato è in continuo aumento e le brand page[77] con cui competere sono molti milioni di unità. Possiamo affermare che Facebook sia la nazione (virtuale) più popolosa del mondo, battendo persino la Cina.

Apparire nel flusso di informazioni e notifiche delle bacheche dei tuoi fan (news feed) in modo naturale (organic reach) è sempre più complesso.[78]

[77] Profilo aziendale con il quale registrare il tuo ristorante

[78] 87 post su 100 non ricevono ALCUN tipo di interazione

Facebook ha elaborato un algoritmo (EdgeRank), come per quelli di Google rigorosamente segreto, grazie al quale viene regolata la comparsa dei post e dei contenuti nel flusso delle informazioni.
Si racconta che sia sviluppato per dare sempre maggiore visibilità ai Facebook Ads,[79] ma quel che importa è individuare criteri di qualità per comunicare i tuoi messaggi in modo incisivo e fruttuoso.

In breve risulta molto utile postare immagini e video. Favorire interazioni in Mi piace, Condividi e Commenti. Non venire segnalati come spam dai propri fan e trattare i loro argomenti favoriti. Recentemente è stato inserito un nuovo fattore nell'algoritmo, che riguarda il tempo trascorso dall'utente sui post, per restituirgli news che maggiormente si avvicinino ai suoi gusti. Restiamo in osservazione di evoluzioni e applicazioni.

Scopriamo qualche valido stratagemma con chi di Facebook se ne intende.

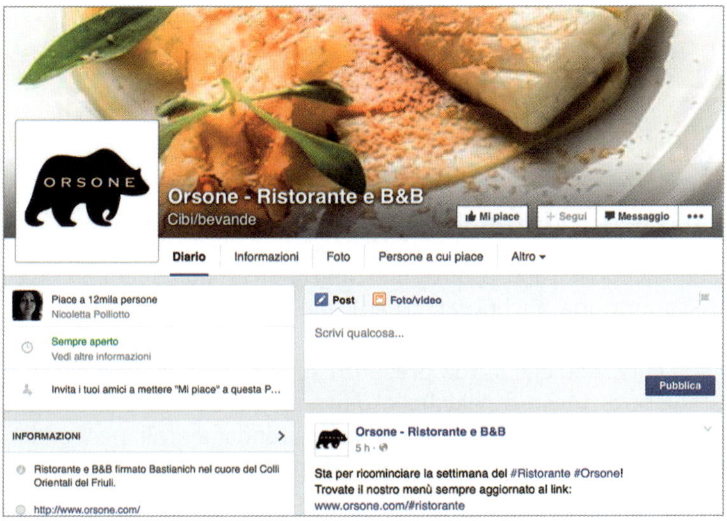


**Figura 7.4. Orsone Ristorante/B&B comunica con belle immagini di piatti. Forse un po' troppi hashtag**

[79] Vedi paragrafo più avanti in questo stesso capitolo e anche l'intervento di Fabio Sutto

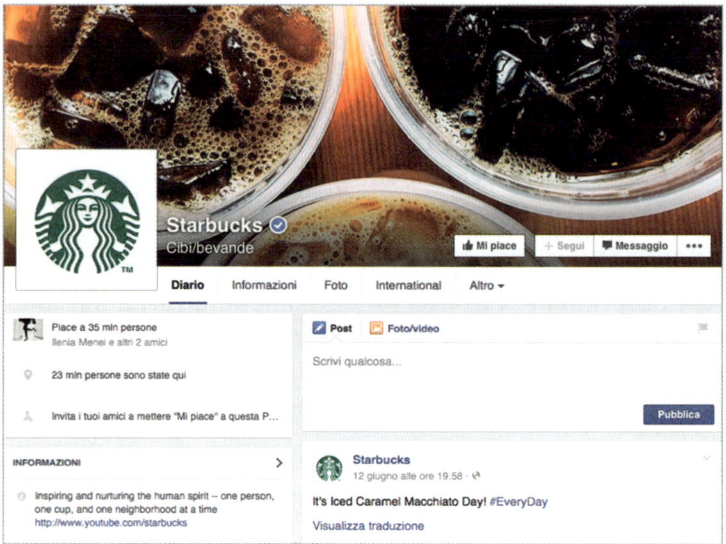


**Figura 7.5. Starbucks: eccellente esempio di conduzione su Facebook, con pagina ufficiale e declinazioni nelle diverse nazioni**

*Veronica Gentili* ⌘

## PROMUOVI IL TUO RISTORANTE CON LA BRAND PAGE DI FACEBOOK

La pagina Facebook rappresenta uno spazio unico non solo per raccontare il tuo ristorante ma anche per creare una relazione quotidiana con i tuoi clienti, anche potenziali.
In barba a chi crede che la tua presenza su Facebook possa essere gestita dallo stagista di turno o "dal figlio giovane che sa usare il computer", è importante partire da alcune considerazioni fondamentali: per renderlo una vera risorsa di business richiede costanza, professionalità e strategia.
Ciò che voglio offrirti in questo contributo sono consigli da applicare concretamente per far funzionare la tua pagina Facebook... davvero!

### 1. Crea una base di fan realmente interessati a ciò che offri

I fan sono la tua audience primaria su Facebook, per questo dev'essere composta da persone che, per sesso, età, luogo, interessi e abitudini corrispondano al profilo del tuo (tuoi) clienti tipo.

Invita i tuoi clienti a seguirti sulla pagina, metti un rimando a essa ben visibile sul tuo sito web, biglietti da visita, firma e-mail e in generale materiale promozionale; utilizza le Facebook ads "profilando" il bacino utenti in base alle caratteristiche del tuo cliente tipo e assicurati di offrire con costanza contenuti interessanti e originali ai tuoi fan!

**2. Ottimizza la tua pagina Facebook**

Scegli il nome con il quale tutti ti conoscono e riconoscono ed evita di aggiungere termini generici che non servono... c'è la descrizione per spiegare meglio chi sei e cosa offri! Utilizza un'immagine di copertina accattivante e un'immagine di profilo (quella quadrata che rappresenta la pagina) in cui sia ben riconoscibile il logo del tuo ristorante; no a immagini sgranate, tagliate, piene di scritte e non in linea con l'immagine del tuo brand: scegli qualcosa che ti renda immediatamente riconoscibile e che rappresenti i tuoi punti forti!

Scegli la giusta categoria e sotto-categoria, ricordati di completare tutti i campi, di segnalare correttamente l'indirizzo della tua struttura e di raccontarti in modo semplice, naturale e coinvolgente... niente copia e incolla dalla descrizione del sito, sii originale!

Ricordati di caricare costantemente il menù rinnovato nell'apposita sezione.

**3. Coinvolgi la tua audience e... fagli venire l'acquolina in bocca!**

La tua pagina Facebook non è una vetrina, né uno spot pubblicitario continuativo con il quale tediare chi ti segue, ma uno spazio che, come dicevamo, serve per creare una relazione con le persone che "per il tuo brand contano". Condividi foto e video dei tuoi piatti, ricette, eventi nel tuo locale, le immagini delle persone che vi lavorano, i dietro le quinte; cerca di coinvolgere le persone e di narrare i tuoi punti forti, facendo appello al gusto e alla vista con le foto delle tue prelibatezze, cercando di mostrarne le caratteristiche, la storia, la preparazione. Stimola i clienti a fare foto delle loro esperienze nel tuo ristorante e magari a condividerle geo-localizzandole e usando un hashtag creato per l'occasione; non c'è miglior pubblicità del passaparola positivo!

In ultimo ti consiglio di allocare un piccolo budget mensile per i Facebook Ads, di crearti un piano editoriale che preveda gli argomenti di cui vuoi/puoi parlare, il materiale a disposizione (foto, video) e un calendario per stabilire i tempi di pubblicazione.

Facebook può essere una vera risorsa per il tuo ristorante, basta approcciarlo in modo giusto e... strategico!

### *7.3.3. Google+ a tavola*

Tra i grandi social media citiamo la chiacchierata piattaforma sociale di Google: Google+. Per molti rilevante per le opportunità di visibilità sul motore di ricerca stesso, per altri sull'orlo del fallimento per un basso indice di frequentazione degli utenti iscritti. Ti suggeriamo di non trascurarlo soprattutto perché è parte integrante di Google My Business di cui parleremo nel capitolo 8.

Ecco alcuni consigli al volo per rendere più funzionale il tuo account aziendale e aumentare la tua visibilità con questa piattaforma.

#### 1. LINK AL TUO WEBSITE

Google include automaticamente il **tuo link** nell'intestazione, proprio sotto il pulsante *Segui*. Verifica che sia anche inserito nelle informazioni di contatto.

#### 2. OTTIMIZZA I POST PER IL MOTORE DI RICERCA

Hai più opportunità di essere visibile nei risultati degli appartenenti alle tue **cerchie** (liste di seguaci suddivisi per categoria) della tua pagina aziendale. Quindi posta spesso e cerca di aumentare il numero dei tuoi fan. Utilizza parole chiave utili per la tua audience (e per il motore di ricerca) e hashtag con i quali farti trovare su G+.

#### 3. CREA UNA COMMUNITY

Partecipa a una **community** esistente oppure, se non c'è quella giusta per te, creane una: diventa autorevole nel tuo settore e aumenterà il traffico sulla tua pagina aziendale.

Se possiedi un orto del ristorante, cerca una community che parli dei prodotti a filiera corta, a chilometro zero, naturali, biologici, e se non c'è creala. Cavalca la moda delle erbe aromatiche, delle misticanze, dei germogli e cress! Collega la tua community con la tua pagina di Google+, che è allineata al sito web con un blog aziendale, che può essere condiviso sui social media... crea un circuito virtuoso!

Vediamo cosa ci suggerisce l'esperto con il suo intervento.

## Alessio Moretto ⌘

### GOOGLE+ PER RISTORANTI

Google non si è limitato a creare un semplice social network, chiuso in se stesso come può essere Facebook, ma ha creato una piattaforma tramite la quale non è solo possibile condividere foto, informazioni, link ed eventi, ma anche gestire il tuo ristorante su Google Maps e la ricerca di Google. Questa piattaforma si chiama Google+ e ha integrato tutti (o quasi) i vari servizi prima indipendenti l'uno dall'altro.
Facciamo un esempio: da Google My Business – e quindi dalla propria pagina su Google+ – è possibile condividere contenuti, foto, video, ricevere recensioni e creare eventi. Esattamente come succede su Facebook, con qualche possibilità in più offerta proprio da Google.
Vengono offerte altre opportunità per il tuo ristorante, fra le quali le raccolte, le foto e i video, che rendono Google+ una piattaforma unica e completa per la condivisione di contenuti che possono essere trovati nel web.

**Condividere post**
La condivisione dei post è la base di tutti i social conosciuti. Google+, sotto questo aspetto, è molto simile al più noto Facebook e permette di condividere:

- foto
- link
- eventi
- video
- testo
- sondaggi.

A ognuna di queste tipologie di post possiamo aggiungere del testo, ma non possiamo far coesistere due cose. Quindi se vogliamo condividere un link con l'anteprima grande non potremo caricare una foto, così come se carichiamo una foto il link potrà essere presente solo nel testo (e verrà messo automaticamente). Una delle maggiori differenze con Facebook è nei sondaggi. Infatti sarà possibile aggiungere fino a 5 opzioni e caricare un'immagine per ogni opzione. In questo modo i sondaggi saranno certamente più visibili.
Al tuo ristorante la condivisione di contenuti può tornare molto utile: non solo verranno visti all'interno di Google+, ma anche nella ricerca di Google (se chi usa il motore è tuo seguace). Immagina cosa significa condividere il

⌘

menù di Natale e farlo ritrovare agli utenti direttamente su Google mentre stanno cercando dove prenotare per il cenone.
Aumentare i seguaci implica un aumento della visibilità dei proprio post quando viene effettuata una ricerca.

**Raccolte**
Le raccolte sono una sorta di raccoglitore di contenuti. Se infatti condividere i contenuti è qualcosa di consolidato non lo è altrettanto "raccoglierli" per categoria. Se vogliamo fare un paragone le raccolte sono come le board di Pinterest.
Questo ti permette di differenziare al meglio i tuoi contenuti, suddividendoli per eventi, foto, piatti e pizze. Un modo per consentire all'utente di consultare solo i contenuti che a lui interessano veramente, offrendo quindi la possibilità di vedere solo le foto delle pizze e non tutti i post che abbiamo condiviso. Se vogliono mangiare un piatto di pesce perché farli perdere fra le altre 20 alternative?

**Foto**
Le foto per le pagine My Business vengono gestite in maniera "anomala" rispetto a quello a cui siamo abituati.
Recentemente c'è stato un grosso cambiamento a riguardo: Google+ non ha più un proprio sistema di foto, il quale è stato spostato su Google Foto, che nulla ha a che fare con Google+.
Su Google My Business le foto vengono suddivise su sezioni predefinite (quindi su album che Google ha deciso per te).
Questo semplifica la scelta di quelle da caricare e mantiene uno stile unico fra tutti i ristoranti.

In particolare per un ristorante, come puoi vedere dalla figura 7.6, le categorie sono:

- foto degli interni
- foto dell'esterno
- foto di cibi e bevande
- foto menù
- foto del team
- foto aggiuntive (tutte le altre foto che non possono stare in una delle categorie precedenti).

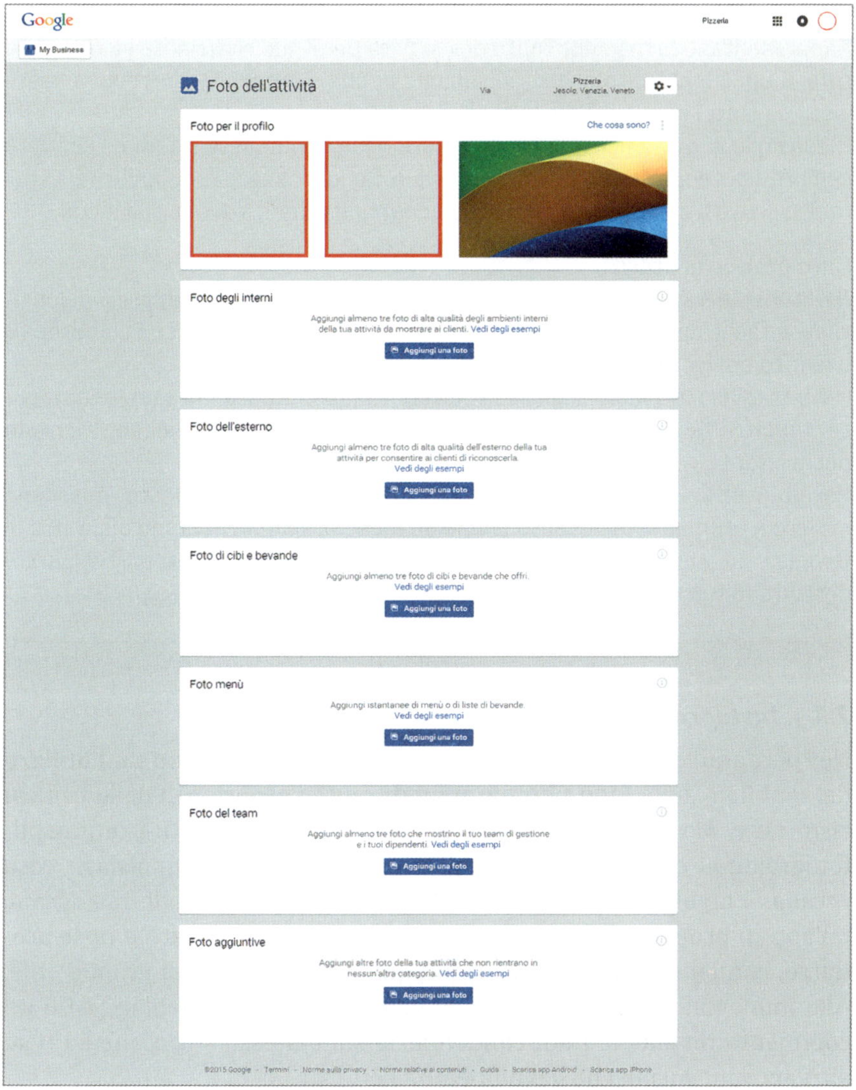


**Figura 7.6. Categorie foto per ristoranti**

Il consiglio è ovviamente quello di caricare almeno 5 foto in tutte le categorie, foto belle, di qualità e che rappresentino realmente il tuo ristorante.
Community
Sono come i gruppi di Facebook. Possiamo partecipare a community già esi-

stenti oppure crearne delle nuove che possono essere pubbliche o private. Rappresentano la maggior fonte di visibilità per il tuo ristorante su Google+. Infatti ogni contenuto che condividiamo in una community potrebbe essere visto da tutti i membri della stessa.
Il consiglio è, ovviamente, di condividere nelle community a tema e scrivere sempre contenuti unici; questo aiuterà a far conoscere meglio il tuo ristorante: prova a controllare se ci sono community dedicate alla tua città.

**Caso pratico di utilizzo**
Il ristorante è aperto quasi ogni giorno, quindi il contenuto sempre a disposizione e facile da reperire per la sua pagina sono le foto dei piatti che prepari o le foto del locale.
Un dettaglio o un piatto al giorno sono contenuti che saranno sempre apprezzati, inoltre fare la foto dallo smartphone e condividerla dall'app richiede pochi istanti.
Per gli eventi speciali, es. menù di Pasqua, Natale o Ferragosto, possiamo iniziare a promuovere l'evento anche un mese prima, sfruttando gli eventi di Google+. In questo modo potrai invitare tutti i tuoi contatti a partecipare e di sicuro le tue iniziative non passeranno inosservate!

### *7.3.4. Instagram a tavola*

Nei paragrafi successi ti imbatterai in pareri discordanti sull'utilizzo del mobile e della food photography durante l'esperienza della cena al ristorante. Ma è una realtà alla quale non puoi sottrarti: i tuoi ospiti fotografano, commentano, condividono da mobile qualsiasi cosa accada al tavolo del tuo locale. Lo fanno spesso utilizzando Instagram, un'app di proprietà Facebook con la quale puoi realizzare e post-produrre, con l'inserimento di filtri, immagini gradevoli e di grande stile. Alle immagini del piatto puoi aggiungere uno o più hashtag (#) o un commento testuale e puoi condividerle sullo stesso social media o su altri account sociali che hai allineato.

In realtà è un crocevia di tool: un modo per creare food photos, una piattaforma social media, uno strumento di local marketing, tanto che se ne sta diffondendo l'utilizzo business. Il nostro consiglio è quello di aprire un business account per il tuo ristorante. Potrai parlare a circa 300 milioni di utenti, in continua crescita numerica.

Abbiamo raccolto qualche indicazione strategica e operativa, testata con clienti e colleghi con cui abbiamo confrontato la nostra esperienza.

### 11 BEST PRATICES

1. Fai foto di qualità, cura la composizione, la luce e quindi la post-produzione
2. I testi abbinati alle immagini sono importanti e vanno progettati (fai una lista di idee e un piano editoriale)
3. Fai un post al giorno: favorisce la fidelizzazione e non dà l'impressione di un account abbandonato
4. Segui la teoria dei colori e non esagerare con il blu: prediligi colori rossi e arancioni (sono le immagini favorite e che creano più engagement)
5. Usa le regole di composizione della fotografia classica, come la regola dei terzi
6. Scegli i filtri che sono maggiormente graditi dagli utenti (es. Amaro e Ludwig)
7. Utilizza oggetti di scena per lo sfondo dei piatti, preferendoli allo sfondo bianco
8. Usa hashtag che aiutino a trovare il tuo post, anche riferiti ad attività importanti o location attrattive e turistiche che si trovano vicino al tuo ristorante
9. Pensa a creare un hashtag che identifichi la tua offerta oppure un evento ricorrente nel tuo locale. Recentemente è molto trendy #tbt – Throwback Thursday – per postare il giovedì immagini vecchie e un po' vintage. Oppure #instagood e #instamood
10. Pubblica al momento giusto: le ricerche suggeriscono a inizio mattina e a metà serata
11. Ultima chicca: individua autorevoli account di food instagrammer[80] e seguili ispirandoti alle loro tattiche.

La "regola" più importante di tutte è questa: "Crea il tuo stile, sperimenta, misura i risultati e consolida le azioni che funzionano meglio con la tua audience".

[63] *4 Star di Instagram Rivoluzionano la Food Photography*, comunicazionenellaristorazione.it

**Figura 7.7. ABCKitchen dello chef Jean-Georges Vongerichten: tanti contenuti affascinanti, solo immagini di qualità e cura dei dettagli**

### *7.3.5. Pinterest a tavola*

Pinterest non è tra i social media con il maggior numero di utenti registrati, ma tu sai che non conta solo la quantità.

La piattaforma parte da un'idea semplicissima: tutti abbiamo avuto una pinboard (una bacheca in legno e sughero) sulla quale attaccare con un pin (puntina) immagini, cartoline, fotografie, oggetti.

Bene: immagina per un attimo che questa bacheca divenga digital e puf! Ecco inventato Pinterest.

Molto gradito dal pubblico femminile, diventa subito un must have per le aziende che si occupano di fashion, arredamento e interior design, viaggi e food!

Le caratteristiche più interessanti riguardano l'alto traffico che generano (click verso il tuo website) e la forte propensione all'e-commerce (93% degli user sta pianificando un acquisto).

Da poco ha introdotto il Buy Button, al momento non ancora utilizzato in Italia.

Per raccontarti un caso di studio interessante, abbiamo scelto l'account aziendale di *Gino's Ristorante*.[81] Catena di ristoranti italiani in Spagna, comunica online con maestria, padroneggiando i vari strumenti di cui ti stiamo narrando in questo manuale. Lo abbiamo già citato parlando di Twitter, ti ricordi?

Interessante il suo account Pinterest: da imitare, raggiungere e superare! Come vedi possiedono una discreta base di follower (persone che li seguono) e alcune board (bacheche tematiche in cui inserire immagini). Alcune molto carine o/e originali: guide passo passo, riutilizzare le decorazioni, oggetti utili in cucina, i nostri piatti (meglio sarebbe mettere un link verso il sito web su una landing page più mirata!).

Ricordati di allineare tutti i tuoi profili social (qui hanno collegato solo Twitter), curare le descrizioni (qui o troppo corte o troppo lunghe); utilizzare gli hashtag (come hai imparato a usare trasversalmente nei vari social media).

Lasciati ispirare e leggi l'intervento della visual marketer.

**Figura 7.8. Gino's Ristorante: board dedicate agli eventi, ai piatti, a ingegnosi accessori per addobbare la tavola**

[81] pinterest.com/ginosristorante

## *Cinzia Di Martino* ⌘

### PINTEREST: TRA VISUAL ART ED EMOZIONE DEI SENSI

Tu di quale tribù fai parte? Quella degli organizzatori o quella dei passionali?

Te lo chiedo perché sui social ci vuole la giusta mistura di entrambe. Ci vuole organizzazione, empatia, sensibilità nel sentire comune e passione infinita per questo lavoro.
E siccome presumo che tu abbia già un'occupazione e che stia cercando un modo efficace di gestire al meglio la presenza su Pinterest della tua struttura ristorativa, voglio proporti una scaletta delle azioni da fare (e relativa motivazione), portandoti esempi concreti da realizzare e idee da cui poter trarre ispirazione.
Partiamo da un presupposto: chiunque può scattare una fotografia e pinnarla su Pinterest. Ma questo non basta ad attirare l'attenzione sulla tua struttura. Serve che le foto siano fatte al meglio ed elaborate in chiave emozionale: devi diventare un vero e proprio curatore di contenuti per la tua attività.
Come partire e cosa fare? Presto detto: sii te stesso ed esprimi la personalità e lo stile del tuo ristorante. Siete in tanti e tutti diversi, ma siete un team con una vision e una mission comuni: queste, insieme allo stile, creano la personalità e il tone-of-voice delle pubblicazioni sui social.

**Passaggi obbligati**
*«Un obiettivo senza la giusta pianificazione rimane un desiderio: irrealizzato».*

La prima cosa da fare è osservare cosa fanno su Pinterest gli altri, quelli che sono meglio di noi perché più esperti, perché più grandi, perché con un'agenzia alle spalle. Da questi prendiamo spunto per il tipo di contenuti e per la personalità espressa, non per scopiazzare ma per definire cosa ci piace e cosa no, a chi possiamo ispirarci per trovare la strada da percorrere.
Quindi devi creare il tuo piano editoriale, ovvero definire le tipologie di contenuti che vuoi/puoi pinnare, con quale frequenza, da quali fonti e quali gli argomenti che tratterai. Nel tuo piano devi anche tenere in considerazione i pin di provenienza da altre fonti: perché è così che funziona sui social, non bisogna guardarsi in cagnesco ed essere per forza nemici, anzi!
Lo scopo è regalare ai (potenziali) clienti un'esperienza indimenticabile e può esserlo anche il pensiero di prendersi cura di loro e risolvere i loro problemi.

⌘

Se tu sei chiuso la domenica a pranzo, non puoi sperare che i turisti facciano digiuno. Vuoi essere notato dai clienti per la saracinesca abbassata? Prova invece a farti notare in altro modo.
A questo punto puoi dedicarti alla preparazione delle grafiche da utilizzare online: usa Canva.com per elaborare le tue immagini. Lasciati ispirare dalle grafiche preimpostate e riadattale ai tuoi contenuti e poi condividile con un click (se hai un iPad scarica direttamente l'app: è più veloce, semplice e comoda da utilizzare).

**Elementi dello storytelling**
Come si fa a raccontare la storia di un ristorante in chiave visual? Guardandolo con occhi nuovi. Purtroppo tendiamo a dare per scontata la realtà in cui viviamo, ma per chi viene qui per la prima volta tutto è nuovo, tutto è diverso: abitudini, tradizioni, colori. Non ti resta che sbizzarrirti.

L'importante è che nelle tue immagini ci sia sempre un protagonista, un dettaglio e uno stile inequivocabile.
Lo stile può essere reso unico se legato al filtro applicato all'immagine, al tipo di luce incastonato nella foto, al tipo di font utilizzato per eventuali scritte (si può riutilizzare il font presente nel logo – sempre che sia adatto al tipo di messaggio che vuoi esprimere), alla presenza del logo e/o del sito sull'immagine stessa. Questi elementi danno da soli l'idea del messaggio che vuoi far passare al pubblico.

**Contenuti di ispirazione**
Attraverso le immagini, Pinterest può diventare il *fil rouge* che unisce il tuo brand al tuo territorio e ai tuoi potenziali clienti, locali e non.
Quali tipi di contenuti inserire nella strategia e nel piano editoriale? Provo a darti qualche idea (solo un punto di partenza, da elaborare e personalizzare).

**Amore per il territorio**
Perché chi viene nella tua città dovrebbe scegliere proprio il tuo locale tra i tanti? Perché ti trova, perché ti identifica come parte integrante del territorio e al contempo promotore dello stesso: perché così facendo ti dimostri utile all'organizzazione del loro pre e post pasto.
Mostra le bellezze, la storia, gli usi, i costumi, le tradizioni del tuo territorio: abbiamo bisogno di sentirci parte di un gruppo, di una collettività, abbiamo bisogno di conoscere le regole locali per riuscire a mimetizzarci e vivere appieno le esperienze e le emozioni degli autoctoni, per apprezzare la vera bellezza dei luoghi.
E non dimenticare di menzionare anche gli eventi di successo che si organiz-

zano nella tua città con i dettagli di luoghi, date, orari, mezzi utilizzabili per arrivare in tempi brevi e senza alcuna difficoltà.

**Promozione a 360°**

Lo vedo che stai storcendo il naso: questa è la parte più ostica di tutta la strategia. Dimmi un po': quanti tavoli hai? Quanti ospiti puoi far accomodare? Immagino un numero finito.

E dimmi: ti aspetti forse che gli altri rimangano morti di fame o formino la fila davanti al tuo locale in attesa che si liberi un tavolo? No, non funziona così.

E poi dimmi la verità, tu che sei specializzato in primi (o grigliate o vegan food o altro) cosa te ne fai di ospiti che si "accontentano" di te solo perché devono ingurgitare qualcosa? Non preferisci ospitare chi apprezza appieno l'operato del tuo chef e che ne parlerà con entusiasmo ad amici, parenti e conoscenti?

E allora perché, nell'ambito della promozione al territorio, non inserire anche le altre realtà ricettive? Ogni chef è unico, così come ogni piatto di pasta all'amatriciana o ogni Fiorentina.

"Cambiando il curatore degli ingredienti, il risultato cambia." Eccome.

Promuovere i competitor non è solo un atto di gentilezza e di premura nei confronti dei potenziali clienti che ti incontrano su Pinterest, è un modo alternativo di (di)mostrare onestà e trasparenza, di essere utili e di non aver nulla da temere dagli altri, oltre che capacità di collaborare.

In alternativa, se proprio non ce la fai a inserire in una Place Board i pin dei tuoi competitor, puoi sempre proporre un itinerario di prodotti locali (percorso culinario che puoi riproporre anche all'interno della tua struttura, volendo): il miele direttamente dall'apicoltore che si sposa con il buon pane di una volta, seguito dal formaggio fatto ancora in modo artigianale, quindi un buon bicchiere di vino locale direttamente dal vignaiolo.

**Guida turistica della città**

La tua città la conosci come le tue tasche. Probabilmente ogni angolo ti ha visto protagonista di qualche aneddoto spassoso. I profumi, i colori, i rumori li trattieni gelosamente in un ricordo che è solo tuo. Oggi però non è più come prima. Quei luoghi sono cambiati.

Là dove c'era l'erba, ora c'è... raccontalo ai pinners. Mostra gli angoli più curiosi e i dettagli più sfiziosi della tua città. Dopo aver visto e condiviso i tuoi pin, per loro visitarla sarà quasi il naturale completamento di un progetto più ampio: raccogliere il maggior numero di emozioni e sensazioni positive che, nel tempo, costruiranno la trama dei ricordi che non li farà mai sentire soli.

Ovviamente, puoi raccontare anche le bellezze della tua città già presenti su ogni singola guida, ma la differenza la farà il tuo storytelling personale.

**Verticalizza i contenuti**
L'ho già detto: siamo tutti diversi, ma... a condizioni simili, corrispondono problematiche comuni. Potresti pensare di specializzare ogni tipo di contenuto sopra elencato, in modo da risolvere un preciso insieme di problemi.
Mi spiego meglio.
Una coppia con bambini, anche volendo, non potrà mai impelagarsi in un itinerario culinario con cibi e sapori ricercati. Una coppia in viaggio di nozze magari sì.
Insomma, a ciascun ospite il giusto contenuto.
Questi sono solo alcuni dei suggerimenti per poter ingabbiare i contenuti su Pinterest: guardando la tua struttura con gli occhi di un ospite, riuscirai di certo a trovare migliaia di visioni e modi di vedere le cose in maniera profondamente differente, nuova e assolutamente unica. Perché tu sei unico. E nessuno potrà trasmettere le stesse emozioni che riesci a dare tu.
Se a questa strategia di contenuti integri anche qualcosa di tangibile e reale, ad esempio l'utilizzo di un hashtag personalizzato (e brandizzato), spiegando chiaramente come utilizzarlo, le persone saranno ben contente di condividere sui loro canali social un'esperienza che li ha fatti sentire bene. Soddisfatti, amati e coccolati come in nessun altro ristorante.

### *7.3.6. YouTube a tavola e il Video Marketing*

Hai riconosciuto l'importanza della comunicazione visuale nel capitolo dedicato ai contenuti: ti sarà facile comprendere come il suo aspetto più persuasivo, affascinante e in rapida espansione sia legato al **VIDEO MARKETING**, dove come sempre il food fa la parte del leone (pensa all'appeal di una videoricetta!).

Da sempre il video esercita un fascino enorme su tutti noi, a partire dalla prima proiezione dei fratelli Lumiere di 120 anni fa, con un impatto sociale ed economico dalle grandi proporzioni.
Applicalo alla comunicazione online, alla diffusione dei social media e dei sistemi di instant messaging, al dilagare dei dispositivi mobile e ne comprenderai l'immediata portata.

Tu mi dirai: "Ma figurati se posso realizzare filmati, che poi gli utenti visualizzano, condividono e fanno girare viralmente".

Probabilmente nello stesso momento in cui lo stai dicendo stai anche pensando "Ma l'ho già fatto!"
Ebbene sì: da un lato i processi di compressione dei video che li rendono ora leggeri e di accettabile risoluzione e dall'altro i dispositivi con prestazioni sempre maggiori, ti consentono di progettare, creare, preparare e distribuire brevi video, magari narranti la preparazione di un piatto, l'allestimento della sala e l'apparecchiatura della tavola, una cooking lesson con lo chef, i dietro le quinte della vita di cucina.

Il colosso **YOUTUBE** ha compiuto 10 anni, ma ha raggiunto la maggiore età in termini di *opportunità per la tua impresa*, con elevate prestazioni in visite, facilità di utilizzo della piattaforma, strumenti di caricamento e post-produzione, strumenti di web analytics.

Eccoti alcuni consigli al volo:[82]

- inserisci contenuti originali
- favorisci l'interazione (commenti) a chi segue il tuo canale
- immagina strategie per allinearti al resto della tua comunicazione
- progetta tattiche per aumentare il numero di seguaci
- cura ogni dettaglio, dal nome del canale alla descrizione inclusa in ogni video
- fai video brevi e divertenti.

Nelle tue strategie di video marketing non c'è solo YouTube: ti ricordo Vine per Twitter e Periscope in streaming sulla stessa piattaforma sociale.
Tieni d'occhio Facebook, perché offre l'opportunità di caricare video direttamente sul suo social media e ci sta investendo parecchio.

Ecco a voi il re dei video: YouTube.

[82] support.google.com/partners/answer/173989?hl=it

## *Anna Covone* ⌘

### YOUTUBE PER RISTORANTI

Il sito web di un ristorante che ospita video all'interno delle proprie pagine riceve molti benefici, come l'aumento del tempo di permanenza e dei contatti. Ma se volessimo andare incontro al potenziale cliente in un ambiente più vasto?

Ecco che entra in gioco YouTube, la piattaforma video che oltre ad essere il secondo motore di ricerca più utilizzato al mondo è anche il più presente tra i contenuti della Universal Search di Google. Non solo le statistiche ci dicono che 8 su 10 dei video mostrati nei risultati di ricerca di Google provengono da YouTube[83], ma dal 2014 Google ha drasticamente diminuito la visibilità dei video rich snippets, per cui se vuoi essere presente su Google con un video, il modo più semplice e veloce per farlo è ospitare il video su YouTube.

Anche se oggi il mondo del Video Marketing si sta espandendo e un brand può pubblicare video su diverse piattaforme (come Facebook, Twitter e Instagram), YouTube resta l'unica in grado di ricevere traffico organico continuativo dal motore di ricerca Google e quindi di intercettare richieste ben precise, mettendoci in contatto con il nostro prospect proprio nel momento in cui sta cercando informazioni per prendere una decisione. Attualmente è anche la piattaforma che offre gli strumenti di video analytics[84] più completi mettendoci in condizione di migliorare sempre più le performance dei nostri video e quindi di ottimizzare il nostro investimento.

Lungi dall'essere una piattaforma per video amatoriali, YouTube rappresenta oggi un'importante risorsa per il web marketing anche grazie agli strumenti di business di cui si è dotata negli anni.

Partiamo dal canale. Un vero e proprio mini-sito nel quale possiamo ordinare i nostri video secondo una valenza di marketing e costruire percorsi di navigazione per il nostro pubblico, grazie alle playlist e alle sezioni.

Il trailer ci permette di avere sempre il video principale in primo piano e di orientare così la visione del pubblico verso il nostro video migliore, quello che ci consente di raggiungere più velocemente una conversione. Infatti, tra gli strumenti di marketing più efficaci di YouTube troviamo proprio le

[83] Fonte Searchmetrics, *New Study: Universal Search Integrations 2015*

[84] Per approfondire i temi della web analytics ti rimando al capitolo 11

⌘

Annotazioni, semplici overlay che rendono porzioni di video cliccabili. Recentemente YouTube ha potenziato questo strumento inserendo le Schede, un menu sempre presente all'interno del video che ci permette di aggiungere, in maniera davvero semplice, dei veri e propri annunci composti da testo e immagine, capaci di direzionare gli spettatori al sito o ai servizi di prenotazione, tramite un click. Quindi, non si tratta solo di realizzare video belli ma di renderli efficaci.
Il video è anche il mezzo migliore per differenziarsi dai competitor guadagnando subito un vantaggio non solo in termini di visibilità ma anche di credibilità. Un buon canale YouTube contribuisce a costruire un'immagine del ristorante autorevole e affidabile. Ma le opportunità non finiscono qui.
Oggi diversi strumenti di analytics, non solo quelli di YouTube, ci permettono di conoscere statistiche approfondite sugli spettatori del canale così da permetterci di prendere decisioni più consapevoli e strutturare campagne efficaci. In quest'ottica possiamo eseguire una profilazione attenta per quanto riguarda le campagne di advertising, scegliendo di mostrare il video promozionale della nostra struttura proprio su canali tematici dedicati al turismo del nostro territorio oppure tramite il targeting geografico.
Promuovere i video con AdWords è diventato veramente semplice, chiunque abbia fatto una normale campagna con Google AdWords può benissimo destreggiarsi anche con la promozione dei video su YouTube.
La difficoltà non sta certo nell'avviare tecnicamente la campagna ma nel produrre un video efficace e nello scegliere il giusto target. L'errore più comune che viene commesso quando si fa una campagna pubblicitaria su YouTube e in generale ogni qualvolta si crea un contenuto promozionale è quello di dimenticare la **call to action**.
L'obiettivo fondamentale rimane uno: rendere il video efficace e il messaggio azionabile esplicitando alla fine del video ciò che vogliamo che lo spettatore faccia. Invitiamolo, invogliamolo a visitare il nostro sito web e facilitiamo il contatto. Solo in questo modo potremo ottenere un video bello ma anche produttivo, capace di trasformare concretamente lo spettatore in un contatto per la nostra attività.

**Consigli**

1. Se non hai a disposizione un grosso budget non rinunciare alla possibilità di fare video. Oggi seguendo qualche tutorial e con la videocamera di un buono smartphone puoi ottenere risultati ottimali, specialmente su YouTube dove l'ingrediente essenziale per il successo di un video è proprio l'autenticità.
2. Taglia tutto il superfluo: il tuo video deve essere un condensato di infor-

mazioni ed emozioni e non una panoramica sulla totalità della tua offerta. Prima di pubblicare il video raccogli i pareri delle persone in target.
3. Evita lunghe e noiose introduzioni; immetti subito lo spettatore nella scena. Anche l'utilizzo di sigle, spesso troppo lunghe, può danneggiare la visibilità di un video. Pensa prima al pubblico e poi al branding.
4. Termina sempre il video con una CTA efficace e i riferimenti alle modalità di contatto.
5. Scegli con attenzione il titolo, la descrizione e i tag del tuo video. Una buona ottimizzazione del video è un investimento a lungo termine che riesce a dare al video il giusto valore. Inserisci l'indirizzo del tuo sito web nelle prime tre righe della descrizione, completo di http://.
6. Internazionalizza nel modo giusto, non semplicemente aggiungendo i sottotitoli ma ottimizzando tutto il video per la lingua straniera.
7. Amplifica la potenza di YouTube con landing page dedicate e offerte promozionali riservate ai visitatori che arrivano da YouTube: in questo modo potrai ottenere più risultati e monitorarli in maniera molto precisa.
8. YouTube è anche un social network: cerca di stabilire delle conversazioni e rispondi a ogni commento. Utilizzare appropriatamente gli strumenti social di YouTube migliorerà le prestazioni del tuo video anche lato SEO.
9. Organizza con cura il canale e la scheda informazioni: utilizza i link per mostrare la tua offerta di contenuti e servizi.

## 7.4. Social Advertising

Dopo questa rassegna ampia e panoramica dei principali social media utilizzati dai tuoi clienti e i nostri consigli per ottimizzarne la tua presenza, ecco alcuni spunti per valutare anche un loro utilizzo pubblicitario.
Strategie, tecniche e strumenti messi in gioco per realizzare le tue campagne pubblicitarie sui social media prendono il nome di Social Advertising.

### *7.4.1. Pubblicità sui social*

La diffusione dei social media mette a disposizione del tuo ristorante degli ottimi strumenti di pianificazione di campagne pubblicitarie volte a farti raggiungere i tuoi obiettivi aziendali concreti (ne abbiamo parlato più volte nei vari capitoli).

Parliamo di vere e proprie pubblicità sulle tante piattaforme social, come Facebook, Twitter, Pinterest e Instagram (in questi ultimi due social tale modalità non è ancora attiva in Italia) che permettono di promuoverti con annunci a pagamento.

La peculiarità e la forza della pubblicità sui social è la possibilità di selezionare in maniera molto dettagliata il target cui indirizzare annunci mirati. Su queste piattaformelasciamo spontaneamente tantissimi dati importanti, condividiamo contenuti, esprimiamo preferenze.
E queste società raccolgono costantemente tutte queste informazioni, creando profilazioni molto profonde di noi utenti.

Puoi quindi attivare campagne basate su dati demografici (sesso, età, città dove abita, persone sposate, con figli, professione, ecc.), ma soprattutto sugli interessi degli utenti. Hai quindi la possibilità di entrare in contatto con utenti molto vicini agli obiettivi della campagna.
A esempio se sai che il tuo target è amante di un particolare libro, film o programma TV, puoi mirare il tuo annuncio pubblicitario a queste persone, magari inserendo delle citazioni che richiamino quei contenuti! Un annuncio molto mirato. Forte no?

### *7.4.2. Twitter Ads*

Dal 2014 la piattaforma pubblicitaria di Twitter in modalità self-service è aperta a tutti.[85]
Ci sono tre strade che puoi scegliere per farti pubblicità su Twitter: promoted tweet, promoted account e promoted trend.

[85] Puoi utilizzarla da solo visitando la pagina biz.twitter.com/it/ad-products

#### PROMOTED TWEET

**Figura 7.9. Tweet sponzorizzato**

Sono i tweet sponsorizzati che appaiono prima nella timeline o quando un utente effettua una ricerca. Si nota subito perché sono contraddistinti dalla scritta: "Sponsorizzato da". Il pagamento avviene in modalità CPE – Cost per Engagement ovvero se l'utente clicca sul link contenuto nel tweet, risponde, retwitta o lo mette nei preferiti.

#### PROMOTED ACCOUNT

Ovvero account sponsorizzato.

Anche gli account sponsorizzati vengono contraddistinti dalla dicitura "Sponsorizzato". Questi appaiono sia a seguito di una ricerca dell'utente sia nella barra laterale sinistra della timeline, dove di norma vengono suggeriti utenti da seguire. In questo caso lo scopo è ricevere un maggior numero di follower, e si paga ad ogni nuovo follower che si ottiene.

**Figura 7.10. Account sponsorizzato**

**PROMOTED TREND**

Ovvero trend sponsorizzati.

Di tutti i mezzi per fare pubblicità su Twitter questa è certamente la più impegnativa, così si acquista infatti la presenza di un hashtag fra i trend topic per 24 ore, in una determinata area geografica. I trend topic sono le 10 tendenze che in quel dato istante vanno di moda fra gli utenti di Twitter; cambiano continuamente durante il giorno e far arrivare un hashtag fra i 10 eletti non è di certo cosa semplice. Con i promoted trend è possibile acquistare la prima posizione e con essa una visibilità davvero enorme.

Anche su Twitter le modalità di targeting della campagna sono molto evolute, oltre alle solite demografiche, possiamo scegliere gli utenti che seguono particolari account o che hanno interessi specifici come determinati programmi TV.

### *7.4.3. Facebook Ads*

Veniamo al re dei social media, per lo meno in termini di diffusione e di numero di utenti: **FACEBOOK ADS.**

La pubblicità su Facebook può partire da una pagina Facebook, da un sito web, da un'applicazione o anche da un profilo (per sponsorizzare i singoli post verso tutti gli amici e i seguaci).

Al solito prima di tutto devi avere chiari gli obiettivi della tua campagna pubblicitaria: aumentare i mi piace? Sponsorizzare un post? Pubblicizzare un'offerta? Ottenere visite verso il tuo sito web? Aumentare le prenotazioni?

Per prima cosa crea l'account e scegli il metodo di pagamento. Alla paginafacebook.com/business è possibile creare un account pubblicitario; visitando la scheda *Fonti di finanziamento* è possibile aggiungere uno o più metodi di pagamento tra carte di credito/debito, PayPal, coupon pubblicitari o addebiti diretti. Ti consigliamo PayPal.

Le pubblicità su Facebook possono essere erogate in modalità CPM (costo per mille) o CPC (costo per click). CPM indica un costo per mille visualizzazioni, che è possibile scegliere o lasciar scegliere a Facebook (chiamato CPM ottimizzato); CPC indica un costo massimo che si paga quando un utente clicca sull'inserzione.

## POST SPONSORIZZATI

Se gestisci una pagina e ne sei amministratore puoi vedere dei piccoli tasti con un'icona a megafono: "Metti in evidenza il post". Questo tasto si trova sotto ogni post pubblicato, all'interno del pannello di amministrazione della pagina o dentro il pannello degli insight.
Puoi scegliere se far vedere il tuo post solo a chi ha fatto mi piace sulla tua pagina, oppure puoi creare un nuovo pubblico che potrai definire impostando città o regioni, età, sesso e interessi.
Se lo attivi il post verrà mostrato come "post consigliato" nella sezione notizie degli utenti target.

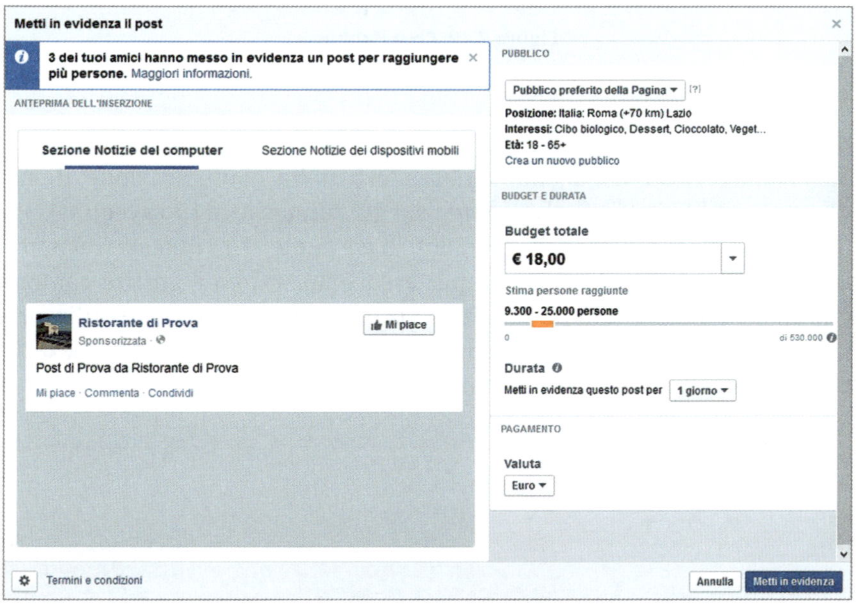


**Figura 7.11. Post in evidenza**

La funzionalità è abbastanza semplice e poco personalizzabile e ha una durata da 1 a 7 giorni.
Di solito, non è un buon modo per fare pubblicità, meglio usare il pannello *Inserzioni*.

**Figura 7.12. Crea Pubblico**

## PANNELLO INSERZIONI

Il pannello inserzioni di Facebook è accessibile dal link facebook.com/ads/manage/, da lì Facebook ti guiderà nella configurazione di un account pubblicitario (nel caso non sia già connesso al tuo account).
Il pannello di inserzioni è lo strumento base per gestire qualsiasi aspetto legato all'account pubblicitario, per creare inserzioni e gestire campagne e uno o più account pubblicitari. Da qui è inoltre possibile utilizzare le funzionalità avanzate di Facebook Ads come pubblico personalizzato, pixel di conversione e pannello di reportistica.

**Figura 7.13. Pannello inserzioni**

#### *7.4.3.1. Tipologie pubblicità su Facebook Ads*

Facebook divide le tipologie di campagne a seconda degli obiettivi che si pone l'azienda; per un ristorante sono sicuramente utili le seguenti.

**METTI IN EVIDENZA I TUOI POST**

Questa è la versione avanzata del "sponsorizza il tuo post" visto poco fa, ma da qui è possibile impostare molti più campi di profilazione e definire in modo più dettagliato il target.

**PROMUOVI LA TUA PAGINA**

Utile per aumentare i mi piace sulla pagina, targettizzando al meglio il pubblico.

**INDIRIZZA LE PERSONE AL TUO SITO WEB**

Utile per indirizzare il proprio target sul sito web.

**INCREMENTA LE CONVERSIONI SUL TUO SITO WEB**

Grazie a questa opzione possiamo controllare i risultati ottenuti dalla campagna pubblicitaria su Facebook: possiamo utilizzarla ad esempio per tracciare quante persone tramite il social ci hanno contattato utilizzando il modulo contatti presente sul sito.

**RAGGIUNGI LE PERSONE VICINE ALLA TUA AZIENDA**

Probabilmente una delle opzioni più utili per un ristorante: grazie a questo tipo di campagna, puoi raggiungere tutti gli utenti che si trovano in un determinato raggio (che si può impostare) dalla tua sede.

**INCREMENTA LA PARTECIPAZIONE AL TUO EVENTO**

Utilissimo se si è utilizzata la funzione *Crea Evento* sulla pagina Facebook.

**FAI IN MODO CHE LE PERSONE RICHIEDANO LA TUA OFFERTA**

Si possono creare offerte affinché le persone in target possano utilizzarle presso il tuo ristorante.

**Figura 7.14. Tipologie campagne Facebook**

*Fabio Sutto* ⌘

## FACEBOOK ADVERTISING PER IL RISTORATORE

Facebook raccoglie quasi 26 milioni di utenti in Italia, la maggior parte dei quali profilati dettagliatamente in base ai propri interessi, all'area geografica di riferimento e ad altre informazioni che chi frequenta questo social network consciamente o inconsciamente fornisce ogni giorno.
La cattiva notizia è che la visibilità organica (non a pagamento) oggi su Facebook è ridotta al lumicino: le ragioni sono diverse, alcune delle quali molto tecniche, ma non ci resta che prenderne atto. C'è però anche un'ottima notizia: gli utenti che ci interessano davvero sono raggiungibili con inserzioni pubblicitarie mirate, anche senza fare investimenti faraonici.

Per chi opera nel settore della ristorazione Facebook Advertising presenta diversi vantaggi rispetto ad altre soluzioni di visibilità:

- al momento è il canale di visibilità più preciso nell'individuare gli utenti che gravitano, stabilmente o temporaneamente, intorno ad una determinata area geografica

⌘

- la competizione è ancora relativamente ridotta e i costi inferiori rispetto a quelli di altri circuiti pubblicitari (es. Google AdWords)
- è sicuramente la piattaforma che ha più informazioni sui gusti e sugli interessi dei propri utenti, ad esempio è semplicissimo sapere quanti utenti di Verona presenti su Facebook siano appassionati di cucina giapponese o amino la carne di chianina.

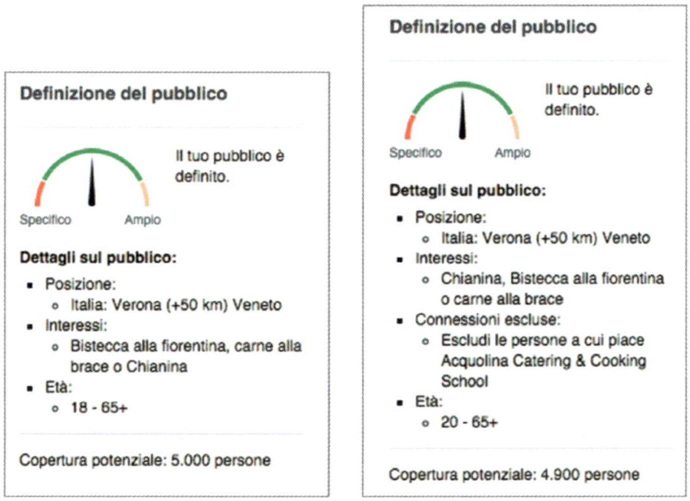


**Figura 7.15. Definizione del pubblico**

L'indicatore con la freccia sul verde indica che il target è numericamente adeguato e che la campagna potrà partire. Il rosso indica un target troppo esiguo, mentre il giallo rappresenta un target eccessivamente ampio e che, conseguentemente, rischierebbe di risultare poco qualificato.
In ogni caso Facebook Ads apre al ristoratore una serie di prospettive che altrimenti gli sarebbero precluse

### Come utilizzare proficuamente Facebook Adv?

Abbiamo appena visto come sia possibile "individuare e puntare" una cerchia ristretta e qualificata di utenti, tuttavia una strategia di advertising "ragionata" di solito procede in 6 passi:

- **individuazione del target di riferimento**: chi siamo e a chi vogliamo rivolgerci?
- creazione di una **pagina Facebook aziendale** che rappresenti, con testi e immagini, lo spirito dell'attività commerciale

- **acquisizione di una base minima di fan** in target (il nostro audience da fidelizzare), quindi una campagna like sulla pagina
- **piano redazionale** e comunicazione di curiosità, eventi, offerte e iniziative varie al proprio target di riferimento (fan e non fan). Il che si traduce nella promozione dei singoli post
- **lead generation**, cioè l'acquisizione di contatti diretti, che si ottiene traghettando gli utenti da Facebook verso una landing page e invitandoli a lasciare i propri dati (e-mail o, meglio ancora, telefono nel caso della ristorazione) a fronte di un qualche beneficio (tipicamente uno sconto o un vantaggio esclusivo)
- **lead nurturing**, ovvero coltivazione costante dei contatti acquisiti, tramite comunicazioni periodiche via mail o sms.

La pubblicità su Facebook è la fiamma che alimenta e sostiene questa strategia.

**Caso di successo**

*Tipologia cliente*: ristorante tipico thailandese in periferia, ambiente caratteristico e romantico, gestione italiana.
*Obiettivi*: farsi conoscere da utenti propensi a diventare clienti fidelizzati, alimentare il passaparola.
*Precedenti esperienze*: campagna Groupon con ottimi risultati di affluenza, grazie a promozioni molto appetibili, ma scarsa fidelizzazione.
*Investimento pubblicitario*: 30 €/gg per 60 gg (costi di analisi, set-up e gestione campagne pubblicitarie esclusi).
*Gestione pagina e contenuti*: a carico del cliente a seguito di adeguata formazione del personale interno.

Individuato un raggio di 70 km dal ristorante, i target utilizzati sono stati in prevalenza:

- tutti gli utenti ritenuti da Facebook amanti della cucina thailandese
- utenti di età tra i 19 e i 45 anni che, in base alla informazioni a disposizione di Facebook, non erano single e avrebbero compiuto gli anni in un breve lasso di tempo
- tutti gli utenti tra i 25 e i 45 anni (raggio 50 km).

Al primo target di utenza, che probabilmente già conosceva o addirittura era già stato cliente del ristorante, sono stati promossi dei post che invitavano semplicemente a prendere visione di alcuni piatti tipici.
Alla seconda tipologia di utenti è stata proposta una cena romantica per

due con una bottiglia di vino in omaggio e altri vantaggi rispetto al menù standard.
Al terzo target ci si è rivolti semplicemente descrivendo la qualità della cucina del locale e la possibilità di una serata diversa dal solito, in gruppo o in famiglia.
A tutti è stata proposta l'iscrizione alla newsletter al fine di ottenere così uno sconto, qualora fosse stata prenotata una cena entro un certo periodo di tempo.

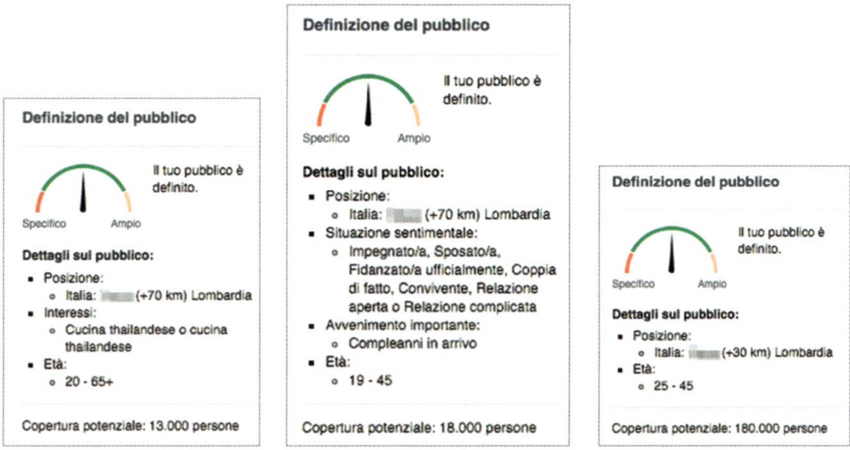


**Figura 7.16. Individuazione target**

Il target che ha dato le maggiori soddisfazioni (tasso di iscrizione nettamente più elevato e pari al 12%) è stato quello degli amanti della cucina thai, tuttavia il maggior numero di clienti che hanno riscosso il "premio iscrizione" è arrivato dalla campagna più generica (3° target individuato) a riprova del fatto che spesso è sufficiente essere visibili per ottenere risultati molto soddisfacenti.
A detta dei responsabili del locale, a distanza di 12 mesi grazie a campagne ripetute periodicamente (e a un'ottima reputazione su TripAdvisor), il giro di affari del locale è incrementato quasi del 20% rispetto al periodo precedente. Il budget di 30 €/gg inizialmente allocato oggi è ridotto a 20 € e concentrato sui target che si sono mostrati più recettivi.

## Conclusioni

Abbiamo esaminato solo alcune tra le funzionalità più semplici e intuitive,

ma non mancano tecniche di profilazione in grado di individuare progressivamente target ancora più precisi e proficui. Il concetto più importante è che non dobbiamo considerare Facebook solo un canale strettamente social dove il branding o, peggio ancora, la visibilità fine a se stessa fanno la parte del leone.
Oggi Facebook Advertising è un potente strumento di lead generation che consente anche a imprese di piccole dimensioni di acquisire nuovi contatti e, in definitiva, nuovi clienti con costi certi e un ROI (Return on Investment) misurabile.

### *7.4.4. Pinterest Ads*

Anche Pinterest dal 2014 ha un programma pubblicitario molto interessante, ma per ora disponibile solo negli USA[86]. Almeno a giudicare dagli annunci dovrebbe arrivare presto anche una modalità self service, come quella di Facebook e Twitter aperta anche alle PMI nostrane.
Cosa è possibile fare?
È possibile promuovere un PIN per ottenere più visualizzazioni e più visite verso le proprie pagine.[87]

### *7.4.5. Pubblicità su Instagram*

Instagram, di proprietà di Facebook, ha lanciato anch'esso una programma pubblicitario. Anche in questo caso non è ancora disponibile in Italia, ma vista l'importanza del social per il mondo del food vale la pena parlarne per essere preparati.
Instagram si sta organizzando per fornire l'accesso ai nuovi tool di advertising[88] che funzioneranno esattamente come il social network guidato da Zuckerberg; in pratica il motore sarà lo stesso e il sistema di profilazione degli utenti che vedranno i messaggi pubblicitari sarà del tutto simile a quello di Facebook, quindi con parametri relativi al sesso, l'età, la posizione geografica e gli interessi.

[86] Il sito è disponibile su: ads.pinterest.com
[87] *How to promote a Pin*, help.pinterest.com
[88] business.instagram.com

Le principali possibilità pubblicitarie su Instagram sono tre: Post Sponsorizzati, il Carousel, ovvero una serie di immagini che scorrono, ideali per raccontare una storia più articolata, e i Link Cliccabili, ovvero la possibilità di inserire link cliccabili, opzione esclusa nei post ordinari.

## 7.5. Netiquette e social media: questione di stile

In questo paragrafo facciamo soltanto un cenno al bon ton dei commensali a tavola, all'utilizzo del mobile, alla netiquette e alla condivisione dell'immagine dei tuoi piatti in rete, attraverso i tanto citati social media. Questo argomento merita senz'altro una trattazione più approfondita e articolata, ma nel nostro ventaglio di temi ci soffermiamo solo su alcune reazioni di diversi tuoi colleghi e su qualche suggerimento finale.

Sicuramente ti capita ogni giorno di servire al tavolo gruppi in cene di lavoro, famiglie e compagnie di amici, in cui regna la totale incomunicabilità, ciascuno a inseguire messaging e sharing sul proprio dispositivo. Altrettanto consueta la scena nella quale appena ricevuto un piatto, l'ospite non assaggi, non annusi, non guardi la sua porzione se non attraverso il display del proprio smartphone o tablet assorto nella ricerca della migliore inquadratura e luce.

Alcuni chef e ristoratori hanno manifestato il proprio malumore al riguardo: ricordiamo la protesta di molti chef di NYC, esplosa dopo un articolo del New York Times, che metteva il dito nella piaga, anzi nella torta![89]

Accadeva nel 2013, ma ciclicamente gli sfoghi si ripresentano ora a Berlino, ora in Francia[90] e tra gli stellati di ogni nazionalità.
Alcuni locali affiggono cartelli con divieti espliciti di effettuare foto, altri ne indicano l'icona all'interno del menù. Alcuni hanno inventato sconti se si lascia il mobile all'ingresso.
Sulla barricata opposta c'è chi cavalca con decisione le abitudini e i tic dei propri ospiti, puntando molto sulla condivisione sociale dei piatti, invitando alla produzione di scatti degni della miglior tradizione della

[72] Helene Stapinski, *Restaurants Turn Camera Shy*, nytimes.com, 2013
[90] *Les restaurants peuvent-ils interdire d'instagrammer leurs plats?* lesinrocks.com 2014

Food Porn Photography[91], magari usando un hashtag dedicato a un evento specifico o al nome del locale.

Ci avventuriamo ora in un mondo che si trova nelle tasche di ciascuno di noi, ma che si rivela sempre più utile per il tuo percorso di digital marketing.
Incomincia a scoprire i segreti dei dispositivi mobile e delle strategie di geo-localizzazione utili per farti trovare e promuoverti.

[91] La Food Porn Photography termine apparso negli anni '80 si è evoluto anche grazie al web. Inizialmente indicava raffigurazioni fotografiche di cibo esotico, con una composizione eccessiva o glamour. Poi immagini di piatti ipercalorici, grassi sino ad apparire volgari. Ora l'immagine è estensiva, indicando composizioni ricercate e molto curate nella realizzazione di food still life

### APPROFONDIMENTI

- Blog dedicato ai social media con ottimi consigli: socialmediaexaminer.com
- Blog con frequenti aggiornamenti sulle novità delle piattaforme sociali (in inglese): socialmediatoday.com
- Blog dedicato alla comunicazione su YouTube: tuttosuyoutube.it
- Blog KissMetrics – Infografica su organic reach di Facebook
- Veronica Gentili, *Strategie e tattiche di Facebook Marketing per aziende e professionisti*, Dario Flaccovio, 2015
- Karen Rosenzweig, *Simple Social Media: Marketing Your Restaurant in 30 Minutes a Day* (English Edition)
- Alessandro Sportelli, *La Pubblicità Su Facebook – Solo i numeri che contano*, Hoepli, 2015
- Salvatore Russo, *Scopri Google+ e conquista il mondo*, Dario Flaccovio, 2014

### TAKE AWAY

- I social media sono numerosi: individua quelli più adatti per il tuo locale e la tua offerta.
- Scegli il social media sul quale si trova il tuo target: ascoltalo e poi comunica usando il suo linguaggio.
- Non affidarti a smanettoni improvvisatori neanche per seguire la tua presenza aziendale sui social media: è un lavoro da professionisti.
- Pensa a investire su un piccolo staff del tuo ristorante cui assegnare competenze social (investi in formazione, aggiornamento, affidati a professionisti per la strategia e per un affiancamento e startup della tua comunicazione).
- Come per ogni azione digitale, includi nel tuo progetto strategie e piattaforme selezionate.
- Per un'utenza business (cene d'affari, eventi business, clienti di uffici o imprese) non dimenticarti di LinkedIn.

# 8. Local Search per ristoranti

*di Luca Bove*

*«Pensa globalmente, agisci localmente».*
René Dubos

In questo capitolo parleremo di Local Search ovvero, semplificando parecchio, di come promuoversi sulle mappe virtuali e su altri sistemi digitali che permettono di acquisire nuovi clienti **LOCALI** per il tuo ristorante. Ti faremo vedere alcuni dati e poi ti daremo diversi consigli utili per ottenere buone performance.

## 8.1. Perché il tuo ristorante deve promuoversi localmente

La crescita esponenziale delle ricerche da mobile ha comportato anche un aumento delle ricerche a carattere locale, ovvero ricerche degli utenti online contenenti un riferimento geografico specifico del tipo "ristorante a Roma".
In questo contesto diventa fondamentale investire nella promozione locale, in modo da ottenere visibilità su Google Maps e tra i risultati di

ricerca di tipo geolocalizzato, con dati e recapiti corretti e aggiornati. Questo ti permetterà di intercettare nuovi potenziali clienti e avvantaggiarti sulla concorrenza.

### *8.1.1. Alcuni dati*

Il grafico di figura 8.1 evidenzia la frequenza di utilizzo di Internet mobile, in Italia (anno 2013), in relazione all'età degli utenti oggetto del sondaggio.

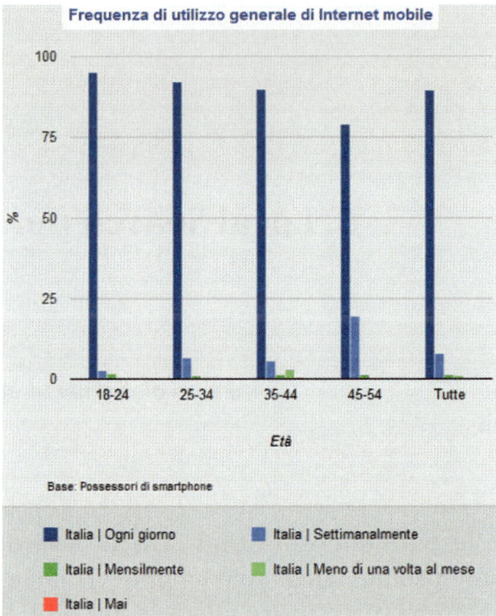


**Figura 8.1. Frequenza di utilizzo generale di Internet mobile, dati relativi all'anno 2013 (fonte dati: thinkwithgoogle.com)**

Nel grafico di figura 8.2, prelevato da una più ampia ricerca condotta da Neustar's Localeze, comScore e Geary LSF's 15 miles, si evidenzia la percentuale di crescita di ricerche di tipo locale (in questo caso negli Stati Uniti) effettuate da dispositivi mobile e tablet.[92]

[92] *Survey Reveals Loacl Businesses and Consumers Out of Sync on Mobile Search Expectations*, ricerca condotta da Neustar's Localeze, comScore e Geary LSF's 15 miles, 2014

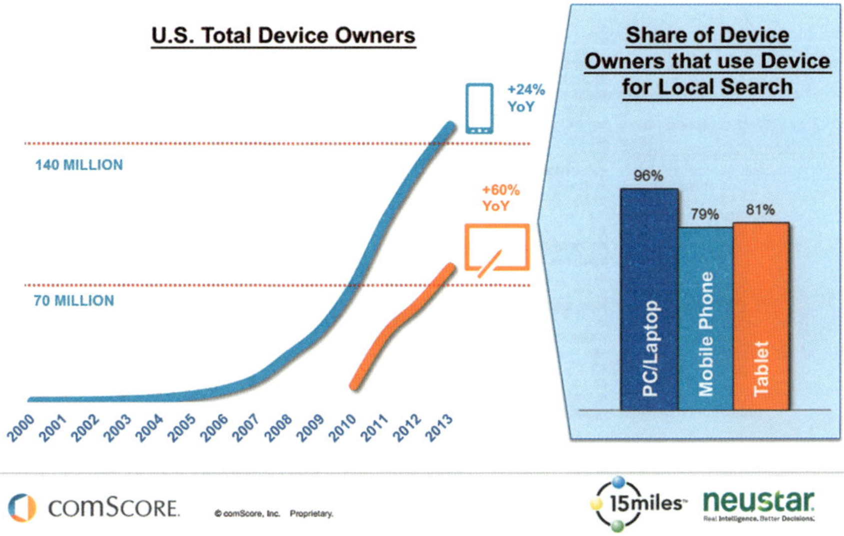


**Figura 8.2. Crescita di ricerche locali (fonte: comScore)**

Sul campione degli intervistati, il 96% ha utilizzato il pc per ricerche a carattere locale, ma il dato che conta maggiormente è quello relativo alla crescita significativa delle ricerche di tipo locale effettuate da smartphone + 24% e tablet + 60%.
Questi dati sono importanti perché la Local Search è legata a doppio filo al mondo mobile: più cresce l'utilizzo degli smartphone, più crescono le ricerche di tipo locale su tutte le piattaforme e i dispositivi. Google ha affermato che, a livello mondiale, dal 2011 al 2014 le ricerche locali sono cresciute di 5 volte, seguendo proprio il trend della diffusione dei dispositivi mobili.

Sempre dalla ricerca condotta da comScore emerge un altro dato fondamentale per i ristoratori.

Il maggior numero ricerche locali da parte degli utenti è riferito proprio al settore dei ristoranti, con una percentuale pari al 23%. A seguire tutti gli altri settori (figura 8.3).

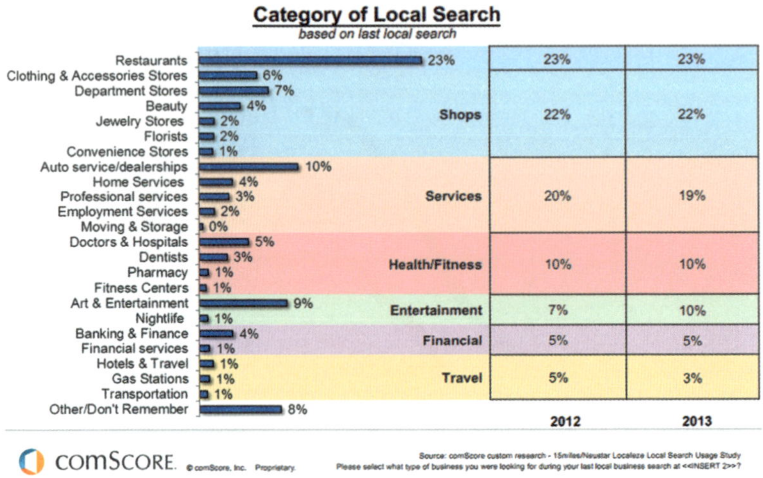


**Figura 8.3. Categoria delle ricerche locali (fonte: comScore)**

Nel grafico di figura 8.4 si evidenzia proprio come la maggior parte delle ricerche a carattere locale che riguardano i ristoranti provengono, per la percentuale maggiore, da dispositivi mobile: tablet (26%) e smartphone (30%) rispetto alle ricerche da desktop che si attestano al 24%.

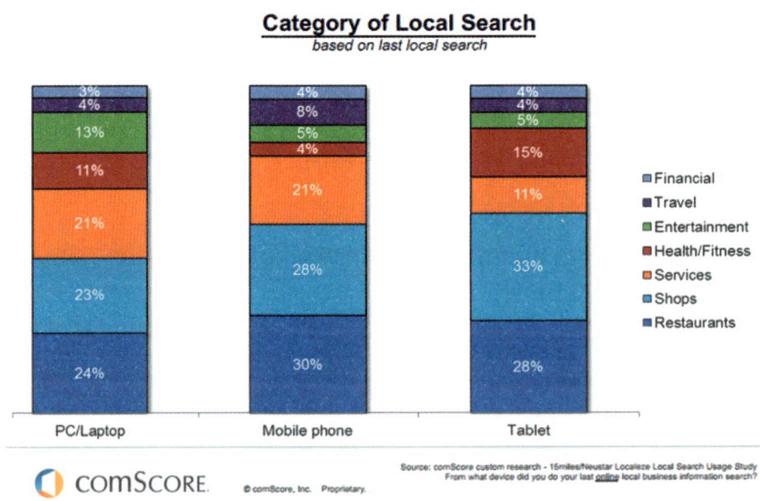


**Figura 8.4. Percentuali delle ricerche settore ristorazione (fonte: comScore)**

Un altro dato che come ristoratore ti dovrebbe far riflettere è relativo al fatto che, anche nel caso di ricerche di un business specifico, la percentuale più alta riguarda i ristoranti, in questo caso in ex aequo con health e fitness.

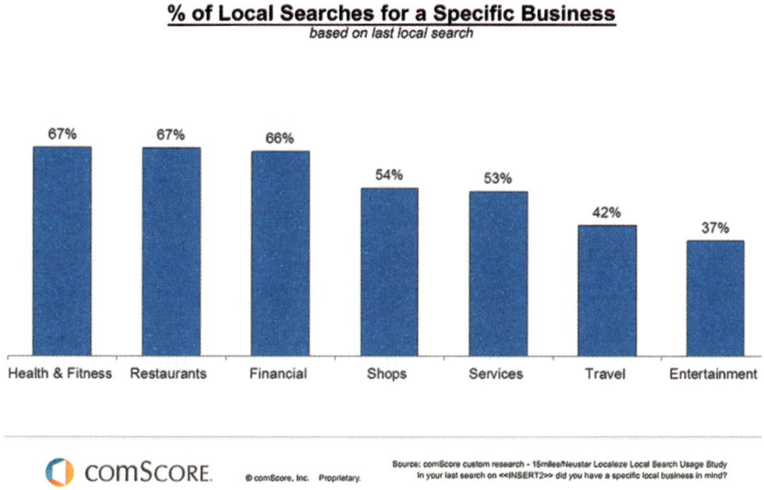


**Figura 8.5. Percentuale delle ricerche locali per una specifica tipologia di esercizio (fonte: comScore)**

Ed ecco, ancora, altri dati che ti fanno comprendere l'importanza della presenza online a livello locale per i ristoranti.

Nella ricerca condotta negli USA dalla National Restaurant Association, *Technology Innovations Consumer Survey, 2013*, emerge che i consumatori sarebbero propensi a usare uno smartphone o tablet per le attività connesse al ristorante riportate in figura 8.6.[93]

[93] *Restaurant Technology: Critical for Tomorrow's Success*, restaurant.org

| | All adults | Age 18-34 | Age 35-44 | Age 45-54 | Age 55-64 | Age 65+ | Children under 18 in household |
|---|---|---|---|---|---|---|---|
| Look up locations or directions | **67%** | 88% | 78% | 63% | 60% | 31% | 80% |
| Order takeout or delivery | **52%** | 74% | 62% | 45% | 39% | 20% | 67% |
| Use rewards or special deals | **50%** | 70% | 58% | 47% | 38% | 21% | 65% |
| Make a reservation | **46%** | 59% | 60% | 38% | 40% | 22% | 56% |
| Look up nutrition information | **42%** | 55% | 46% | 38% | 35% | 23% | 54% |
| Pay for your meal | **24%** | 43% | 22% | 16% | 16% | 9% | 32% |

**Figura 8.6. propensione dei consumatori all'uso degli smartphone per attività connesse al ristorante (fonte: 2014 Restaurant Industry Forecast, National Restaurant Association)**

La percentuale più alta riguarda la ricerca, da parte degli utenti, di informazioni sulla location e indicazioni stradali per raggiungere il ristorante, con numeri molto elevati soprattutto per la fascia di età compresa tra i 18 e i 34 anni.
A seguire tutte le altre attività: ordini a domicilio, utilizzo di coupon e deal, prenotazioni, informazioni sul menù, ecc.

In aggiunta a questi dati americani aggiungiamo la nostra esperienza sul campo: abbiamo casi, in Italia, dove fino al 45% del traffico è generato da sistemi di Local Search. Presta quindi molta attenzione a questo capitolo e applica tutti i nostri consigli.

## 8.2. Perché le ricerche locali sono importanti per i ristoratori

Come già anticipato nell'introduzione, per ricerche locali si intendono tutte quelle ricerche effettuate dagli utenti sui motori di ricerca (come Google, ma anche altri sistemi che vedremo alla fine del capitolo) che stanno cercando un'attività in una determinata località oppure nei dintorni di dove si trovano.

Poniamo il caso che un utente sia alla ricerca di un ristorante in una determinata città, ad esempio Milano: effettuerà su Google una ricerca del tipo "ristorante a Milano" oppure "ristorante vegano a Milano", ecc. In questo caso siamo di fronte a una ricerca di tipo locale.

Per comprendere la Local Search è sufficiente fare un passo indietro nel tempo, quando ancora si cercavano le attività locali sulle Pagine Gialle e magari le direzioni stradali con Tutto Città. Con la Local Search come si intende attualmente si ottengono gli stessi risultati, ma utilizzando le nuove tecnologie.

Questo tipo di ricerche sono diventate ancora più importanti a partire dal 2007, anno in cui Google ha lanciato la *Universal Search*. Con questo aggiornamento Google ha iniziato a far apparire, nei suoi risultati di ricerca (SERPs), i contenuti dei suoi motori verticali, ovvero Google Images, Google News, Video e soprattutto Google Maps, all'interno di uno spazio specifico denominato Local Pack. Le stesse funzionalità sono state lanciate in seguito anche da altri motori di ricerca come Bing.
In figura 8.7 un esempio di Local Pack all'interno dei risultati di ricerca (o SERPs) per la query "ristorante a Roma".

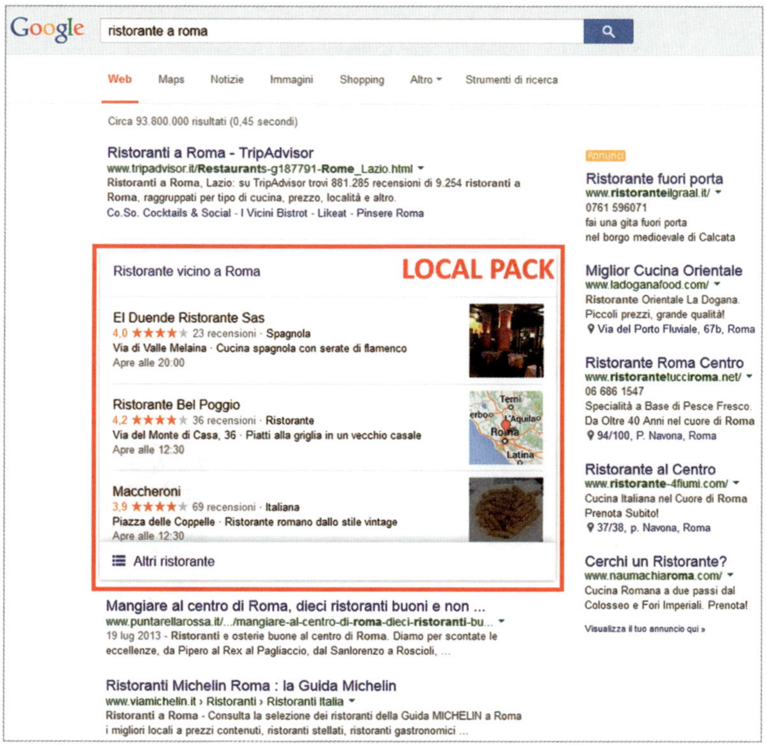


**Figura 8.7. Local Pack**

A proposito dei risultati locali, è bene precisare che al giorno d'oggi un utente può visualizzare risultati di tipo locale anche senza aver specificato una località nella sua ricerca. Ad esempio, se una persona si trova a Roma e digita su Google la ricerca "ristorante" visualizzerà risultati di tipo locale, relativi tutti alla città di Roma.
Questo perché nel 2012 Google ha lanciato un importante algoritmo denominato Venice Update attraverso il quale riesce a localizzare l'utente (tramite l'indirizzo IP del collegamento o dell'antenna GPS in caso di dispositivi mobili) e a restituirgli risultati geolocalizzati.

Alla fine, se un utente localizzato a Roma effettua una ricerca del tipo "ristorante a Roma" o semplicemente "ristorante" otterrà risultati molto simili. Come illustrato in figura 8.8.

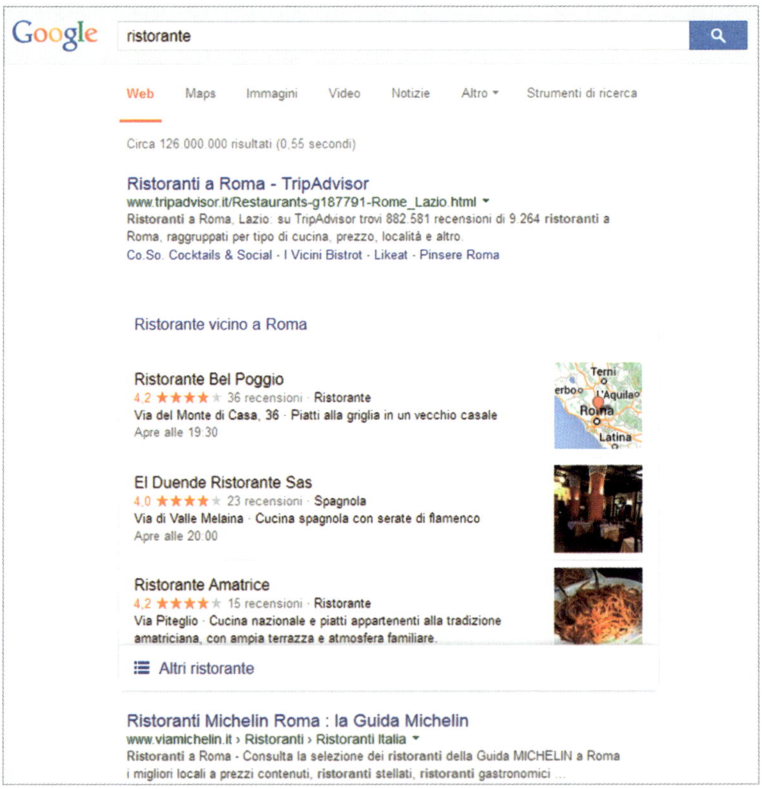


**Figura 8.8. Risultati della ricerca "ristorante"**

Sia la Universal Search sia il Venice update hanno dato un impulso fondamentale alla visibilità dei risultati di tipo locale e di conseguenza è divenuto prioritario apparire tra di essi e su Google Maps per tutte quelle attività con sede fisica che possono sfruttare le ricerche locali degli utenti, come appunto ristoranti, trattorie, osterie, ecc.

Anche l'affermarsi dei servizi di mappe online e dei GEO Social come Facebook, Foursquare, Yelp, 2spaghi, ecc. ha contribuito ad affermare in modo definitivo questo tipo di ricerche.

Da come si può facilmente intuire, i vantaggi che ne derivano per le attività come la tua sono davvero notevoli. Vediamo di seguito tre dei principali benefici per chi investe nella promozione locale sfruttando questo tipo di risultati:

**GRANDE VISIBILITÀ ONLINE**
Il tuo ristorante apparirà nel Local Pack, su Google Maps (e anche su altri sistemi come Google Now) per ricerche georeferenziate e geolocalizzate andando ad intercettare potenziali clienti altamente interessati.

**LA SEDE DEL TUO RISTORANTE A PORTATA DI UN CLICK**
Le applicazioni di navigazione su dispositivi mobile sono sempre più utilizzate e diffuse, tra tutte spicca l'app di Google Maps. Se sei presente sulle mappe di Google e tra i risultati di tipo locale potrai essere facilmente trovato e poi raggiunto attraverso le indicazioni stradali suggerite.

**CONSAPEVOLEZZA DEL BRAND**
La presenza tra i risultati a carattere locale è un ulteriore fattore che contribuisce alla brand awareness perché amplifica la tua presenza online.

## 8.3. Come far comparire il tuo ristorante nei risultati locali

Per comparire nei risultati di tipo locale, a seguito di ricerche geolocalizzate da parte degli utenti, è necessario creare una scheda Google+ Local attraverso il servizio Google My Business, che è **COMPLETAMENTE GRATUITO**. Google My Business è stato lanciato a giugno 2014 e ha sostituito completamente il vecchio servizio legato alle attività commerciali denominato Google Places for Business.

### *8.3.1. Come creare una scheda local?*

Per prima cosa è necessario essere in possesso di un account Google, dopodiché è sufficiente accedere al servizio Google My Business all'indirizzo **google.com/business** e procedere con la creazione della scheda selezionando, tra le tre disponibili, la tipologia *Esercizio pubblico*, come mostrato in figura 8.9.

**Figura 8.9. Tipologia da selezionare**

Dovrai compilare tutti i campi richiesti (nome, indirizzo, telefono, orari di apertura, ecc.) e procedere con la verifica della stessa, attraverso la richiesta di un codice PIN che solitamente ti sarà inviato via posta cartacea da Google. Non appena la scheda sarà verificata sarai online sulle mappe di Google.

Attenzione! Il tuo ristorante potrebbe già essere visibile su Google Maps, in quanto l'azienda di Mountain View può aver creato una scheda local automaticamente a seguito di informazioni reperite nel web (ad esempio dal sito delle Pagine Gialle). Non dovrai fare altro che richiederne la gestione, evitando di andare a creare una pagina ex novo che risulterebbe un duplicato.
In questo caso si parla di **RIVENDICAZIONE** di una scheda automatica, la cui verifica può essere effettuata non solo attraverso la cartolina postale ma, a seconda dei casi, anche attraverso la telefonata, SMS o attraverso

Google Webmaster Tools[94], il servizio offerto da Google agli amministratori di siti web con una serie di funzionalità utili alla loro gestione.

In presenza di più schede local per il tuo ristorante, incorreresti in diversi problemi:

**SI VIOLANO LE LINEE GUIDA DI GOOGLE**
La presenza di più schede local relative ad una stessa attività non è consentita.

**SI COMPROMETTE IL POSIZIONAMENTO LOCALE**
La presenza di più schede, duplicate tra loro, può inficiare il posizionamento locale (sulle mappe di Google e tra i risultati a carattere locale) del tuo ristorante.

**SI GENERA CONFUSIONE NELL'UTENTE**
Gli utenti possono imbattersi, invece che sulla scheda da te creata (con dati corretti e aggiornati), sulla scheda automatica creata da Google, e possono quindi visualizzare informazioni errate e che non puoi gestire direttamente.

Avere la gestione della scheda local relativa al tuo ristorante è fondamentale in quanto:

**PUNTO 1**
Avrai il controllo delle informazioni in essa contenute come i dati chiamati NAP (*Name, Address, Phone*); gli orari di apertura e chiusura; l'URL del sito web; la descrizione del tuo ristorante e le recensioni ad esso relative.
Tutte queste informazioni sono ciò che l'utente cerca maggiormente online e ciò a cui fa affidamento quando ha bisogno di "trovare" un ristorante, pertanto la presenza di dati e/o informazioni errate, mancanti o non aggiornate può farti perdere potenziali clienti.

**PUNTO 2**
Potrai localizzare perfettamente il puntatore del tuo ristorante sulla mappa, in modo tale da essere facilmente raggiungibile dai tuoi clienti,

[94] localstrategy.it/verifica-istantanea-schede-local

i quali potranno calcolare il percorso più veloce (in auto, a piedi, ecc.) attraverso Google Maps (figura 8.10).

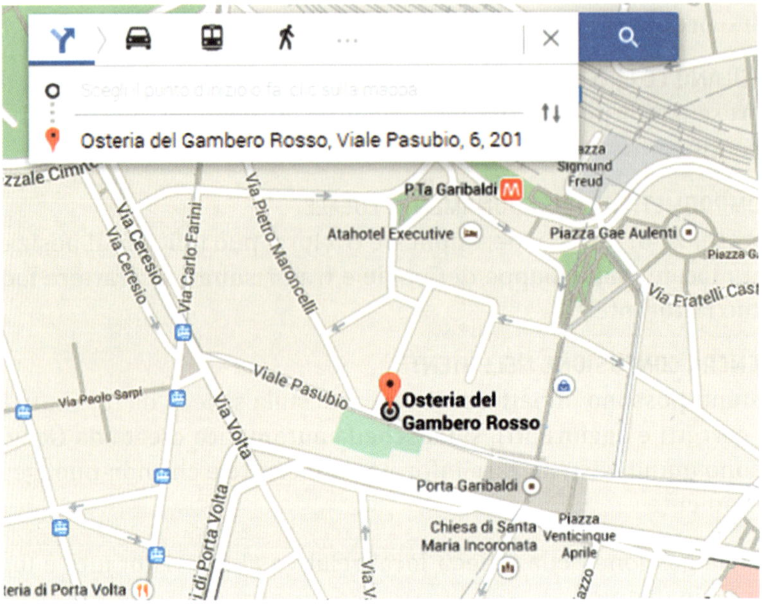


**Figura 8.10. Scelta del percorso**

**PUNTO 3**

Potrai creare un canale diretto con i clienti abituali del tuo ristorante e con quelli potenziali, pubblicando sulla tua pagina Google+ Local offerte, news, eventi... (se ne è parlato nel capitolo 7). Inoltre, avrai anche la possibilità di monitorare ed eventualmente rispondere alle recensioni pubblicate direttamente sulla tua pagina.

**PUNTO 4**

Avrai accesso alle statistiche che riguardano la tua scheda Google+ Local attraverso le quali ti sarà possibile valutare l'efficacia delle tue attività online e lo stato del tuo posizionamento locale. Potrai conoscere, ad esempio, le visualizzazioni relative alla scheda local del tuo ristorante; i click per ottenere le indicazioni stradali per raggiungere la tua sede e tanti altri dati interessanti.

Una volta rivendicato si ha accesso alla scheda Google My Business.

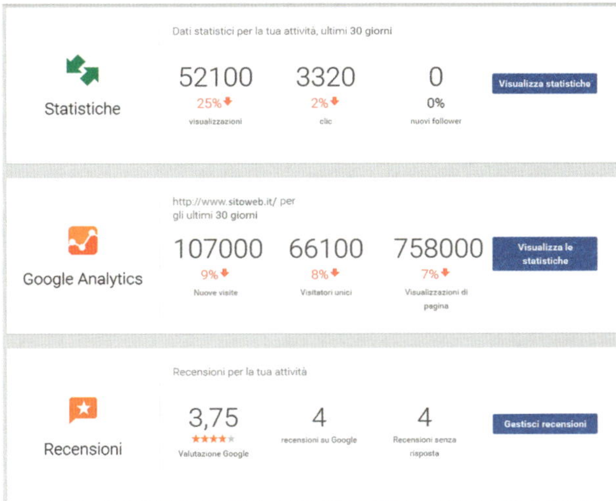


**Figura 8.11. Scheda Google My Business**

Google My Business è anche una app che può essere scaricata sul proprio smartphone per gestire la propria scheda in mobilità.

## 8.4. Come favorire la visibilità online del tuo ristorante sulle Google Maps

Partiamo da un assunto: la prima pagina dei risultati di ricerca di Google è spesso monopolizzata dai grossi portali come TripAdvisor e altri, i quali occupano sempre le primissime posizioni per parole chiave competitive, quali ad esempio "ristoranti a Milano", "ristoranti a Roma"... che vanno a sottrarre traffico relativo al tuo target specifico.
In questo contesto, diventa molto difficile per un ristorante riuscire ad occupare le prime posizioni per queste tipologie di ricerche.

Cosa fare quindi? Ci rinunci?
Assolutamente no! Puoi ritagliarti uno spazio all'interno della prima pagina dei risultati di ricerca grazie a Google My Business, ovvero con una scheda local visualizzata all'interno del Local pack che solitamente viene mostrato nelle prime posizioni.

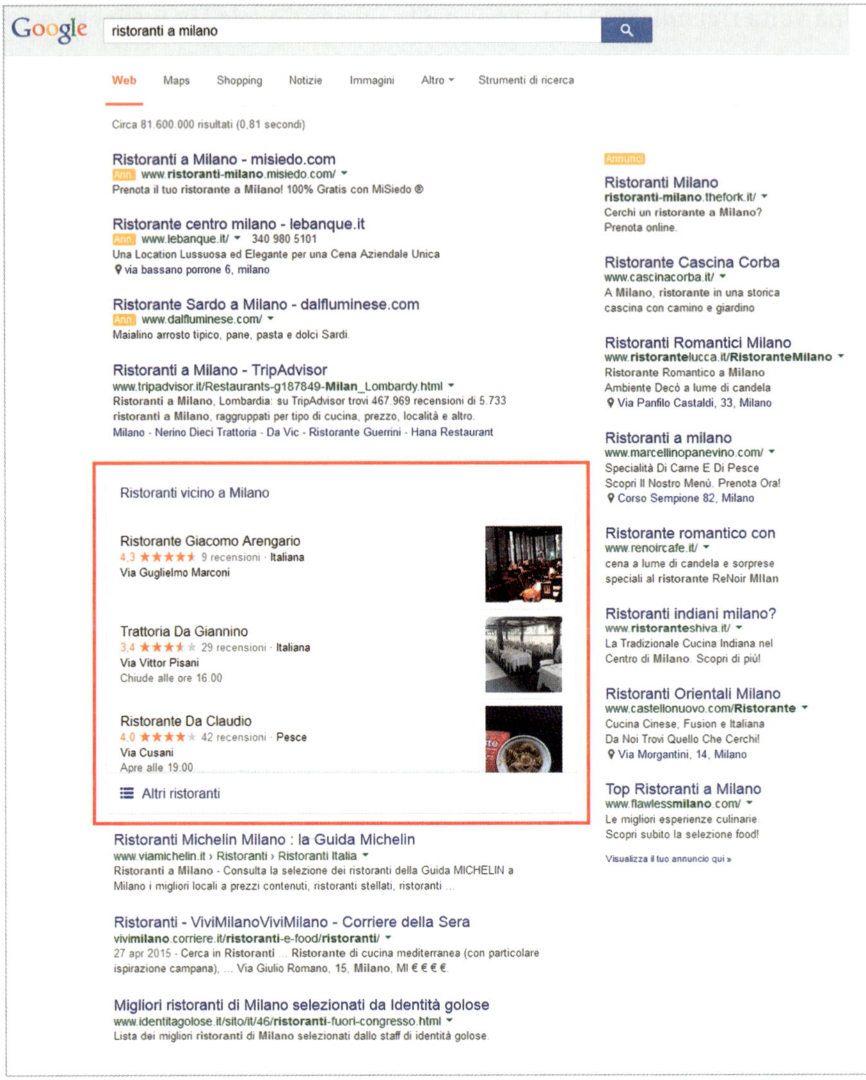


**Figura 8.12. Local pack**

Per riuscire in questo obiettivo, però, non è sufficiente creare e verificare una scheda local relativa al tuo ristorante. È necessario investire in strategie di posizionamento locale (o *ranking local*) nei risultati di ricerca. Queste ultime richiedono specifiche ottimizzazioni e interventi mirati che tengano conto di vari segnali di cui parleremo nei prossimi paragrafi.

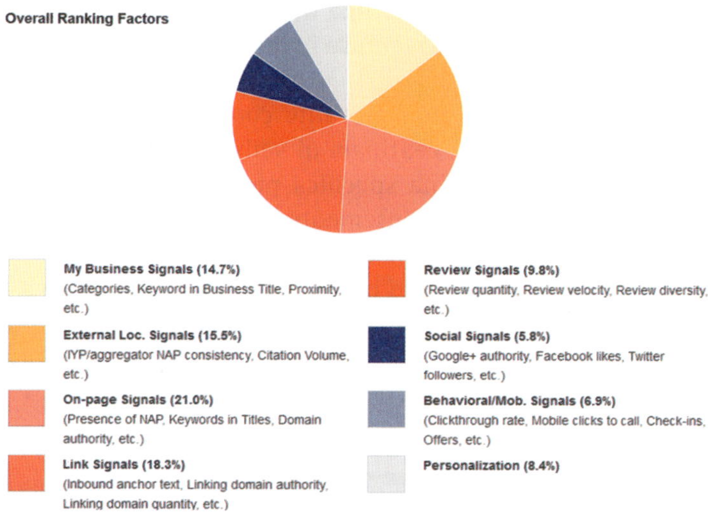


**Figura 8.13. Strategie di posizionamento locale (fonte: *Announcing the 2014 Local Search Ranking Factors Results*, moz.com/blog/local-search-ranking-factors-2014)**

### *8.4.1. Ottimizzazione on site*

Facciamo una premessa: il tuo ristorante può comparire tra i risultati di tipo locale anche senza possedere un sito web dedicato. Questa è una grande opportunità che Google My Business offre **gratuitamente** ai ristoratori. Ma avere un sito web è importante poiché rappresenta un asset di proprietà non vincolato a terzi.

Ai fini del posizionamento locale, però, non è sufficiente possedere una scheda local verificata, ma è necessario che quest'ultima sia associata a un sito web dedicato, ottimizzato anche in funzione local, poiché Google ne tiene conto.

**Come si ottimizza un sito lato local?**

Intanto l'attività SEO di cui abbiamo parlato nel capitolo 6 ha un impatto anche in questo ambito local.

All'interno delle pagine del tuo sito devono essere presenti alcuni elementi che riconducano alla geolocalizzazione del tuo ristorante, tra

cui l'indirizzo completo indicante la località, il numero civico, il cap e il numero di telefono con prefisso; inoltre, è opportuno inserire gli orari di apertura del tuo business, una mappa con un campo relativo alle indicazioni stradali (quest'ultima può essere facilmente esportata direttamente da Google Maps, sempre in modo gratuito), le foto del tuo ristorante.
Nel caso in cui tu gestissi un ristorante con due o più sedi (perfino nel caso di una catena con centinaia di sedi) è comunque necessario realizzare sul sito una pagina specifica per ogni sede del ristorante (contenente tutti i dati precedentemente indicati) piuttosto che creare un'unica pagina con l'indicazione di tutte le sedi.
Inoltre ti consiglio di creare, se non già presente, una pagina interamente dedicata al menù del tuo ristorante, in quanto Google potrebbe tenerne conto e visualizzarla anche in relazione alla scheda local della tua attività, come in figura 8.14.

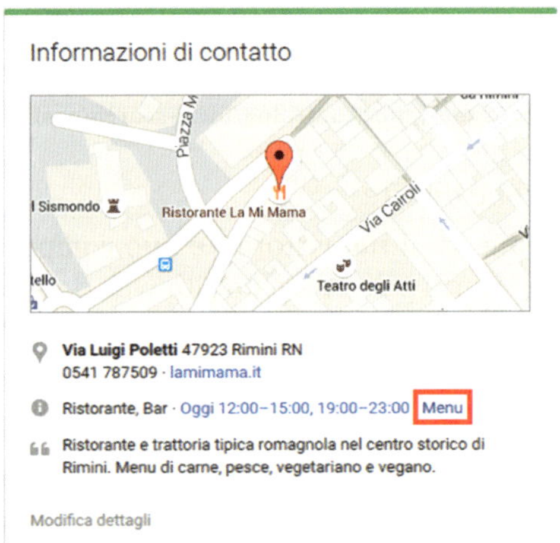


**Figura 8.14. Visualizzazione del menù del tuo ristorante**

Per ora si tratta di una funzionalità che non si può attivare direttamente, in quanto è lo stesso Google, in base ai suoi algoritmi, a decidere se visualizzarla; l'importante è che la pagina menù sia presente sul tuo sito web e che sia segnalata sui social network sia direttamente sia come citazione.

### 8.4.2. È sufficiente l'ottimizzazione lato local del sito web?

Il posizionamento locale, come indicato, beneficia dell'ottimizzazione del sito web lato local, ma può essere influenzato anche dall'autorità generale dello stesso.

Per autorità si intende, oltre ad una ottimizzazione generale del sito in modo che sia perfettamente fruibile dai motori di ricerca e usabile per gli utenti anche dal punto di vista della navigazione da mobile, anche la popolarità dello stesso relativa alla sua presenza più o meno consistente su altri portali di settore e altri siti autorevoli e la sua presenza e condivisione sui vari social network.

### 8.4.3. Citazioni

Un altro fattore che contribuisce a migliorare la visibilità online del tuo ristorante tra i risultati di tipo locale è quello relativo alla **CONSISTENZA DELLE CITAZIONI ONLINE**.

Innanzitutto, cosa si intende per citazioni? Tutti i riferimenti presenti online (su qualsiasi altra fonte presente nel web: siti, directory, portali, geosocial, ecc.) relativi al tuo ristorante in particolare per quanto riguarda il nome, l'indirizzo e/o i recapiti.

Cosa si intende invece per **CONSISTENZA DELLE CITAZIONI**?

Per consistenza si intende la coincidenza dei riferimenti presenti nelle citazioni online. Ad esempio, se il tuo ristorante si chiama *Pincopallino*, è importante che tutte le citazioni ad esso riferite abbiano come riferimento il nome esatto, ovvero Pincopallino e non "Pinco Pallino" o "P. Pallino".

O ancora, se il tuo ristorante è contrassegnato da due numeri civici (con entrate distinte) è necessario che le citazioni siano riferite sempre allo stesso numero civico.

Lo stesso discorso vale per il numero di telefono. Se, ad esempio, avete a disposizione per il vostro ristorante un numero fisso e un cellulare, nelle citazioni online è sempre preferibile che ci sia il riferimento al numero di telefono fisso, anche perché quest'ultimo contiene un importante indicatore geografico, ovvero il prefisso.

Ovviamente, quanto detto finora, ovvero l'importanza della consistenza

dei dati, vale sia nel caso in cui sia tu stesso ad inserirle online, sia nel caso in cui le citazioni relative al tuo ristorante vengano pubblicate online da terzi.
Potresti trovare, infatti, citazioni riferite al tuo ristorante contenenti informazioni non corrette, sbagliate e soprattutto non coincidenti tra loro, quindi non consistenti.
In questo caso, la strategia da seguire è quella di intervenire dove possibile, andando a modificare direttamente le informazioni e, ove non possibile, effettuando una richiesta al gestore del sito in merito all'aggiornamento dei dati.

### *8.4.4. Recensioni*

Anche le recensioni (di cui si parla nel capitolo 12), così come le citazioni precedentemente descritte, contribuiscono a migliorare/accrescere la visibilità del tuo ristorante a livello locale.

Ma cosa si intende per recensioni?
Ogni qualvolta un utente lascia un commento online relativo al tuo ristorante, siamo di fronte ad un esempio di recensione. Gli utenti possono lasciare le proprie recensioni sia su directory, portali, social, ecc. sia direttamente sulla scheda Google+ Local del tuo ristorante.
A seconda del numero di recensioni ricevute e del punteggio delle stesse, la scheda local beneficerà in termini di autorevolezza e quindi di ranking.

Il punteggio delle recensioni viene calcolato su una scala che va da 1 a 5 (contrassegnata da stelline) e visibile direttamente all'interno della tua scheda local (figura 8.15)

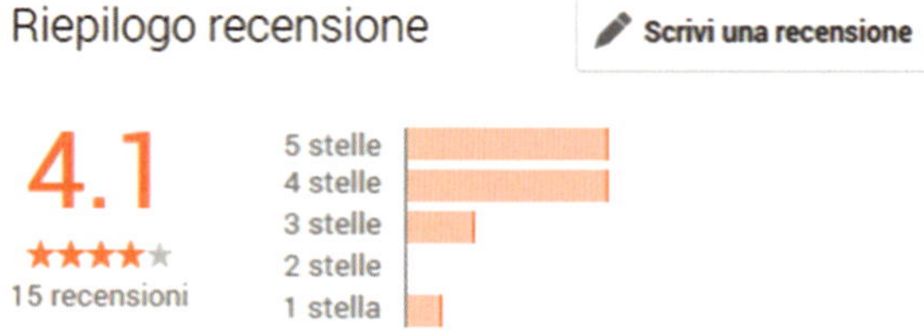


**Figura 8.15. Punteggio recensioni**

È importante sottolineare che il punteggio visualizzato corrisponde al punteggio medio, calcolato da Google sulla base non solo delle recensioni native, ovvero delle recensioni pubblicate direttamente su Google da utenti loggati, ma tenendo conto anche delle recensioni presenti su altri portali autorevoli, quali ad esempio TripAdvisor, trivago, ecc.
Quindi, se sulla tua scheda local visualizzi recensioni solo a 5 stelle, ma il tuo punteggio medio è pari a 4.1, è proprio perché Google tiene conto della globalità di tutte le recensioni presenti online.

È bene precisare che l'importanza delle recensioni non è legata soltanto a una questione di ranking ma è anche un elemento che può influenzare la scelta dell'utente, poiché tutte le recensioni sono immediatamente visibili tra i risultati di ricerca di Google, oltre che sulla scheda local.

In figura 8.16 un esempio di ricerca per la query "Ristorante a Torino".

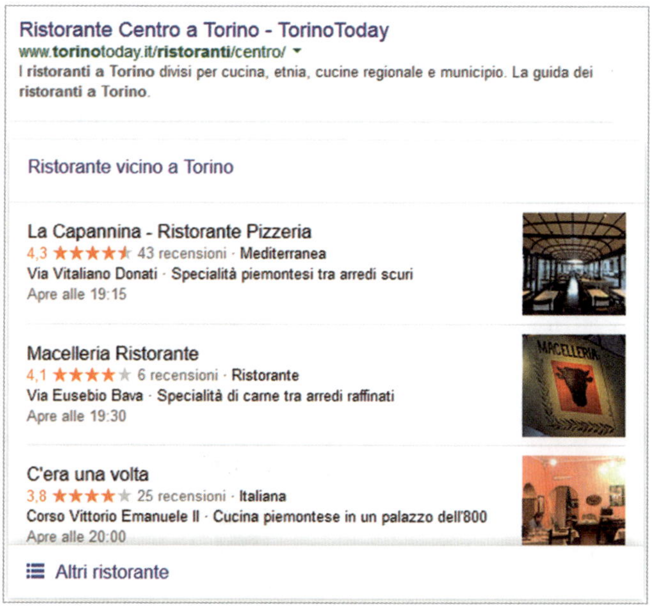


**Figura 8.16. Risultati ricerca "Ristoranti a Torino"**

In figura 8.17 un esempio relativo ad un singolo ristorante, sempre nei risultati di ricerca di tipo locale.

**Figura 8.17. Risultati ricerca per un ristorante specifico**

In figura 8.18 un esempio di recensioni visibili direttamente su Google Maps.

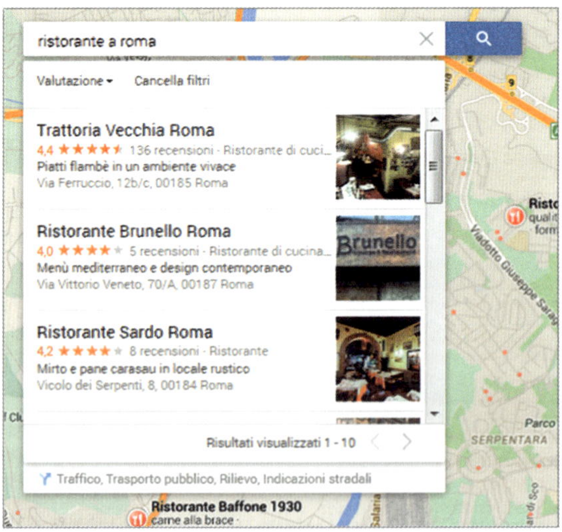


**Figura 8.18. Recensioni su Google Maps**

L'impatto visivo del punteggio medio può influenzare l'utente a optare per il tuo ristorante piuttosto che per un altro.
Inoltre, l'utente può perfino filtrare la ricerca dei ristoranti sulla base del punteggio medio (figura 8.19).

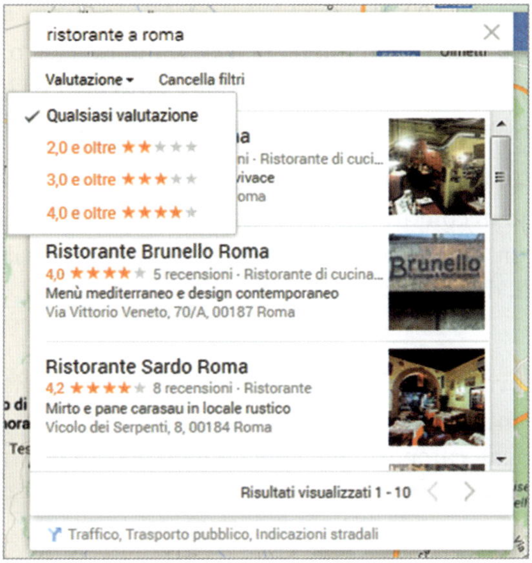


**Figura 8.19. Valutazione utenti**

Ciò significa che, se un tuo potenziale cliente vuole visualizzare su Google Maps solo i ristoranti con punteggio medio superiore a 4 e il tuo ristorante ha una media più bassa (ad esempio 3), non verrà nemmeno visualizzato.

### *8.4.5. Ottimizzazione scheda local*

L'ottimizzazione della scheda Google+ Local associata al sito del tuo ristorante contribuisce in maniera significativa alla visibilità dello stesso tra i risultati di tipo Locale e su Google Maps.

Ma cosa significa ottimizzare una scheda Google+ Local?
Vuol dire compilare correttamente e con criterio tutti i campi messi a disposizione da Google per questo tipo di pagine, in particolar modo i seguenti:

### NOME

Il nome deve essere quello specifico del ristorante e non può contenere parole chiave o indicazione della località aggiunte con il solo scopo di favorire il posizionamento locale.

### INDIRIZZO

L'indirizzo deve essere completo di via, numero civico, cap e città e bisogna prestare attenzione alla posizione esatta del PIN locator, ovvero del marcatore geografico che segnala il ristorante sulla mappa.

### INFORMAZIONI DI CONTATTO

Le informazioni di contatto devono contenere le indicazioni del numero di telefono con prefisso (indicatore geografico di riferimento per Google) e l'URL del sito web.

### CATEGORIA

La categoria deve rispecchiare il più possibile la tipologia del tuo ristorante. Google, infatti, mette a disposizione oltre alla categoria generica "ristorante" anche categorie più specifiche come ad esempio ristorante toscano, cinese, napoletano, ecc.
Queste categorie appaiono mentre si digita.

### ORARI

Sono tra le informazioni maggiormente ricercate dagli utenti e sono subito visibili sia sulla scheda sia sulle mappe. È importante, quindi, che siano segnalati correttamente, altrimenti un cliente potrebbe raggiungere il tuo ristorante durante gli orari di chiusura, con conseguente insoddisfazione e delusione da parte dello stesso. Oltre alla perdita del cliente, incorri anche in un danno di immagine per il tuo ristorante!

### DESCRIZIONE

La descrizione è il tuo biglietto da visita. Attenzione a non renderla troppo autocelebrativa o al contrario troppo scarna. Essa deve contenere i tuoi reali punti di forza, ad esempio specialità particolari, piatti tipici, ecc. Gli utenti sono molto attenti a ciò che leggono e qualora non trovassero riscontro potrebbero contestare quanto scritto.
Quando la scrivi pensa soprattutto a parlare a chi NON ti conosce, questa è la tua opportunità per fare una buona prima impressione.

Oltre a questi elementi, ve ne sono a disposizione degli altri che contribuiscono a migliorare la percezione del tuo ristorante online e a cui bisogna prestare attenzione.

### *8.4.5.1. URL personalizzato*

Impostare un URL personalizzato per la tua scheda local ti permetterà di avere un indirizzo "descrittivo" indicante, per esempio, il tuo brand. In questo modo gli utenti non visualizzeranno un'anonima serie di numeri, caratteristica degli URL non personalizzati, ma un URL ben identificabile.

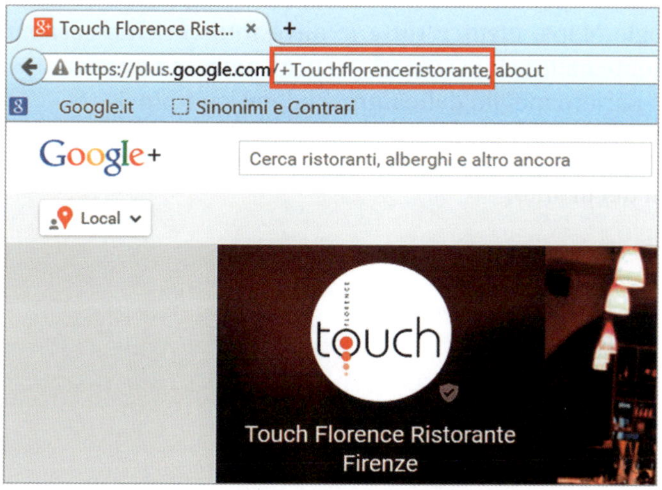


**Figura 8.20. URL personalizzato**

### *8.4.5.2. Immagini e foto*

«*Anche l'occhio vuole la sua parte*» recita un antico proverbio...
Ciò significa che, per attrarre sempre più clienti nel tuo ristorante, è importante prestare attenzione anche a come gli altri ti percepiscono alla prima occasione e quindi a come ti mostri online.
Partendo da questa prospettiva, le immagini associate al tuo ristorante sono un importante biglietto da visita per attrarre nuovi clienti.

Poniamo il caso che un utente cerchi online una query del tipo "ristorante a Milano": se tra i risultati di ricerca si imbatte in foto di ristoranti accattivanti e coinvolgenti, che danno una bella percezione degli interni della location, le probabilità che si interessi al ristorante sono senz'altro maggiori rispetto ai risultati di ricerca che si riferiscono a ristoranti sprovvisti di foto. In quest'ultimo caso, infatti, l'utente avrebbe solo la possibilità di leggere descrizioni o al più recensioni/commenti degli utenti, senza però poter valutare visivamente il ristorante in questione.

Anche nella gestione delle foto e nella strategia "visiva" del tuo ristorante online, Google My Business gioca un ruolo determinante. Nella tua scheda Google+ Local verificata potrai, infatti, gestire il caricamento delle immagini della tua location.
L'immagine del profilo sarà subito visibile online, nei risultati di ricerca e su Google Maps, mentre tutte le altre foto caricate saranno visibili direttamente nelle scheda Google+ Local, nella sezione foto.
Abbiamo parlato meglio delle immagini nel capitolo 5.

Nelle figure 8.21 e 8.22 un esempio di scheda local con immagini e di immagini del profilo.

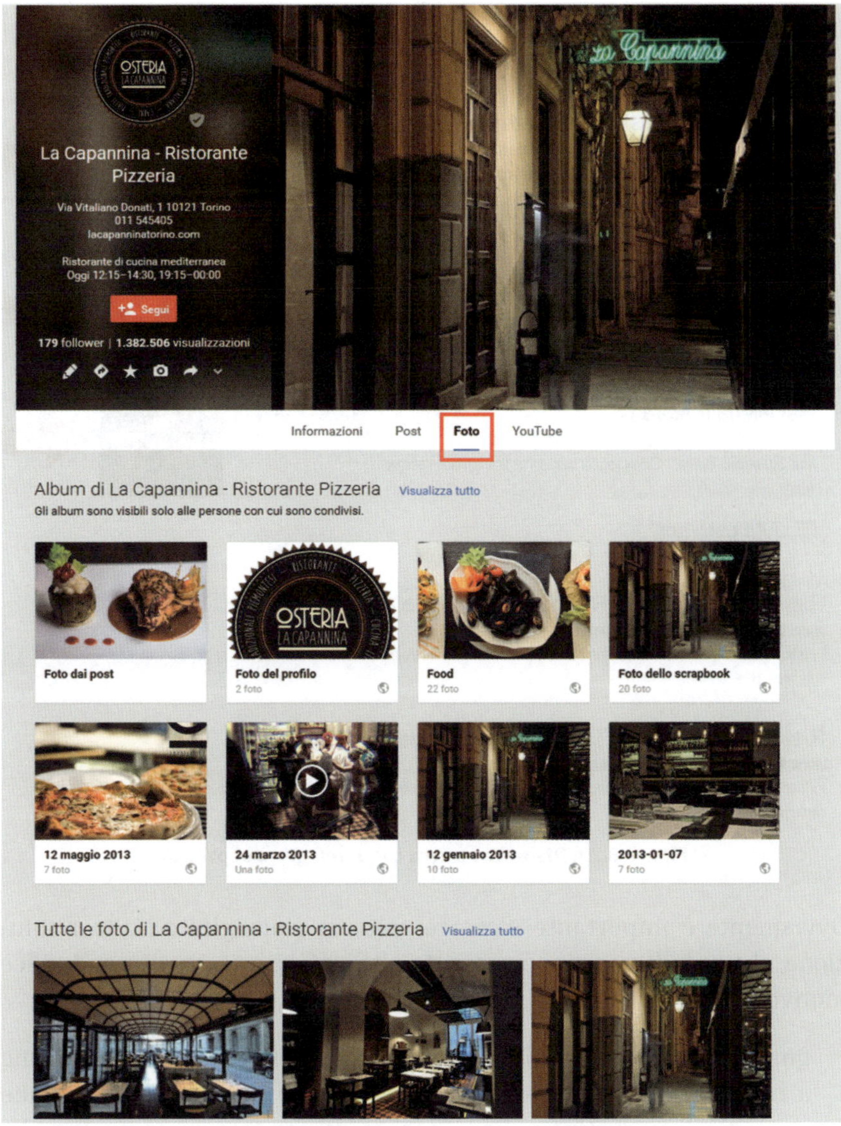


**Figura 8.21. Scheda local con immagini**

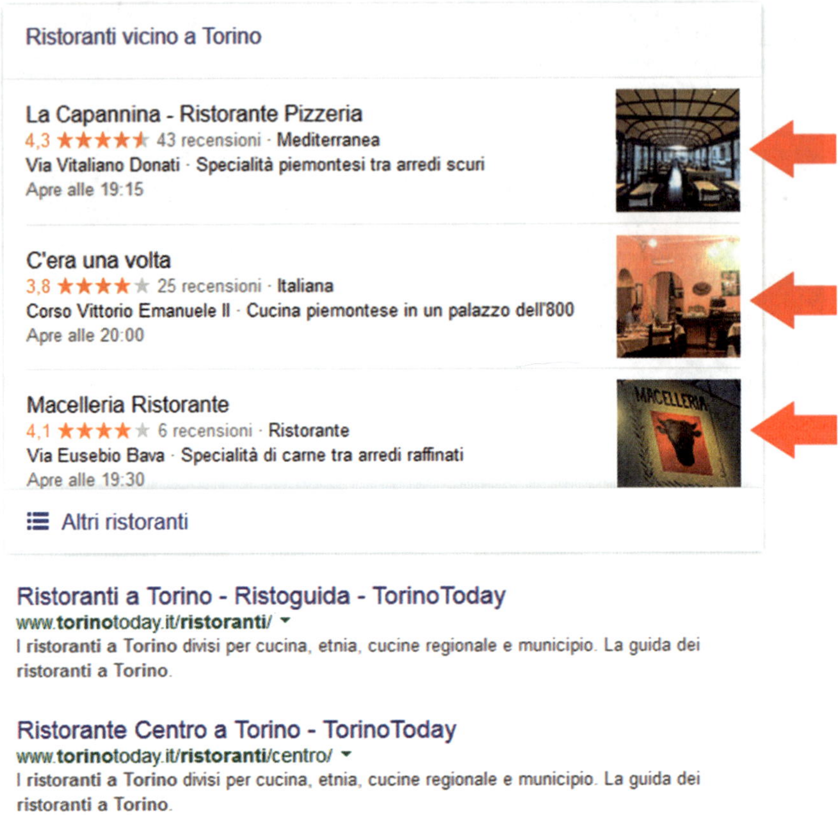


**Figura 8.22. Risultati ricerca con immagini del profilo**

Ovviamente è importante caricare soltanto immagini ad alta risoluzione, che quindi non siano sgranate o sfocate, e questo per un duplice motivo:

- qualsiasi brand deve dimostrate di porre la massima attenzione a tutto ciò che è riconducibile alla sua attività, quindi anche alle strategie di marketing online. Presentarsi con foto sgranate darebbe l'impressione di essere un business poco professionale
- le foto sfocate o sgranate non renderebbero al meglio l'immagine del ristorante e quindi sfumerebbe il tuo obiettivo prioritario, ovvero quello di attrarre nuovi clienti.

N.B. Attenzione a non commettere un errore molto comune, ovvero quello di fornire immagini fake, ritoccate con Photoshop, oppure che non rappresentano il tuo locale.
Caricare immagini ad alta risoluzione non significa pubblicare foto ritoccate del tuo ristorante perché questa strategia può rivelarsi un boomerang a tuo discapito. Il cliente è capace di distinguere tra ciò che vede dal vivo e ciò che ha visto in foto traendo le sue conclusioni. Le eventuali recensioni negative pubblicate online andrebbero a danneggiare seriamente sia la tua immagine sia il posizionamento locale del tuo ristorante.

Nel 2015 Google ha introdotto la possibilità di selezionare la foto o immagine (profilo, logo, copertina) che si desidera far visualizzare su Google Maps e tra i risultati di ricerca a carattere locale.

**Figura 8.23. Scelta della foto per Google Maps**

## BUSINESS VIEW

Con Business View potrai creare un tour fotografico virtuale degli interni del tuo ristorante. Il servizio è a pagamento nel senso che ci si dovrà affidare ad un fotografo certificato Google per poter realizzare il tour fotografico e per caricarlo online sulla tua scheda local.[95]
Il tour virtuale sarà subito disponibile agli utenti sia sulla scheda local

[95] localstrategy.it/fotografi

sia tra i risultati di ricerca e su Google Maps e vi si potrà accedere dal box con su scritto "Guarda gli interni" (figura 8.24). Questo rappresenta indubbiamente un'ulteriore e importante vetrina per il tuo locale, soprattutto se fa della *location* uno dei suoi punti di forza.

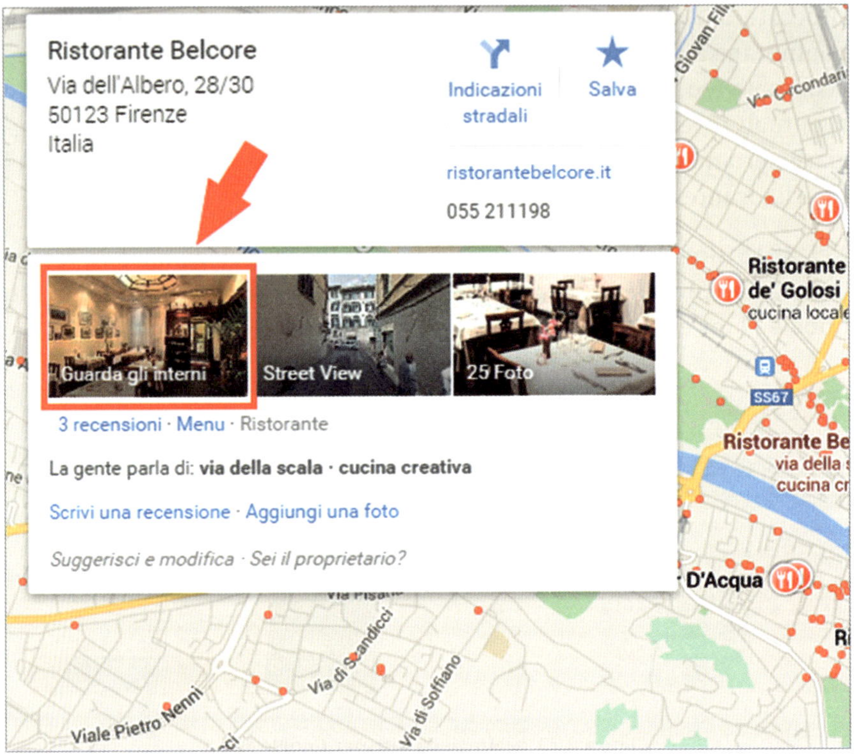


**Figura 8.24. Galleria**

## YOUTUBE

Se possiedi un canale YouTube associato alla tua attività ristorativa hai anche la possibilità di collegarlo alla tua scheda local. In questo modo tutti i video caricati su YouTube saranno disponibili automaticamente anche sulla tua pagina Google+ Local.
Il collegamento tra il canale YouTube e Google My Business ha un duplice valore: è un'ottimizzazione aggiuntiva sulla tua scheda local e un'ulteriore vetrina e mezzo di promozione per il tuo business.

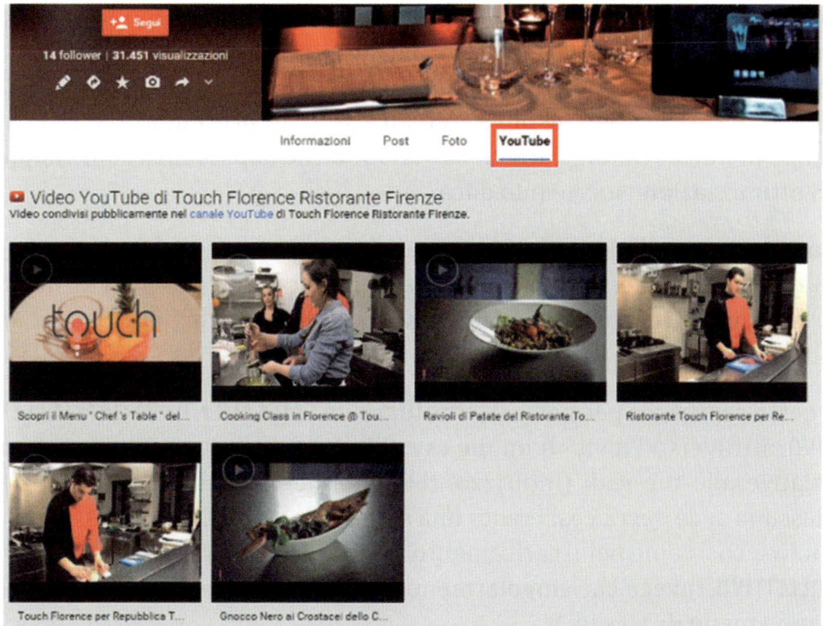


**Figura 8.25. Canale YouTube associato a Google My Business**

## 8.5. Cosa cambia se gestisci una catena di ristoranti?

L'importanza di una strategia di marketing locale diviene tanto più rilevante quanto maggiore è il numero di sedi da gestire relative a un medesimo brand:

- i vantaggi della promozione locale non saranno attinenti a un solo ristorante ma a numerose altre sedi;
- gli investimenti saranno maggiori, ma maggiore sarà anche il ritorno d'investimento;
- avrai a disposizione un bacino di potenziali clienti molto più vasto e i margini di miglioramento del tuo business saranno di gran lunga maggiori, sia in termini di visibilità del tuo brand sia in termini di introiti.

L'ottimizzazione/promozione della tua visibilità locale è imprescindibile sia nel caso in cui la tua catena di ristoranti sia già affermata, sia nel caso in cui sia in fase di lancio o ancora poco conosciuta.

Nel primo caso perché, anche quando un ristorante è molto famoso, deve comunque presentare informazioni, recapiti e orari corretti e aggiornati, in caso contrario rischierebbe di perdere potenziali clienti.
Nel secondo caso perché oltre a quanto detto in precedenza, si rischierebbe di non avvantaggiarsi della visibilità che la presenza sulle mappe e l'ottimizzazione locale può dare.

**La tua catena di ristoranti ha più di 10 sedi?**
In questo caso, per creare le schede local per ogni sede puoi sfruttare il servizio **LE MIE SEDI IN GOOGLE MY BUSINESS** (in inglese *Google My Business Location*).

Questo servizio ti permette di effettuare un **CARICAMENTO DI DATI COLLETTIVO**, attraverso l'invio di un file csv a Google, con tutte le informazioni relative alle tue sedi (indirizzo, telefono, descrizione, foto, ecc.); per ciascuna sede verrà così creata una scheda Google+ Local.
Inoltre, così come per il caricamento, **ANCHE LA VERIFICA AVVERRÀ IN MODO COLLETTIVO**, invece che singolarmente, come è necessario fare quando si hanno meno di 10 sedi.

Il servizio *Le mie sedi in Google My Business* permette anche di creare degli account aziendali, molto utili nel caso si voglia condividere con più utenti la gestione delle sedi.[96]

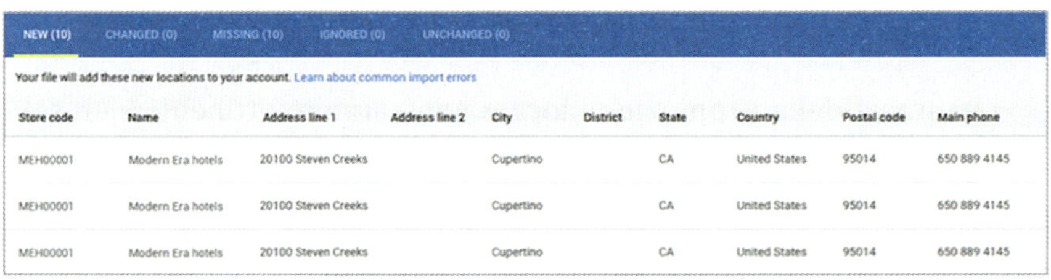
NEW (10) CHANGED (0) MISSING (10) IGNORED (0) UNCHANGED (0)

Your file will add these new locations to your account. Learn about common import errors

| Store code | Name | Address line 1 | Address line 2 | City | District | State | Country | Postal code | Main phone |
|---|---|---|---|---|---|---|---|---|---|
| MEH00001 | Modern Era hotels | 20100 Steven Creeks | | Cupertino | | CA | United States | 95014 | 650 889 4145 |
| MEH00001 | Modern Era hotels | 20100 Steven Creeks | | Cupertino | | CA | United States | 95014 | 650 889 4145 |
| MEH00001 | Modern Era hotels | 20100 Steven Creeks | | Cupertino | | CA | United States | 95014 | 650 889 4145 |

**Figura 8.26.** ***Le mie sedi in Google My Business***

## 8.6 Consigli utili per migliorare la presenza local

Ecco alcuni suggerimenti che dovrebbero essere inclusi nella strategia

[96] Per un approfondimento, si rimanda a: localstrategy.it/google-my-business-locations

di marketing del tuo ristorante e che possono aiutarti a migliorare la tua presenza local online e indirettamente a ricevere recensioni positive sulla tua attività.

#### CERCA DI OTTENERE MOLTE CITAZIONI

È importante che contengano i corretti NAP (nome, indirizzo e telefono): inserisciti nei principali siti e portali della tua zona, nei siti di settore, o se sponsorizzi un evento o altro chiedi di inserire nel loro sito i tuoi riferimenti ecc.

#### LE PUBBLICHE RELAZIONI SONO IMPORTANTI

Permettono di ottenere citazioni, delle volte anche link utili per la SEO.

#### RICORDA AI TUOI CLIENTI CHE IL TUO RISTORANTE È ONLINE

Non solo su Google+ ma anche su altri social e portali, come TripAdvisor. Puoi farlo attraverso una targhetta o un adesivo visibili nel locale, oppure attraverso un foglietto lasciato sui tavoli, dove inviti i tuoi clienti a scrivere una recensione e lasciare un feedback.

#### PREVENTIVA UN WI-FI GRATUITO NEL TUO RISTORANTE

Oppure nel caso in cui sia già presente rendilo libero per i tuoi clienti.
Il crescente utilizzo dei dispositivi mobili, a tutte le ore del giorno, rende questo servizio molto apprezzato dai tuoi clienti e rappresenta per il tuo ristorante un elemento di modernità e innovazione.
In Italia il numero di ristoranti che prevede questo servizio è ancora esiguo rispetto alle altre nazioni europee, eppure con un investimento minimo hai la possibilità di rendere l'esperienza dei tuoi ospiti pienamente appagante.
Un cliente soddisfatto è un cliente che torna e, soprattutto, è un cliente maggiormente propenso a lasciarti dei feedback positivi.

#### PREVEDI DELLE STRATEGIE DI FIDELIZZAZIONE

In questo modo invogli i tuoi clienti a lasciarti il loro numero di telefono o il loro indirizzo mail per inviare loro offerte speciali, news ed eventi, ecc.
I numeri di telefono e gli indirizzi email possono essere utilizzati anche per l'invio successivo di messaggi utili a ricordare ai tuoi clienti che, se lo riterranno opportuno e se soddisfatti del servizio, potranno lasciare un feedback sulla tua attività.

*Esempi concreti*
Un ristorante ha realizzato dei gratta e vinci personalizzati che venivano consegnati gratuitamente ai clienti. Ognuno conteneva un codice che il cliente doveva inviare tramite sms al numero indicato per partecipare alla vincita di una cena gratis.
Tutti i numeri di telefono delle persone che avevano inviato il codice entravano a far parte di un database che il ristoratore ha utilizzato in seguito per l'invio di messaggi promozionali.
Un'altra forma di fidelizzazione è quella della classica carta fedeltà, utilizzata per la raccolta punti che dà diritto a sconti sul menù, ecc. Anche in questo caso, il ristoratore avrà modo di fidelizzare il cliente attraverso l'invio di messaggi promozionali tramite sms o mail.

### PROMUOVI IL TUO RISTORANTE ATTRAVERSO COLLABORAZIONI

Collabora con altre attività commerciali vicine e fatti citare sui loro siti web.

*Esempio concreto*
Un ristorante ha raggiunto un accordo con il cinema più vicino alla sua sede, prevedendo degli sconti ai clienti che presentavano il biglietto dello stesso cinema.
Se un ristorante è poco conosciuto può sfruttare questa formula per accrescere la sua notorietà, ma questa strategia si rivela vincente anche nel caso di un ristorante famoso.
Anche in questo caso vale la regola che "un cliente soddisfatto è un cliente che torna", che ne parlerà bene ai suoi conoscenti/amici e che potrà lasciarti delle recensioni positive sui tuoi canali social, Google+ compreso.

### FAI ATTENZIONE ALLE FALSE RECENSIONI

Non inserire mai recensioni fasulle per il tuo ristorante, per Google non è difficile scovarle e la tua scheda local potrebbe incorrere in una possibile "penalizzazione".[97]
Inoltre, aspetto non meno importante, in caso di pubblicazione di recen-

[97] *Recensioni per un'attività locale*, localstrategy.it

sioni "troppo discordanti dalla realtà", i tuoi clienti sarebbero indotti ad avere false aspettative. Se così fosse, il tutto ti si ripercuoterebbe contro, poiché quanto più grandi sono le aspettative tanto più cresce il livello di insoddisfazione se esse vengono disilluse.
Per ulteriori informazioni ti rimandiamo al capitolo 12 dedicato alla reputazione.

## 8.7. C'è vita oltre Google: gli altri sistemi local

Se pensi che il tuo ristorante abbia bisogno solo di Google, ti sbagli! Per ottimizzare al meglio la tua strategia locale e aumentare il tuo ranking su Google, è indispensabile tenere conto anche di tutti gli altri sistemi di Local Search, alcune volte chiamati **GEO SOCIAL NETWORK**.

Sono tutti quei servizi di mappe online che coniugano le specifiche caratteristiche local con elementi social. Più in particolare, a seguito del crescente utilizzo di Internet attraverso dispositivi mobile, si sente spesso parlare di **SO.LO.MO.** (acronimo di Social Local Mobile), che sta ad indicare la forte correlazione esistente tra l'utilizzo dei social media, l'aspetto local e i dispositivi mobile. Sempre più utenti quando accedono a un social network lo fanno in mobilità, ciò significa che in tempo reale possono comunicare la propria posizione, condividere foto, video, recensioni/feedback e molto altro ancora.

Alla luce di ciò, i geo social network si rivelano degli strumenti molto efficaci all'interno di una strategia di marketing per rafforzare la brand reputation del tuo ristorante. Attenzione però perché, se utilizzati in modo scorretto o improprio, ad esempio creando false aspettative nei tuoi clienti, potrebbero ritorcersi contro: i commenti negativi, le critiche, le polemiche... sono dietro l'angolo e corrono veloci.

I geo social network contribuiscono a migliorare il ranking del tuo ristorante su Google, perché il motore di Mountain View tiene conto, per i suoi algoritmi locali, anche di tutte le recensioni, le citazioni, e le segnalazioni relative al tuo ristorante e pubblicate su questi portali.

Vediamo di seguito alcuni geo social network, oltre a Google My Business. La lista non è esaustiva, vanno considerati i portali locali, portali verticali di cui abbiamo parlato in altri capitoli.

### APPLE MAPS CONNECT

Si tratta di un servizio che permette di segnalare e gestire le informazioni del tuo ristorante sulle mappe di Apple. È molto simile al servizio offerto da Google (GMB) in quanto permette di creare e/o rivendicare una scheda local personalizzata della tua attività, con nome, foto, informazioni, recapiti, contatti, ecc.

Sito web: **mapsconnect.apple.com**

### BING PLACES

Ti dà la possibilità di creare una scheda local per il tuo ristorante, in questo caso collegata alle mappe di Microsoft. Così come Google ed Apple ti permette di inserire il collegamento al sito web, l'indirizzo, i recapiti e le foto.

Sito web: **bingplaces.com**

### FOURSQUARE/SWARM

Foursquare (e l'app spin-off Swarm) merita un'attenzione particolare in quanto dispone di un database di *venue* (ovvero luoghi, tra cui i ristoranti) molto ricco dal quale attingono altri importanti social tra cui Pinterest, Flickr, Twitter, Microsoft e Garmin. In passato lo faceva anche Instagram prima di usare i luoghi di Facebook.
A differenza dei servizi come Google ed Apple, completamente gratuiti, la verifica della scheda local è a pagamento e solo a quel punto potrai avere pieno controllo dei dati relativi al tuo ristorante.

Siti web: **it.foursquare.com** e **it.swarmapp.com**

### YELP

Yelp si sta affermando pian piano anche in Italia soprattutto nelle grandi città. Come per gli altri, può essere sfruttato da un ristorante per rivendicare il proprio spazio local attraverso la creazione di una scheda contenente le informazioni relative al proprio business e contribuire ad accrescere la visibilità dello stesso. È un servizio gratuito. La parte interessante è che i dati di Yelp sono utilizzati da molte altre applicazioni e dai navigatori installati in alcune automobili.

Sito web: **biz.yelp.it**

### FACEBOOK LOCAL

Anche Facebook, tra i più famosi e utilizzati social network al mondo, ti permette di creare delle pagine di tipo local per il tuo ristorante con informazioni specifiche inerenti la tua sede, una descrizione, foto, video, ecc.
I benefici per la tua attività possono essere davvero enormi in quanto Facebook ti permette di sfruttare al meglio tutte le sue caratteristiche social per promuovere la tua pagina e di conseguenza il tuo ristorante.
Inoltre avere una pagina Facebook di tipo Local permette di essere presente nella geolocalizzazione di Instagram.
Di Facebook abbiamo parlato in profondità nel capitolo 7 dedicato ai social.

Sito web: **facebook.com/pages/create**

### PAGINE GIALLE

Se decidi di inserirti su Pagine Gialle (il servizio è a pagamento) devi prestare molta attenzione alla corretta pubblicazione di tutti i dati, in particolar modo telefono, indirizzo e nome, in quanto Google si basa anche sui suoi contenuti per aggiornare il suo database relativo alle schede local.
Quindi se non vi è consistenza di dati nel web, ovvero se i dati che Google trova online non sono univoci e coincidenti, ciò potrebbe andare a discapito della tua promozione locale.
Questo perché gestire una scheda su Google My Business non significa averne il controllo totale: Google può decidere in qualsiasi momento di aggiornare i dati in proprio possesso sulla base di altre fonti disponibili online.[98]

Sito web: **paginegialle.it**

### NOKIA HERE

In precedenza era conosciuto con il nome di Ovi Maps, in seguito come Nokia Maps, attualmente come Nokia Here o semplicemente Here.
È un servizio basato sulle mappe Navteq che ti consente di creare una

[98] *Rivendicare la scheda Google Places Non Basta!*, localstrategy.it

scheda local per il tuo ristorante. Al pari di Google, Nokia Here è anche navigatore satellitare e offre molte altre informazioni tra cui: notizie sul meteo, sul traffico in tempo reale e su molte città (grazie ad un accordo con Lonely Planet); inoltre ha mappe 3D.

Sito web: **here.com**

## 8.8. Google Now, Apple Siri e Microsoft Cortana

Per concludere il capitolo parliamo anche degli assistenti personali intelligenti (in inglese *intelligent personal assistant*), come Google Now, Apple Siri e Microsoft Cortana.

Sono App già preinstallate nei tuoi dispositivi mobili (a seconda del sistema operativo presente) che usano una interfaccia utente attivata con comandi vocali usando il linguaggio naturale per rispondere a delle domande, fare raccomandazioni e compiere delle azioni. La parte interessante di questi strumenti è che offrono informazioni all'utente anche quando non sono richieste, cercando di anticipare quello che vuole, basandosi sulle sue abitudini di ricerca, sulla storia passata e sulla posizione. Quindi andiamo oltre la ricerca.

Questi assistenti cercano di fornire le informazioni giuste al momento giusto, comunicandoti, ad esempio, le condizioni meteo del posto in cui ti trovi prima che inizi la tua giornata, le condizioni del traffico prima che tu vada al lavoro e molto altro ancora...
Inoltre, si integrano con altre app (ad esempio Google Now si integra con Waze offrendo le condizioni del traffico), si possono collegare con il calendario per offrirti informazioni sugli impegni e sui compleanni degli amici.

La parte interessante per la local è quella relativa ai suggerimenti di bar, ristoranti e luoghi di interesse nelle vicinanze di dove ti trovi, basandosi su tue scelte precedenti, recensioni e visite. Utilissimo quando si è in viaggio. Puoi accedere rapidamente a Google Maps (o altri sistemi) per trovare ulteriori informazioni, recensioni o persino per fare una prenotazione (per ora solo negli USA e per quei locali su Open Table).

### APPROFONDIMENTI

- Guida ufficiale di Google riguardante le recensioni: support.google.com/business/answer/3474122?hl=it
- Google My Business, pagine ufficiali di Google: support.google.com/business/?hl=it#topic=4540083
- Sito italiano sulla local search (scusa l'autoreferenzialità, ma attualmente è l'unico): LocalStrategy.it

### TAKE AWAY

- La local search è la ricerca di un esercizio commerciale (ad esempio un ristorante) in una specifica località, o nei dintorni rispetto al luogo in cui ti trovi.
- La crescita della local search è legata al maggiore utilizzo degli smartphone e di altri dispositivi mobili.
- Il numero di ricerche locali è in costante crescita negli ultimi anni.
- Il primo passo per comparire tra i risultati locali di Google è creare (o rivendicare) la propria scheda local con Google My Business.
- È importante ottimizzare e gestire al meglio la scheda local Google My Business per favorirne la sua visibilità online. Le schede duplicate pregiudicano il posizionamento locale della tua scheda local e creano confusione lato utente.
- Diversi segnali influenzano il posizionamento locale della tua scheda local su Google, i più importanti sono: l'attività SEO sul sito, le citazioni e le recensioni. Esistono anche altri sistemi di local search su cui vale la pena essere presenti tra cui Yelp, Facebook Local, Foursquare, Pagine Gialle.
- La presenza su altri portali di settore e su altri geosocial con dati consistenti favorisce il ranking della tua scheda local.

# 9. Email Marketing

*di Luca Bove*

*«Lettere d'amore, contratti e soldi arrivano con almeno tre settimane di ritardo. La pubblicità arriva il giorno stesso in cui è stata spedita».*

Legge della consegna postale, una delle leggi di Murphy di Arthur Bloch

Una delle tecniche di web marketing più "vecchie", ma tutt'altro che superata e che può dare ancora tanto è il mail marketing (più corretto dire email marketing, ma qui lo userò come sinonimo), ovvero inviare dei contenuti, delle comunicazioni o delle offerte particolari a persone che in qualche modo sono venute in contatto con te.
In questo capitolo ti farò vedere quali sono i vantaggi di questa tattica e ti darò alcuni suggerimenti per sfruttarla al meglio.

La strategia da usare è sostanzialmente la stessa sia che si spediscano mail o sms, ovvero "vecchi" mezzi di comunicazione, sia che si utilizzino le evoluzioni della messaggistica come WhatsApp e simili. Ci sono delle differenze nella tecnica e nella lunghezza del messaggio, ma il quadro generale è identico: occorre entrare in contatto con una persona, mantenere una relazione, inviare dei messaggi che siano interessanti e coinvolgenti.

## 9.1. Perché devi considerare il mail marketing

### ASSET AZIENDALE

Prima di tutto perché rientra tra gli asset aziendali importanti. Costruire una lista di email ti permette di avere un numero di contatti tuoi a cui comunicare le novità, i prodotti e servizi. E tutto questo senza dipendere da servizi esterni controllati da multinazionali (parlo di Facebook, Google ecc.).
Una volta costruito un database, rimane tuo per un lungo periodo e, se sei bravo a comunicare, puoi sviluppare la tua strategia promozionale ponendo in secondo piano le altre attività pubblicitarie come AdWords e Facebook Ads.

### PER INFORMARE I TUOI CLIENTI DI EVENTI O NOVITÀ DEL TUO RISTORANTE

Diffondere informazioni interessanti e utili, nuove idee gastronomiche, offerte speciali, serate a tema o servizi in esclusiva è un buon modo per dare importanza al tuo cliente.

### PER MANTENERE LE RELAZIONI

Scrivere è sempre un ottimo modo per mantenere viva una relazione, per ricordare ai tuoi clienti che sei sempre lì, che parli a loro sperando che ti ascoltino e che ti diano opinioni, suggerimenti, plausi o critiche costruttive (meglio via mail e private che pubbliche su TripAdvisor).

### PER AUMENTARE I PROFITTI

Ottimizzando l'inventario, se hai degli ingredienti speciali deperibili o poco comuni puoi inviare comunicazioni mirate.
Oppure puoi mandare offerte per cercare di riempire i periodi più fiacchi e meno redditizi.

## 9.2. A chi inviare le mail

Per prima cosa occorre costruire un buona lista di persone interessate. Evita di comprare indirizzi mail di dubbia provenienza, punta ad avere invece iscritti che in qualche modo ti conoscono e sono entrati in contatto con te. Inviare mail a freddo a degli sconosciuti non funziona, si ottengono dei ritorni ridicoli e in più fai brutta figura.

Quindi prima di tutto punta a far iscrivere le persone che vengono nel tuo ristorante. Banale vero! E perché non lo fai?

Trova una "scusa", una offerta, un bonus per fare in modo che i tuoi clienti lascino la propria email e il proprio numero di cellulare (comprensivi di informativa sulla privacy mi raccomando).
Dai un incentivo ai camerieri o a chi sta alla cassa spingendoli a prendere i dati dei clienti.
Il tuo locale dispone anche di wi-fi gratuito? Richiedi l'iscrizione via mail al servizio per poterne usufruire. In questo modo potrai crearti una lista di email di persone che sono passate dal tuo ristorante e che vedrai solo una volta se non crei una relazione con loro.
Inoltre puoi anche inserire un box per raccogliere mail sul tuo sito web, perché no?

Una buona idea è quella di suddividere le email in base alle tue categorie di clienti. Se ad esempio nel tuo ristorante vengono effettuate spesso cene di lavoro, crea la tua lista per le comunicazioni rivolte a "clienti aziendali"; se si svolgono anche festeggiamenti di eventi, crea una lista apposita di "clienti per eventi"; puoi creare una lista di "clienti abituali" per le comunicazioni più confidenziali e le offerte prioritarie.
Se suddividi le liste in gruppi omogenei puoi mandare delle mail molto mirate e riduci drasticamente il rischio di "rompere le scatole". Evita però di fare troppi gruppi perché poi sono difficili da gestire dovendo creare messaggi separati.
In ogni caso (lo abbiamo ripetuto più volte nei vari capitoli) identificare e conoscere il pubblico di destinazione delle mail è importante per poter essere molto preciso nei messaggi che mandi.
Queste sono solo delle idee, metti in moto la fantasia e adattala al tuo pubblico.

## 9.3. Cosa scrivere

Pensiamo alla struttura della mail, da curare bene.

### MITTENTE

Mettine uno chiaramente identificabile, se spedisci ai tuoi clienti, in modo che chi legge non pensi che stia ricevendo mail da uno sconosciuto.

### OGGETTO DELLA MAIL

È la parte più importante, qui devi far capire subito cosa contiene la mail e convincere il lettore ad aprirla.
Dall'oggetto dipende una buona parte del successo dell'Email Marketing. Se non viene nemmeno aperta, nessuno ne leggerà il contenuto e i tuoi sforzi saranno vani.

### CONTENUTO

La parte più alta della email (che viene chiamata anche *pre-header*) può essere usata per richiamare e rafforzare l'oggetto o altri aspetti importanti. In alcuni programmi di posta (come ad esempio il comunissimo Gmail) viene anche visualizzata subito.
Poi il contenuto dove proseguire seguendo la promessa fatta nell'oggetto.
La mail deve essere ben costruita e strutturata, con paragrafi brevi, titoli, uso corretto di grassetti e corsivi (senza esagerare) per focalizzare l'attenzione su pochi concetti chiave.
L'aspetto grafico è importante ma meglio non esagerare, pensa piuttosto a far sì che la mail si veda bene su tutti i dispositivi in cui la posta viene letta.

Non ti scordare mai di mettere una call to action, un invito all'azione preciso alla fine della mail... anche metterlo all'inizio può essere interessante.

### QUANTO DEVE ESSERE LUNGA UNA MAIL?

Di solito quelle corte sono più gradite, per gli approfondimenti puoi rimandare al sito tramite un link.
Come al solito, però, il tutto dipende da diversi fattori, la tattica migliore è sempre quella di testare e misurare.

### OGNI QUANTO INVIARE UNA MAIL?

Anche qui non esiste una regola, dipende da quanto hai da dire, dalla scelta del pubblico giusto. È bene non inviarne molte per evitare di pressare tanto i tuoi iscritti, ma nemmeno mandarne solo una volta l'anno (ad esempio per gli auguri di Natale), poiché rischiamo di farci dimenticare.

## 9.4. Misura tutto

Tutti i programmi di mail marketing offrono varie statistiche che ti permettono di vedere quante mail sono state consegnate, quante aperte e quanti click sui link ci sono stati. Sono utilissime per capire cosa funziona e cosa no.

## 9.5. Programmi per mail marketing

Non abbiamo parlato di programmi da usare appositamente perché è più importante che ti concentri prima di tutto sulla strategia. Per il resto sul mercato esistono tanti strumenti validi, prova a chiedere al tuo consulente di fiducia se ne usa uno, io te ne segnalo due molto diffusi, alla portata di tutti e dei quali trovi in Rete un sacco di tutorial per l'utilizzo: Mailup, Mailchimp.com

## 9.6. Altri metodi per mantenere le relazioni

Come accennavo prima, la stessa strategia si può attuare con i numeri di cellulare per inviare sms o messaggi su WhatsApp.
Le differenze sono poche: gli sms hanno un costo maggiore delle mail, ma il tasso di apertura è molto più alto, poiché arriva in un dispositivo personale che portiamo sempre appresso. Proprio per questo motivo dobbiamo fare molta attenzione a mandare i messaggi giusti alle persone giuste evitando lo spam. Nel caso di messaggistica privata il contenuto dovrà essere breve ed essenziale.

Ora lasciamo spazio a Guglielmo Arrigoni esperto di mail marketing e ideatore del progetto ClienteDiretto.com.

*Guglielmo Arrigoni* ⌘

### EMAIL MARKETING: CONSIGLI PRONTI ALL'USO PER INVIARE EMAIL VINCENTI

L'email marketing funziona ancora?
Spesso si sente dire che ormai l'email è morta, in quanto si tratterebbe di uno strumento obsoleto completamente rimpiazzato dai social media.

⌘

E invece...

I **proprietari di ristoranti** non sanno quanto utilizzare l'email possa rappresentare per loro un incredibile vantaggio per aumentare concretamente la marginalità dei loro profitti. Ma come funziona tutto ciò?
In questo approfondimento, focalizzerò l'attenzione sui benefici che l'email marketing sa portare in modo certo ad attività di ristorazione come la tua.

Una delle principali ragioni per sfruttare questa strategia di marketing è il suo eccezionale livello di personalizzazione. Le email ti offrono l'opportunità di costruire un rapporto diretto e costante nel tempo con i tuoi clienti. Ma non solo.
Ecco alcuni ottimi motivi che ti confermeranno perché non dovresti escludere questa strategia dalle tue attività di marketing:

- inviare email è meno costoso rispetto ad altre forme di pubblicità
- i messaggi email possono essere inviati facilmente da ogni luogo e in qualsiasi momento del giorno
- le email rimangono nella casella di posta del tuo cliente fino a che non le leggerà
- le email sono perfette per creare una connessione diretta con i tuoi ospiti
- si tratta di un incredibile modo per comunicare con i tuoi clienti, che potranno rispondere, fare domande e interagire con te
- infine, eh già: l'Email Marketing funziona ancora ed è decisamente efficace!

**Cosa può fare l'email marketing per il tuo ristorante**
Far varcare la soglia del tuo locale per la prima volta a un cliente può risultare piuttosto costoso.
Considera il prezzo della pubblicità: il costo della grafica, il costo della stampa di materiale o di altre forme di promozione, in pratica hai bisogno di più commensali solo per pareggiare i conti. Buoni sconto e coupon speciali possono portarti nuovi clienti, ma possono anche intaccare seriamente il tuo margine di profitto.
Nota poi che non tutti questi nuovi clienti sceglieranno di tornare a mangiare nel tuo ristorante: magari non si sono trovati benissimo, o semplicemente si tratta di persone che non cenano fuori spesso.
La soluzione?

**COLTIVARE UNA BUONA BASE DI CLIENTI ABITUALI, CHE TI PORTANO PROFITTI SENZA ULTERIORI COSTI DI ACQUISIZIONE.**

Questo non solo abbassa i tuoi costi, ma clienti di questo tipo, che ti conoscono e ti scelgono costantemente nel tempo, comportano un ulteriore vantaggio, ossia la migliore delle pubblicità: il passaparola.

Tuttavia, questo è più facile a dirsi che a farsi. Puoi anche offrire cibo delizioso e un ambiente confortevole, ma il semplice ricordo di un buon pasto dura poco e poi, siamo onesti: è pieno di ristoranti, là fuori.

Molti ristoratori incrociano le dita e sperano che il servizio sia piaciuto, i piatti pure e il conto anche, e si augurano quindi che quei nuovi clienti decidano da sé di tornare ripetutamente nel tempo, divenendo autonomamente clienti abituali.
Ma a te questo non basta.
Tu vuoi fare un passo avanti, perché sai bene che incrociare le dita e offrire un servizio impeccabile, purtroppo, non è sufficiente. Ecco perché stai leggendo queste linee guida sull'Email Marketing, perché qui c'è quella soluzione che può fare una differenza significativa per i tuoi profitti.

**Perché i buoni sconto non bastano**
Nel momento in cui vuoi acquisire nuovi clienti o incentivare gli attuali a tornare a scegliere il tuo ristorante anziché quello dei tuoi concorrenti, la cosa più logica da fare – sembra – è iniziare con l'offrire un bello sconto. E così si dà avvio a iniziative promozionali come buoni speciali per una certa data, per il compleanno, per una specifica festività, ecc.

I buoni sconto sono un ottimo sistema per incentivare l'affluenza verso il tuo locale, ma ricordati che se tutti i clienti scegliessero un ristorante in base al prezzo più basso andrebbero tutti al fast food.

La tua differenziazione non deve giocarsi per forza sul prezzo, anzi. Non entrare nella logica della guerra al ribasso.

**Cosa funziona meglio**
Cos'è l'ingrediente segreto che rende il tuo ristorante realmente speciale?
Sicuramente **tu hai qualcosa che i tuoi concorrenti non hanno**. No, non parlarmi ora di "più qualità e convenienza", "esperienza pluriennale nel settore". Scava a fondo, ragiona su cosa davvero ti differenzia ("qualità" ce l'hanno tutti – almeno a parole – per cui non è più un valore, ma parole al vento che dicono poco o niente ai tuoi clienti).

Individua quegli elementi *reali* che riporteranno i tuoi clienti a varcare la soglia.

Insomma, quel tocco personale su cui puntare. Ovviamente non sempre è possibile comunicare forte e chiaro i tuoi punti chiave a un cliente che viene a mangiare da te solo una volta. E se anche fosse possibile, così come sono entrati velocemente nella sua mente, altrettanto velocemente verranno dimenticati.

E qui entra in gioco l'Email Marketing.

**L'invio regolare di email nel tempo ricorda ai clienti che tu sei un'opzione.** Che ci sei ancora, e ci sei con quei punti di forza che solo tu possiedi. Punti di forza che evidenzi all'interno dei tuoi messaggi email.

Grazie a questa forma di comunicazione **trasformi la prima impressione dei clienti in fedeltà nel tempo**. Ottenendo di fatto commensali che torneranno, riducendo i costi per l'acquisirne di nuovi.

**Interessante. Ma come si fa?**
Nelle prossime righe troverai spunti e idee di pronto utilizzo su come utilizzare in modo efficace le email per distinguerti dai tuoi concorrenti e aumentare i tuoi profitti.

## STEP 1: RACCOGLI ISCRITTI PER LA TUA NEWSLETTER

Il tuo ristorante possiede di certo molte qualità meravigliose da pubblicizzare, ma non farà molta strada se non dispone di un pubblico redditizio a cui raccontarle.
Le campagne di Email Marketing per il tuo ristorante iniziano con **l'iscrizione volontaria dei clienti alla tua newsletter**.

Queste persone, che chiamiamo iscritti, verranno automaticamente inserite nella tua lista e inizieranno a ricevere le tue email. Ma come puoi raccogliere i loro indirizzi di posta elettronica? Ecco alcuni esempi:

- sul tuo sito web
- all'interno del tuo ristorante
- tramite i servizi di consegna o di asporto
- sui menù o in altri spazi promozionali
- nel momento in cui le persone prenotano un tavolo.

## STEP 2: CREA CAMPAGNE EFFICACI DI EMAIL MARKETING

Bene, ci sei. Ora hai messo a punto tutti i canali per ottenere gli indirizzi email dei tuoi clienti o potenziali clienti. Si stanno iscrivendo.

E adesso?
Adesso è arrivato il momento di dare vita alle tue email, che si compongono sia di una parte testuale che di una parte grafica. Iniziamo dagli elementi statici, ossia gli elementi che devono essere presenti costantemente in ogni tua email.

**Elementi statici da inserire sempre**
- menù
- come arrivare
- buoni regalo
- prenotazioni
- orari di apertura
- calendario degli eventi.

**Elementi variabili**
- immagini
- buoni sconto
- un po' di cultura sulla tua azienda.

**Esempi**
Ecco alcuni buoni esempi da cui prendere ispirazione.

NOODLEGRAM
Our Food • About Us • Nutrition • Locations • Gift Cards • News • Fans
IT'S NEW! IT'S AMAZING!
And it's all for you!
We have a brand spankin' new online ordering system and we want you to try it. It's easy to use, looks pretty darn cool and most importantly, you're clicks away from your favorite dish.
Customize any dish to your exact specifications. Add extra stuff, take away things you don't like and save your favorites...easy peasy.
All our items are available online. Desserts, appetizers, seasonal dishes – you name it.
Everything is cooked to order and ready for pick-up at your selected time whether it's today or two days from now.
NOODLES & COMPANY
Whatever you're craving we speak your language

RubyTuesday
SO CONNECTED
RUBY TUE GO
GIFT CARDS
RESERVE A TABLE
LOCATIONS
THE MENU
THE BAR
GIVING BACK
OUR STORY
Ruby Minis
25%
OFF YOUR ENTIRE FOOD PURCHASE
PLEASE PRESENT COUPON AT TIME OF ORDER
Receive 25% off your entire food purchase. Please present coupon at time of order. Not valid with limited time offers, daily specials, other coupon or holiday offers, gift card purchases, for alcoholic beverages, or in conjunction with our GiveBack Program. Limit one coupon per check. Duplicated or altered coupons will not be accepted. Tax and gratuity excluded. Valid for dine-in only. Coupons cannot be used multiple times, resold or traded and have no cash value. Coupon is only valid to SoConnected members and will not be valid if downloaded by a third party website. Excludes Hawaii, Manhattan, and airport locations.
VALID THROUGH: APRIL 28, 2013
RT HXTXU5GR8
THIS UNIQUE CODE CAN ONLY BE USED ONCE

**Concludendo**
Ricorda che quanto ti ho detto rappresenta un forte vantaggio verso tutti quei ristoranti che non sfruttano a loro favore le email.
Si tratta di consigli di pronto utilizzo, che puoi mettere in pratica fin da subito e che faranno per te un'abissale differenza per aumentare la marginalità di profitto del tuo ristorante.

E quindi... buona messa in pratica!

### APPROFONDIMENTI

- Ebook tematici gratuiti sul mail marketing: mailup.it/diventa-esperto/leggi.htm
- *Mail marketing* di MagNews DienneA

### TAKE AWAY

- L'Email Marketing è molto importante perché crea un asset aziendale e alleggerisce la dipendenza da altri strumenti di marketing.
- Far ritornare i clienti vecchi, quelli che già ti conoscono, nel tuo ristorante è più facile che acquisirne di nuovi. Lo strumento principe per fare ciò è proprio l'Email Marketing.
- Costruisci una lista di persone interessate sfruttando tutti i modi che ti vengono in mente rispettando sempre la privacy.
- Crea diverse liste di email in base alle diverse tipologie di clienti del tuo ristorante.
- Struttura al meglio le tue email, ogni singolo elemento può contribuire al successo o meno della tua strategia.

# 10. Vendita online – Rendere produttivi tecnologia e digitale

*di Nicoletta Polliotto*

*«Non preoccupatevi: saremo noi a dirvi quando cerchiamo un prodotto. Lo faremo a modo nostro. Non a modo vostro. Fidatevi: sarà meglio per voi».*

*New Clues*, Doc Searls e David Weinberger

## 10.1. Ristorazione e digitale: colmare il divide

La digitalizzazione nell'area della ristorazione arriva in ritardo rispetto al turismo, come accennato all'inizio del libro. Soprattutto rispetto alle esigenze e alle abitudini d'acquisto degli utenti.
Ci riferiamo a tutta la filiera produttiva: dall'approvvigionamento, alla gestione di magazzino e risorse umane, alla comanda elettronica. Dal sistema di restaurant booking e food ordering alla promozione e comunicazione sul web (sito web, social media, blog aziendale, food app).

Ma partiamo dal fondo ossia dalla vendita del tuo servizio.

## 10.2. Le opportunità del restaurant booking online

La diffusione del **RESTAURANT BOOKING** – utilizzo di sistemi per la prenotazione online del tavolo – è destinata ad aumentare.
Lo si capisce analizzando le mosse strategiche delle grandi OTA e dei metamotori,[99] i quali stanno allargando la loro sfera di influenza verso piattaforme e applicazioni specifiche per la prenotazione.
Probabilmente, una delle maggiori cause di resistenza alla digitalizzazione in questo settore, a differenza del turistico-alberghiero, è che il ristoratore ha sempre avuto il controllo diretto sul rapporto con i clienti. È meno incline all'intermediazione delle agenzie nella gestione delle richieste e fa fatica ad accettare i costi di intermediazione e i rischi di overbooking o di prenotazioni non amministrabili in prima persona.

La storia recente, però, è questa: nel maggio 2014, *TripAdvisor* acquisisce il sito francese *La Fourchette* per 140 milioni di dollari e a inizio 2015 lancia la versione italiana chiamata *TheFork*,[100] in seguito all'acquisizione e integrazione di restOpolis e MyTable. Acquisisce anche *Dimmi*, portale di prenotazione tavoli australiano.
*Priceline*[101] nel giugno 2014 compra OpenTable per 2,6 miliardi di dollari, accaparrandosi così questo sito di prenotazioni che conta più di 31.000 ristoranti nel mondo.

Il crescente interesse per il restaurant booking online è una giustificata risposta al bisogno dell'utente di sistemi di prenotazione non tradizionali, rapidi e convenienti. Richiesta che, grazie alla diffusione del web e degli smartphone, converge nell'e-commerce e nella crescita delle prenotazioni in mobilità.
In questo nuovo scenario, è evidente come anche il mondo della ristorazione si debba evolvere raggiungendo i clienti nel loro habitat naturale.
Il mercato è in costante evoluzione, anche perché acquisizioni e fusioni sono all'ordine del giorno.

99 Hai letto sicuramente qualche cenno introduttivo nel capitolo 2 del nostro manuale
100 thefork.it
101 Priceline è l'azienda che possiede booking.com

Ne è un esempio il caso di *Zomato* – uno dei maggiori servizi a livello mondiale per la ricerca dei ristoranti online – che ha acquistato *Cibando*, food app italiana con 82.000 ristoranti registrati. Zomato si è espanso in tutto il mondo anche grazie all'acquisizione della app *Urbanspoon*, affermandosi così anche nel mercato di Stati Uniti, Canada e Australia.
Il sito di recensioni *Yelp* ha esteso il suo mercato acquistando *Eat24*.
Eccellente prestazioni si riscontrano nel sistema di *Book a Table*, in partnership con Michelin, che si presume presto diffuso anche in Italia.

Bene, ti abbiamo un po' tediato con macro-acquisizioni e costosi movimenti di capitale, per farti comprendere quale sia il giro d'affari che si muove attorno alla prenotazione online del tuo ristorante.
Il nostro obiettivo è stuzzicare la tua curiosità, la volontà a informarti e valutare l'aggiornamento dei tuoi sistemi per riservare il tavolo. Inizia a concepire la tua presenza online come un kit di strumenti per migliorare le tue performance.

Chiudiamo questa parte riepilogando le tre macro categorie di strumenti per il restaurant booking online:

- **online booking diretto**: servizio di prenotazione dedicato, sul sito web del tuo ristorante
- **restaurant review e recommendation app:**[102] con prenotazione (partnership con portali specializzati)
- **piattaforme online dedicate** alla prenotazione dei tavoli (es. TheFork, OpenTable, ecc.).

## ◆ VENDERE CON I METASEARCH: INTERVISTA A THEFORK

Risponde **Almir Ambeskovic**
(A.A.), Country Manager per l'Italia di TheFork, brand di TripAdvisor.

[102] Food App, aggregatori di recensioni o liste di ristoranti geo-localizzati. Si veda ppendice 2 dedicata alle Food App

**Nel maggio 2014 TripAdvisor acquisisce La Fourchette, portale franco-spagnolo e a giugno lancia Instant Reservation. Puoi spiegarci come funziona?**

*A.A.*: Con l'acquisto de LaFourchette, restOpolis e MyTable.it, TripAdvisor ha lanciato *Prenotazione Istantanea* sul suo stesso portale e *TheFork*, piattaforma dedicata alla prenotazione online di ristoranti.

TheFork è attualmente attiva in Francia, Spagna, Belgio, Svizzera e Italia e conta oltre 20.000 ristoranti partner in Europa, di cui 5.000 in Italia. Gli utenti possono prenotare un tavolo in modo facile e veloce, via:

- sito web TheFork
- app dedicata per Apple iOS e Android
- prenotazione istantanea su TripAdvisor.

TheFork permette agli utenti di scegliere il ristorante in base alla zona, ai prezzi, alle disponibilità, al tipo di cucina e alle recensioni degli utenti. È anche possibile vedere i menù dei ristoranti e approfittare di offerte speciali e sconti fino al 50%.

Con la prenotazione online, gli sconti sono applicati automaticamente alla cassa, eliminando l'esigenza di dover presentare un coupon al ristorante. Quali i vantaggi per i ristoratori? Semplice: TheFork permette l'esposizione a milioni di visitatori unici al mese attraverso la pagina dedicata su TripAdvisor e, al contempo, mette a loro disposizione soluzioni di software gestionali per massimizzare il business online grazie a prenotazioni flessibili, sconti e strumenti per l'amministrazione dei dati.

**Quali sono i termini economici per il ristoratore, in spese e percentuali di intermediazione? Quali i vantaggi in vendite e branding?**

*A.A.*: La nostra piattaforma permette ai ristoranti di aumentare il numero di prenotazioni, migliorare la qualità e l'efficienza del servizio e fidelizzare i propri clienti. Il ristorante paga una quota solo sulle prenotazioni effettuate e completate, pari circa al costo di un coperto. C'è poi un canone mensile per la versione premium, che offre un maggior numero di servizi tra cui la possibilità di gestire la pianta della sala o di progettare campagne marketing per fidelizzare i clienti.

**TheFork in Italia: qualche anticipazione su dati e strategie aziendali?**

*A.A.*: Il nostro obiettivo è rendere l'Italia il paese europeo leader nel settore delle prenotazioni online di ristoranti, per ovvi motivi: TheFork conta qui già 5.000 ristoranti e speriamo di raggiungere quota 7.500 entro la fine dell'anno 2015. Desideriamo affiancare il ristoratore per sfruttare al meglio le opportunità offerte dalla tecnologia. Non solo le prenotazioni online, ma come anticipato, anche tutta un'altra serie di strumenti che possano migliorare il business a 360°. I numeri parlano chiaro: nel 2014 TheFork ha contribuito a portare circa 300 milioni di euro di ricavi ai ristoranti che fanno parte del suo network.

La ristorazione italiana ha dunque l'opportunità di vincere una grande scommessa: da un lato gli utenti sono tra i più attivi in Europa nell'utilizzo dei dispositivi mobile e si informano in rete per compiere i propri acquisti, dall'altro abbiamo un patrimonio gastronomico unico per qualità e quantità.

Tecnologie quali la nostra possono realmente dare slancio al settore e migliorare l'esperienza dei consumatori.

**Utilizzando il vostro servizio, quali sono gli strumenti per la prenotazione tavolo che mettete in atto?**

*A.A.*: Sistema di prenotazione su TheFork (piattaforma desktop + App), presenza su TripAdvisor, opportunità di includere il modulo per le prenotazioni anche sul website e sulla brand page Facebook del ristorante. Per il singolo ristorante, creare un sistema proprio di prenotazioni su sito web si può rivelare una strategia costosa che presuppone un posizionamento molto forte. Quella di affidarsi a un soggetto terzo mi sembra, per molte strutture ristorative, la strada più appropriata.

La nostra soluzione punta ad aumentare le prenotazioni, organizzare i servizi e fidelizzare i clienti. Si fonda sulla geo-localizzazione, appoggiandosi alle mappe di Google.

Mettiamoci per un attimo nei panni del nostro prospect. Immaginiamo di essere un cliente di Roma che vuole prenotare un ristorante ad Arezzo, per visita turistica. Come può procedere attraverso la vostra piattaforma? Può digitare la città di destinazione? Il nome del ristorante? Come rispondono in questo caso sia la piattaforma da desktop sia la app da mobile?

*A.A.*: È molto semplice. Per la versione desktop è sufficiente andare su www.thefork.it. In alto appare un form dal titolo *Prenota un ristorante*. L'utente compila tutti i campi secondo le sue preferenze:

- dove vuole prenotare (in questo caso Arezzo)
- quale tipo di cucina desidera
- data e ora preferite
- numero di persone.

Una volta cliccato il tasto *Prenota un ristorante* si apre un elenco di possibili locali. Il nostro prospect può sfogliarlo e scegliere quello che più gli aggrada o migliorare la ricerca grazie al menu sulla sinistra *Affina la ricerca*.
Cliccando sul nome di ciascun ristorante, ha la possibilità di vederne tutte le caratteristiche: dalla mappa per localizzarlo alle recensioni.
Dopo aver navigato e scelto, l'utente clicca sul nome del ristorante preferito e sulla destra appare la scritta *Prenota un tavolo* con le varie disponibilità di fasce orarie e numero di persone. Non resta che confermare la prenotazione cliccando sul tasto *Prenota un tavolo*, inserire i propri dati (nome, cognome, email e telefono) e completare l'operazione.
Sull'app il processo è molto simile. Si comincia con l'indicare la città nel campo di ricerca in alto, poi la data, l'ora e il numero di persone e a questo punto si ottiene l'elenco dei ristoranti disponibili. Anche qui si inseriscono i dati personali (nome, cognome, email e telefono) e si clicca su *Completare l'operazione*.
E poi, buon appetito!

◆ ◆ ◆

### 10.3. Le evoluzioni del food delivery ordering

Non pensare che la prenotazione del tavolo sia fantascienza: anche in Italia questo processo è iniziato, non limitandosi alla cena al ristorante ma coinvolgendo il **food ordering online** per il pasto consegnato a casa o in ufficio (food delivery) o preparato per l'asporto (take away).

Le prime a comprendere la potenzialità della prenotazione online dei piatti con consegna a domicilio sono state le grandi catene di pizzerie d'asporto americane: Pizza Hut, Domino's e Papa John's, che utilizzano sistemi di prenotazione online sin dalla fine degli anni '90.

I portali di Food Ordering, che raccolgono numerosi ristoranti e consentono all'utente di scegliere tra diverse cucine, nascono nel 1998 con Alloresto, in Francia. Nel 2001 è la volta di JustEat in Danimarca, mentre in Italia il fenomeno si diffonde nel 2007 con ClickEat. Spesso affiancano le due possibilità: consegna a domicilio e take away.
I più noti a livello mondiale sono JustEat, GrubHub, UberFRESH, Eat24, mentre in Italia sono attivi, oltre a JustEat, Pizzabo[103], CliccaeMangia, CosaOrdino e molti altri.

*UberFRESH*, inizialmente solo a Los Angeles, è approdato in Europa, a Barcellona, con UberEATS, poi diffuso anche a Chicago e New York City. Uber, dal trasporto di persone alla consegna di food, sta cavalcando un'onda perfetta. La sua forza? La velocità di consegna.

### 10.3.1. Notizie dell'ultima ora

A proposito di consegna rapida, hai presente il servizio *Prime Now* di Amazon per la consegna entro 2 ore di prodotti freschi e cucinati? Dall'estate 2015 è stato stretto un accordo con Eataly per la consegna sperimentale in New York City dei prodotti di qualità di marchio italiano. Altro movimento di colossi che non deve passare inosservato.

### 10.3.2. Food delivery ordering in Italia

In Italia il maggior numero di ordini riguarda la pizza d'asporto, ma al secondo posto con il 30% di ordini si attesta la cucina cinese. La terza piazza è aggiudicata al sushi, mentre la novità di tendenza è il cibo Made in USA, seguito dalla cucina tipica e regionale. In questo panorama anche il food packaging si movimenta per rispondere alle nuove esigenze nel take away.[104]

[103] PizzaBo è stato recentemente acquisito dai tedeschi di Rocket Internet, appassionati di pizza?

[104] Il mercato del packaging per il food deve stare attento a diversi fenomeni di tendenza nella ristorazione: il take away, la consegna a domicilio, lo street food, il doggy bag

### *10.3.3. Vantaggi del sistema di food delivery ordering online*

I portali di food ordering possono essere una straordinaria opportunità per i ristoratori: consentono di raggiungere un'audience maggiore rispetto alla propria clientela; incrementano le prenotazioni da mobile, anche per chi non ha un sito web responsive; offrono visibilità con una vetrina interessante; diminuiscono il numero delle chiamate telefoniche, consentendo un'ottimizzazione del lavoro.

*Ricorda che il mercato online sta vivendo un momento di grande crescita rispetto a un settore che è ancora in evidente flessione.*
Il cliente, dal canto suo, gradisce questo nuovo sistema di prenotazione, adatto ai moderni stili di vita, per comodità nella ricerca di un ristorante vicino, rapidità nell'individuazione di piatti e prezzi, consegna garantita a casa o sul posto di lavoro, in orari stabiliti e senza alcuna perdita di tempo.
In un unico sito web sono spesso proposte numerose cucine diverse e l'utente può scegliere sul momento cosa desidera mangiare. Facile, no?

Il nostro consiglio è quello di valutare l'offerta di food delivery e/o di take away accuratamente. Se è un servizio che ancora non offri ma stai progettando di attivare, considera come iniziale strategia distributiva e di testing la tua presenza su questi portali. Risolvono il problema iniziale di far conoscere la tua nuova offerta e offrono una piattaforma di e-commerce funzionale e sicura, sia per te sia per il tuo cliente.

## 10.4. Vendere con i flash sales site

Li chiamano Deal Site, Flash Sales Site o Gruppi d'Acquisto Online. Croce e delizia dei ristoranti, in realtà hanno raggiunto ogni area merceologica e ogni nazione del pianeta, con le loro offerte. Il successo di questo format è straordinario: vengono venduti beni e servizi scontati o proposti con offerte vantaggiose e allettanti, suddivisi per città.

Affari che possono intrigare e conquistare sia abitanti della città dove è localizzato il tuo ristorante sia utenti on-the-go, turisti o professionisti di passaggio. Come tutte le strategie di marketing, vanno studiati, integrati e utilizzati seguendo metodo e obiettivi del proprio business. Non commettiamo l'errore di osannarli o condannarli a priori.

### *10.4.1. Come utilizzare Groupon e piattaforme affini*

Groupon, Groupalia, LetsBonus, PoinX, questi i principali flash sales site. In ognuna di queste piattaforme sono presenti tre attori:

- **deal site**: tratta con il ristorante vantaggiose condizioni, con funzione di intermediario, acquisendo una percentuale sulla vendita
- **ristorante**: offre i suoi servizi scontati, accedendo a una visibilità e a un'esposizione del brand consistente
- **cliente**: compra a condizioni imperdibili. Effettua un pagamento anticipato e scarica un coupon da presentare al ristorante.

Il beneficio per il ristoratore sta nell'opportunità di vendita e di marketing, soprattutto nelle fasi più critiche di distribuzione del prodotto e/o di lancio delle proprie offerte commerciali.

La forza di questi portali è duplice: grande distribuzione (Email Marketing agli iscritti, advertising su Google, sui social media e sui principali canali mediatici) e un alto indice di gradimento degli utenti che cercano soluzioni economiche per acquistare esperienze culinarie che spesso non potrebbero permettersi.

Abbiamo chiesto qualche consiglio alla realtà più diffusa e con un alto numero di proposte dedicate alla ristorazione: **GROUPON**.

### ◆ VENDERE CON I DEAL: INTERVISTA A GROUPON

Risponde *Giulio Limongelli*
(G.L.), International Vice President Groupon per il Sud Europa fino a luglio 2015

**Buongiorno e grazie per aver accettato di parlare del vostro progetto. Ci racconta come funziona Groupon e quali sono i suoi punti di forza?**
*G.L.*: Groupon è leader mondiale nel settore degli acquisti online e del commercio locale e offre ogni giorno la possibilità di vivere le migliori esperienze nella città selezionata, scoprendo grandi affari a prezzi

straordinari. Ha rivoluzionato il modello di business delle PMI di tutto il mondo e le modalità di interazione fra gli esercenti commerciali e i propri clienti, fornendo benefici ai partner che lo scelgono.
I ristoratori hanno la possibilità di:

- *acquisire* facilmente nuovi clienti che, per vicinanza geografica, sono facilmente fidelizzabili
- *riempire il locale* nei giorni e orari di minor affluenza
- *promuovere* la propria offerta (a esempio, menù particolari).

Insieme al ristoratore creiamo un'offerta ad hoc completa, in modo che sia attraente per il cliente e che rispetti la capacità ricettiva e le esigenze del ristorante. Il ritorno sull'investimento è quantificabile, a differenza di una campagna pubblicitaria tradizionale, misurando quanti nuovi utenti sono stati coinvolti e con che riscontro.

**Grazie per l'introduzione di gran chiarezza. Parliamo di numeri: quanti sono i ristoranti che utilizzano questo servizio, in Italia e nel mondo?**
*G.L.*: Più di 950.000 partner nel mondo collaborano con noi. I ristoratori sono diverse decine di migliaia e in continua e vertiginosa ascesa. Anche in Italia parliamo di migliaia di ristoranti – copriamo 60 città italiane – di ogni categoria, dalla trattoria al ristorante stellato. Basti pensare che la ristorazione è una delle categorie di punta e in cui registriamo la maggiore vendita di coupon.

**Può presentarci dati e statistiche che testimonino la frequentazione, l'utilizzo e il gradimento da parte degli utenti della vostra offerta?**
*G.L.*: Ecco i dati a livello mondiale:

- 93% dei clienti Groupon e il 68% delle imprese sono soddisfatti dell'esperienza con noi.
- 84% dei clienti vuole tornare dall'esercente di cui ha acquistato il coupon.
- 74% dei clienti non avrebbe mai conosciuto il commerciante se non tramite il nostro flash sales site.

- 81% dei clienti Groupon ha parlato dell'esperienza positiva con altre persone.

Crediamo nelle recensioni degli utenti: quando provano l'esperienza gastronomica acquistata, ricevono una mail per lasciare un feedback di gradimento. Voglio tranquillizzare il ristoratore: sarà visibile solo a lui, per le sue strategie interne.

**Quali i vantaggi per il ristoratore che sceglie di condurre una campagna su Groupon?**
*G.L.*: Da una parte Groupon propone strumenti tecnologici e intuitivi, dall'altra una consulenza a 360 gradi da parte dei nostri esperti, che seguono tutta la campagna di vendita affiancando e consigliando i ristoratori, dal contenuto dell'offerta all'utilizzo degli strumenti più idonei per promuoverla. Ovviamente insistiamo sull'esperienza culinaria che deve soddisfare la nuova clientela, favorendo così il passaparola e le recensioni positive su Internet e aumentando la possibilità di vederli ritornare per un servizio a costo pieno.

**Groupon e strategia mobile: in che direzione sta andando il re dei flash sales site rispetto al web, che diviene sempre più mobile?**
*G.L.*: Groupon Mobile è una app molto amata dai clienti, con circa 110 milioni di utenti in tutto il mondo. Permette di cercare le offerte direttamente sulla mappa e di visualizzare quelle più vicine alla propria posizione. In pochi click gli utenti possono individuare l'offerta che cercano e acquistarla.
I clienti che utilizzano la nostra versione mobile sono più coinvolti, acquistano con più frequenza e spendono di più.

**Groupon e geolocalizzazione?**
*G.L.*: Per il nostro business la geolocalizzazione è un punto centrale. Il nostro obiettivo è offrire agli utenti le migliori offerte più vicine alla propria abitazione o posto di lavoro, ma non soltanto quelle disponibili nella propria città. In pratica mostra l'offerta in base alla location e prossimità dell'utente.

**I clienti talvolta si lamentano del servizio ricevuto via Groupon,**

**perché affermano di sentirsi trattati dai ristoratori un po' come clienti di serie B. Arrivare sbandierando un coupon non aiuta. Cosa consigliate agli operatori per far sentire a proprio agio gli ospiti?**
*G.L.*: Groupon è una vetrina e permette ai ristoratori di entrare in contatto con molti nuovi clienti: le opportunità di visibilità sono grandi e per sfruttarle al meglio è importante offrire ai clienti un servizio di qualità, la prima chiave per poterli fidelizzare.

**Un'obiezione che spesso ci viene segnalata è il timore di sminuire la propria offerta con un servizio vistosamente scontato. Cosa replica per convincerli del contrario?**
*G.L.*: Un ristoratore che decide di fare una compagna su Groupon lo fa per aumentare la sua visibilità o ampliare il bacino di clientela, come testimonia il fatto che siano molti i ristoranti stellati e forchettati a proporre menù utilizzando la nostra piattaforma.
Non si tratta di sminuire la propria offerta ma di proporre la stessa qualità a un prezzo vantaggioso, per un periodo di tempo e per un numero di clienti limitato.

**Sempre parlando di food, ci soffermiamo su Groupon Reserve: che cos'è e come funziona?**
*G.L.*: Groupon Reserve[105] è stato lanciato in US, ma non è presente in Italia. Il servizio consiste sostanzialmente nella prenotazione di ristoranti last minute usufruendo di sconti speciali.

**3 buoni motivi perché un ristorante oggi debba scegliere Groupon?**
*G.L.*: *Geolocalizzazione* per un target mirato: il ristoratore ha possibilità di acquisire nuovi clienti vicino al ristorante, con maggiori possibilità di fidelizzarli.
*Visibilità*: Groupon conta 160 milioni di visitatori al mese e 260 milioni di utenti iscritti. Inoltre, le campagne di vendita sono promosse sui

105 Sistema di prenotazione last minute, basato sulle offerte e gli sconti, ma non prepagato e senza l'utilizzo di voucher. Adatto per un'utenza on-the-go: per chi è alla ricerca di un'offerta nelle vicinanze. La sperimentazione si sta espandendo in molti paesi e presto dovrebbe essere disponibile anche per i ristoranti italiani

canali social di Groupon, veicolate attraverso il sistema di Email Marketing e inserite all'interno di campagne di comunicazione strutturate che offrono visibilità anche sulla stampa italiana.
*Qualità del servizio*: dagli strumenti gratuiti che Groupon mette a disposizione all'assistenza e supporto continuativo che viene dato al ristoratore durante tutto l'arco della propria campagna!
Ci rivolgiamo a realtà commerciali alla ricerca di visibilità e crescita, che supportiamo fornendo un servizio con performance misurabili e innovativo.
Grazie per l'ospitalità, un saluto a tutti i lettori.

◆ ◆ ◆

## 10.5. Utilizzo della tecnologia nella vita quotidiana del ristorante

Abbiamo visto come la tecnologia abbia rivoluzionato il lavoro dei ristoratori nella comunicazione e promozione del proprio brand e nella prenotazione e vendita di tavoli e pasti, sul web.
Novità in ordine agli strumenti e ai sistemi di gestione stanno intervenendo anche nella vita di tutti i giorni all'interno del tuo ristorante: dall'automazione in cucina nelle varie fasi della lavorazione alla comanda elettronica, fino all'ordinazione self service del cliente (es. menù digitali su tablet) e, perché no, pagamenti con mobile.
La tecnologia per la ristorazione si sta orientando, sempre più, verso soluzioni integrate. POS System, che gestiscono menu management, inventario, gestione ricette, comande, CRM del cliente, pagamenti, ricevute stampabili ed elettroniche e altre funzionalità.[106]

[106]zomato.com/it/base

**Figura 10.1. Non disilludere i bisogni dei tuoi clienti, anticipali (Snoopy, di Schultz)**

Innovazioni che incrementano le tue performance soprattutto nelle attività ripetitive e seriali, velocizzano il servizio e migliorano la customer satisfation. Sono assai gradite dall'utenza, anche se occorre mettere in conto costi per l'acquisto di macchinari e software e per la formazione dello staff (più lunga in caso di personale nativo analogico).
Immagina per un attimo la situazione in USA, dove nuove leggi federali[107] prevedono che il menù includa valori nutrizionali, calcolo delle calorie, presenza di allergeni... e noi che ci lamentiamo solo di questi ultimi!
Come potrebbero fare i ristoratori senza l'ausilio, a esempio, di strumenti di Menu Engineering?

Cerchiamo di evidenziare, in modo obiettivo, gli aspetti positivi del tuo investimento in tecnologia:

[107] *Food Labeling; Nutrition Labeling of Standard Menu Items in Restaurants and Similar Retail Food Establishments*, www.federalregister.gov

- **user friendliness**: tecnologia favorevolmente percepita e usata dal cliente
- **riduzione costi**: personale, abbattimento indice di errore, diminuzione tempo dedicato all'amministrazione
- **ottimizzazione vendita** del posto tavolo e minore attesa
- **ottimizzazione del processo di ordinazione**
- **intrattenimento** del cliente in attesa
- **personalizzazione** piatto e menù in base alle esigenze del cliente
- **aumento del numero di piatti ordinati**, soprattutto antipasti e dolci.

Abbiamo già visto come attraverso il mobile i tuoi clienti ti trovino, soprattutto on-the-go, individuando l'itinerario per raggiungerti e i tuoi piatti con relativi costi. Arrivano al tuo ristorante e, accomodandosi al tavolo, consultano il menù e i commenti dei clienti che già sono stati tuoi ospiti. Fotografano dettagli della tovaglia e degli arredi e poi le tue appetitose proposte. Il passo successivo più naturale, lungo questo percorso tecnologico, è il menù digitale e, probabilmente, la chiusura con il mobile payment.

In buona sostanza la tecnologia non solo migliora la dinner experience, ma può offrire vantaggi competitivi nei confronti della concorrenza, facendoti distinguere per cura del cliente e spirito di innovazione.
Il menù digitale su tablet oltre a garantire intrattenimento e divertimento per il cliente può renderlo ancora più partecipe alla vita del ristorante (es. Domino's Pizza ha installato una webcam in cucina per visualizzare le fasi di preparazione del tuo piatto), più incline alla condivisione sui social media e alla fidelizzazione anche con la possibilità di lasciare con facilità recensioni sulla propria esperienza in real-time.
L'importante è inserire in modo ragionato i processi o gli strumenti innovativi all'interno del tuo progetto di Digital Marketing, misurandone con cura i risultati.

### APPROFONDIMENTI

- Luisa Carrada, *Il Cluetrain Manifesto*, www.mestierediscrivere.com nota per composizione: mestierediscrivere.com/articolo/Tesi
- Simone Cosimi, *TripAdvisor e Zomato fanno shopping fra le food startup italiane*, wired.it, febbraio 2015
- *Food App 2005 eRistoranti 2.0: Scenario in Fermento*, comunicazionenellaristorazione.it, novembre 2014
- Intervento BTO 2014: OTA e Restaurant Booking Online: la Grande Abbuffata
- *JustEat: Food Delivery Online per Raggiungere il tuo clinete*, comunicazionenellaristorazione.it, dicembre 2014
- New Clues, newclues.cluetrain.com
- Jon Russell, *Restaurant Descovery Site Zomato To Launch Food Delivery Service, Starting in India*, techcrunch.com, febbraio 2015
- Doc Searls e David Weinberger, *Cluetrain 15 anni dopo, il manifesto per un nuovo umanesimo digitale*, medium.com
- *TheFork sbarca in Italia*, startupper.it, febbraio 2015
- Robi Veltroni, *Se le OTA vanno a cena al ristorante. Intervista a Nicoletta Polliotto*, officinaturistica.com

### TAKE AWAY

- Hai paura della tecnologia? Il cliente online vuole prenotare: pensa al restaurant booking online.
- Food delivery ordering: soluzioni interessanti per la consegna a domicilio e il cibo da asporto, segmento di mercato da valutare.
- Flash sales site: proporre offerte speciali per farti conoscere da nuovi clienti può rientrare nelle tue strategie?
- Tecnologia in cucina e in sala: ottimizzare gestione del personale, approvvigionamento e relazione con il cliente, la nuova frontiera del futuro.

# 11. Misurare i risultati

*di Luca Bove*

«*La potenza è nulla senza controllo*».
Pubblicità Pirelli degli anni '90

L'obiettivo ultimo di tutte le strategie di Web Marketing di cui stiamo parlando in questo libro è far arrivare clienti nel tuo ristorante, attraverso il web.
Una nota importante prima di leggere il resto del capitolo: **CONCENTRATI SUI NUMERI CHE CONTANO!**
Spesso quando si analizzano i dati di analytics ci si fissa su quelli deboli come le visite al sito (o meglio sulle sessioni), quando si guarda Facebook si considerano i fan ottenuti e magari l'interazione sui post. Ma questi dati sono dati parziali, che non sono direttamente correlati al successo di un business e soprattutto sono facilmente falsificabili! Meglio che ti concentri su dati più consistenti come ad esempio le **CONVERSIONI**, ovvero le azioni importanti che le persone hanno compiuto, come una telefonata, una mail inviata per richiesta prenotazione o l'iscrizione alla newsletter.

Un progetto web che ha molte visite oppure molti fan, ma poche telefonate o richieste di prenotazioni è fallimentare. Lo scopo di tutte le azioni è acquisire nuovi clienti ed è possibile misurare le dimostrazioni di interesse intermedie.
Nei prossimi paragrafi entreremo più in dettaglio in alcuni strumenti.

## 11.1. Misurare il sito: web analytics

Il sito web rappresenta sicuramente uno dei punti di riferimento per la visibilità online del tuo ristorante sia per quella di tipo locale sia per tutte le altre azioni di marketing che si possono intraprendere. Per prima cosa dobbiamo monitorare ciò che succede all'interno del sito web, ed in questo ci aiuta la web analytics. Attraverso i dati raccolti possiamo comprendere se gli investimenti sostenuti stanno portando risultati concreti e, sempre sulla base delle informazioni ottenute, programmare le strategie future in modo più appropriato.

La **WEB ANALYTICS**, infatti, è una disciplina nata con l'obiettivo di raccogliere e organizzare le informazioni necessarie per effettuare delle analisi mirate a misurare l'efficacia delle azioni intraprese e soprattutto a correggere o suggerire le successive azioni di marketing.
Esistono numerosi strumenti che possono essere utilizzati per l'analisi delle statistiche, ma il più diffuso è sicuramente Google Analytics.

### *11.1.1. Google Analytics*

Google Analytics è uno strumento online gratuito (ma esiste anche una versione a pagamento) in grado di monitorare e raccogliere una serie di informazioni legate al tuo sito.

#### *11.1.1.1 Perché è importante?*

Google Analytics serve per:

- conoscere la provenienza del traffico (motori di ricerca organico, PPC, social, diretto, campagne display, mail) e vedere qual è la più redditizia
- comprendere da dove arrivano gli utenti (città, lingue)

- monitorare che cosa cercano, cosa guardano e come si muovono i visitatori all'interno del sito

Per iniziare ad utilizzare Google Analytics è necessario avere un account Google e inserire una piccola porzione di codice all'interno del codice HTML di ogni pagina del sito che desideri monitorare: per farlo basta seguire le semplici istruzioni riportate nella guida ufficiale.[108]

Questo è il tuo codice di monitoraggio.
Copialo e incollalo nel codice di ogni pagina che desideri monitorare.

```
<script>
  (function(i,s,o,g,r,a,m){i['GoogleAnalyticsObject']=r;i[r]=i[r]||function(){
  (i[r].q=i[r].q||[]).push(arguments)},i[r].l=1*new Date();a=s.createElement(o),
  m=s.getElementsByTagName(o)[0];a.async=1;a.src=g;m.parentNode.insertBefore(a,m)
  })(window,document,'script','//www.google-analytics.com/analytics.js','ga');

  ga('create', 'UA-              ', 'auto');
  ga('send', 'pageview');

</script>
```

**Figura 11.1. Inserimento codice di monitoraggio**

Una volta inserito il codice di monitoraggio e testato il suo corretto funzionamento è possibile accedere al pannello principale di Google Analytics[109] dal quale avrai accesso a numerose metriche per analizzare il comportamento dei tuoi utenti.
Per familiarizzare con i principali strumenti e rapporti disponibili ti consiglio di consultare la guida *Come orientarti in Google Analytics.*[110]

L'analisi dettagliata del tuo sito attraverso lo strumento Google Analytics ti permette di misurare e monitorare il comportamento degli

**Figura 11.2. Pannello di controllo**

[108] *Come iniziare a utilizzare Analitcs*, support.google.com
[109] *Analisi dei dati web di livello aziendale*, google.it
[110] *Come orientarti in Google Analytics*, support.google.com

utenti sul tuo sito e, sulla base di questi dati, ottimizzare ulteriormente ogni singola pagina così da "indirizzare" gli utenti a compiere un'azione utile per i tuoi obiettivi. Ad esempio, una richiesta di informazioni, un preventivo o una prenotazione...

Ricordo che Google Analytics si integra perfettamente anche con gli altri strumenti messi a disposizione da Google, in modo particolare Google Search Console e Google AdWords (vedi capitolo 6).

### *11.1.1.2. Come si leggono i dati di Google Analytics?*

Le principali metriche che il tool mette a disposizione riguardano: Pubblico, Acquisizione, Comportamento e Conversioni.

Facciamo una premessa importante prima di addentrarci nello specifico di ciascuna metrica: per poter fare delle analisi, dobbiamo avere un contesto di riferimento. Avere un dato di per sé non significa nulla se non lo confrontiamo ad esempio con il mese o l'anno precedente, con gli stessi dati di un altro sito, oppure con altri dati omogenei.

#### *11.1.1.2.1. Informazioni sul pubblico*

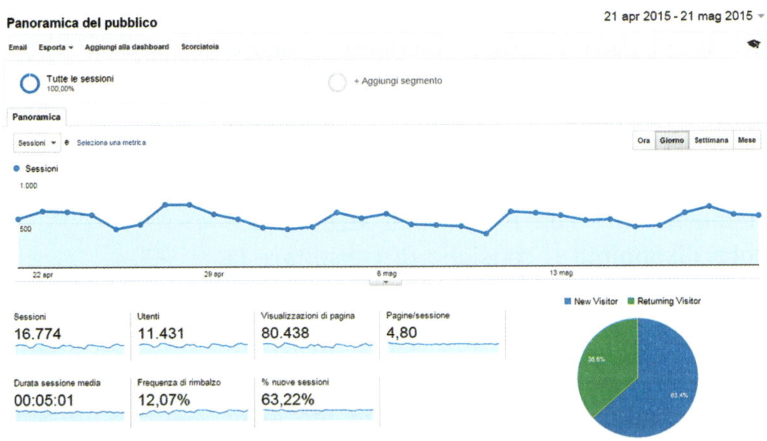


**Figura 11.3. Panoramica del pubblico**

Nei rapporti sul **PUBBLICO** hai a disposizione numerose informazioni legate ai visitatori.

Qui vengono riportate le informazioni relative ai visitatori del sito web:

- sessioni (ovvero le visite)
- utenti (sono sia i nuovi utenti sia gli utenti di ritorno)
- visualizzazioni di pagina (il numero totale di pagine visualizzate)
- pagine/sessione (media delle pagine visualizzate per ogni sessione di navigazione)
- durata sessione media (la durata media di ogni sessione di navigazione)
- frequenza di rimbalzo (la percentuale delle sessioni costituite da una sola pagina visitata)
- percentuale nuove sessioni (una stima della percentuale delle prime visite al sito)

Cosa possiamo apprendere da questa sezione? Possiamo vedere certamente quante visite vengono effettuate in un determinato periodo, per quanto tempo gli utenti si soffermano sul sito e la frequenza di rimbalzo[111] relativa.
In particolare, la frequenza di rimbalzo può esserti molto utile per capire se il sito performa bene o meno. Se la frequenza di rimbalzo è alta le ragioni possono essere le più disparate, tra cui:

- le informazioni presenti nel sito non sono soddisfacenti per il pubblico di riferimento
- il sito non è ottimizzato per gli smartphone per cui non vedendolo bene vanno via subito
- il sito web è composto da una sola pagina
- il sito web potrebbe avere problemi di usabilità, essere confusionario, avere troppi elementi o è lento a caricarsi

Se ti stai chiedendo qual è il valore standard di riferimento, la risposta è semplice: non esiste; ogni sito ha il suo che dipende da molteplici fattori.

[111] La frequenza di rimbalzo indica in percentuale quante volte quella pagina è stata l'*unica* visualizzata nella sessione di navigazione. Ovvero l'utente arriva e rimbalza subito senza leggere una seconda pagina

Anche questo dato va visto in un contesto: se ad esempio abbiamo effettuato modifiche al sito, questo valore può cambiare e possiamo notarlo attivando la visualizzazione per un determinato periodo.
Inoltre, nella sezione *Pubblico* è possibile vedere la tecnologia utilizzata (browser e fornitore dei servizi) e il tipo di dispositivo utilizzato (smartphone, tablet o desktop) dai visitatori.

| | | |
|---|---|---|
| 1. desktop | 631 | 73,89% |
| 2. mobile | 140 | 16,39% |
| 3. tablet | 83 | 9,72% |

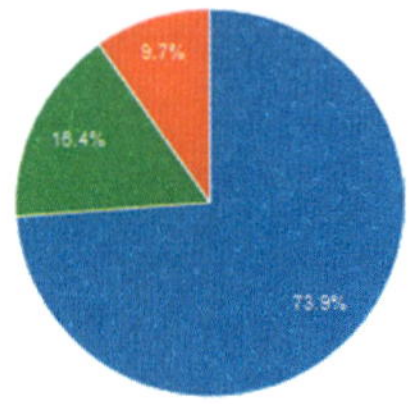


**Figura 11.4. Tecnologia utilizzata per l'accesso**

### *11.1.1.2.2. Acquisizione*

I rapporti sull'**ACQUISIZIONE** servono a darti un'idea sulla provenienza del traffico, in modo da analizzare separatamente i canali da cui proviene: ad esempio, ricerca su Google, social network (Facebook, Twitter o Googl+), email, ecc.
Grazie ai rapporti sull'acquisizione potrai capire se le tue attività on site o off site stanno portando i risultati sperati in termini di aumento del traffico degli utenti e conversioni.

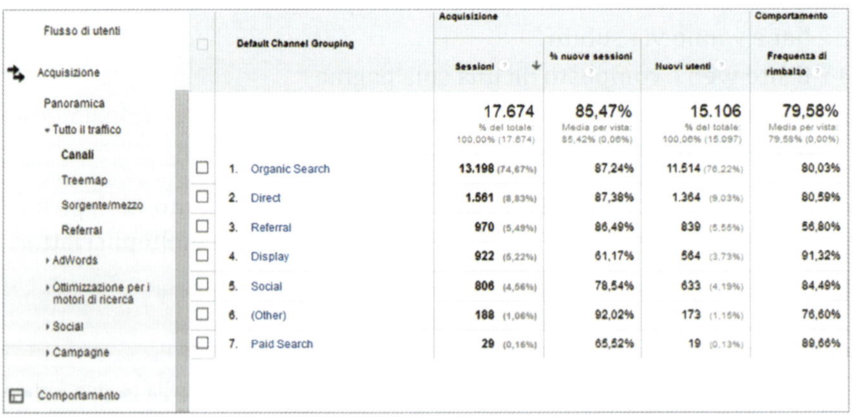


| Default Channel Grouping | Acquisizione: Sessioni | % nuove sessioni | Nuovi utenti | Comportamento: Frequenza di rimbalzo |
|---|---|---|---|---|
| | 17.674 % del totale: 100,00% (17.674) | 85,47% Media per vista: 85,42% (0,06%) | 15.106 % del totale: 100,06% (15.097) | 79,58% Media per vista: 79,58% (0,00%) |
| 1. Organic Search | 13.198 (74,67%) | 87,24% | 11.514 (76,22%) | 80,03% |
| 2. Direct | 1.561 (8,83%) | 87,38% | 1.364 (9,03%) | 80,59% |
| 3. Referral | 970 (5,49%) | 86,49% | 839 (5,55%) | 56,80% |
| 4. Display | 922 (5,22%) | 61,17% | 564 (3,73%) | 91,32% |
| 5. Social | 806 (4,56%) | 78,54% | 633 (4,19%) | 84,49% |
| 6. (Other) | 188 (1,06%) | 92,02% | 173 (1,15%) | 76,60% |
| 7. Paid Search | 29 (0,16%) | 65,52% | 19 (0,13%) | 89,66% |

**Figura 11.5. Dati su acquisizione**

In particolare, le principali fonti di traffico sono:

- **traffico organico**: proveniente dai motori di ricerca in maniera naturale (Google, Bing, ecc.)
- **traffico ricerca a pagamento**: proveniente da campagne pubblicitarie AdWords sulla rete search (o altri PPC)
- **traffico diretto:** proveniente da persone che hanno digitato l'indirizzo del sito web direttamente nella barra degli indirizzi del browser o da coloro che hanno inserito il sito tra i preferiti o da chi ha cliccato in una email su un link sprovvisto di codice di tracciamento
- **traffico dai referral**: proveniente da siti web di terze parti che hanno un link diretto verso il sito del tuo ristorante
- **traffico social:** proveniente dai canali social (Facebook, Twitter, TripAdvisor, Google+, ecc.)
- **traffico display**: proveniente da campagne pubblicitarie sulla rete display
- **traffico email**: proveniente da click fatti dagli utenti nei link di newsletter e DEM.

Sempre nella sezione *Acquisizione* cliccando sulla voce AdWords (se l'account Analytics è collegato a quello AdWords), è possibile monitorare le performance del traffico proveniente dalle campagne PPC impostate attraverso tale piattaforma.

#### *11.1.1.2.3. Comportamento*

I rapporti sul **COMPORTAMENTO**, come si intuisce dal nome stesso, servono ad analizzare tutte le azioni che gli utenti compiono una volta entrati sul tuo sito, ad esempio: quali pagine visitano maggiormente, quali sono le pagine su cui atterrano e quali visitano prima di uscire dal sito.

Un dato interessante è quello relativo alle singole pagine che compongono il sito, dove vengono riportati il tempo medio di permanenza, la frequenza di rimbalzo e la percentuale di uscita per ogni pagina.
Questi dati possono essere confrontati tra di loro e vedere quali sono le pagine che hanno performance migliori delle altre e quali hanno bisogno invece di più attenzione.
Sempre in questa sezione si trovano gli *Eventi*, ovvero le funzionalità di

monitoraggio delle interazioni tra l'utente e le azioni disponibili all'interno delle pagine, come il click sul numero di telefono, il click sull'indirizzo email (che denota l'intenzione di contattarti), il download di un file e altre ancora.

| | Categoria dell'evento | Totale eventi | % Totale eventi |
|---|---|---|---|
| 1. | PDF | 395 | 73,28% |
| 2. | CartellinoPDF | 94 | 17,44% |
| 3. | Click | 50 | 9,28% |
| | | | visualizza rapporto completo |

**Figura 11.6. Sezione *Eventi***

Per impostare il monitoraggio degli eventi è necessario intervenire attraverso una piccola modifica del codice sorgente del sito web in modo da poter mappare le specifiche categorie di evento, le azioni compiute dall'utente (in genere un click) e, opzionalmente, assegnare un valore monetario a ciascuna azione. Il tipico esempio di un evento che viene solitamente tracciato all'interno del sito web di un ristorante è il click sul numero di telefono, molto importante per chi si collega da smartphone.

Attraverso un evento puoi anche capire, per esempio, se gli utenti cliccano maggiormente su un numero di telefono posto nel footer o nella sidebar, e così via...

### *11.1.1.2.4. Conversioni*

I rapporti sulle **CONVERSIONI** sono tra i più importanti per il tuo business. Servono a capire se gli utenti che hanno visitato il tuo sito hanno compiuto un'azione (per es. richiesta preventivo, invio email per info, ecc.) che era stata in precedenza impostato come obiettivo.

Quindi, per monitorare le conversioni, è necessario impostare su Google Analytics uno o più obiettivi.[112]

Nel caso di un ristorante esempi di conversione reale potrebbero essere

[112] *Creazione, modifica e condivisione di obiettivi*, support.google.com

la richiesta di una prenotazione da parte dell'utente tramite apposito form sul sito oppure l'iscrizione alla newsletter.

Inoltre, capire da dove provengono queste conversioni (se derivano da campagne pubblicitarie su Google AdWords, da traffico organico, dai social network o newsletter ecc.) ti permetterà di calcolare più nel dettaglio il ritorno sull'investimento (o ROI) per ciascun canale di marketing attivato.

A proposito delle conversioni è importante sottolineare che gli utenti spesso non convertono alla prima visita, ma ritornano più volte sul sito accedendo anche da canali differenti. In quest'ottica ti può essere molto utile monitorare i vari passaggi che l'utente effettua prima di compiere una conversione, andando a visualizzare su Google Analytics la sezione *Canalizzazione Multicanale*. I cinque rapporti disponibili sulle canalizzazioni multicanale mostrano, infatti, con quali canali i clienti interagiscono entro 30 giorni prima della conversione sul tuo sito.
Questo strumento ti consente di prendere decisioni di marketing fondamentali per il tuo business, che avranno un impatto decisivo anche sul ROI.
Un esempio di canalizzazione multicanale è riportato in figura 11.7.

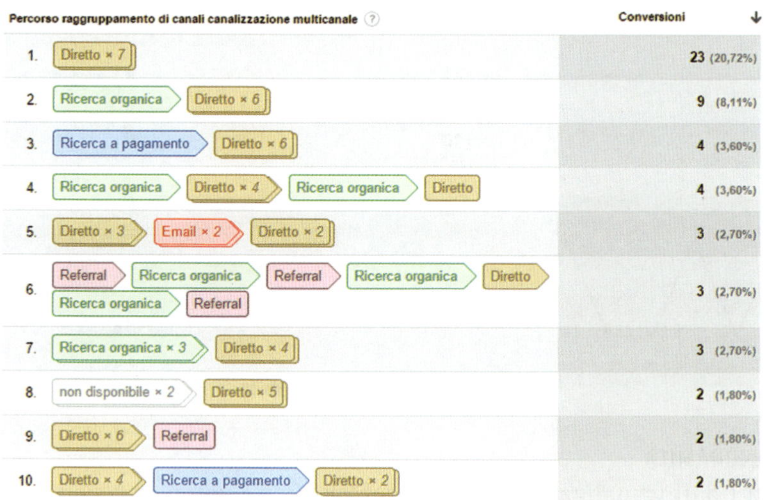


**Figura 11.7. Canalizzazione multicanale**

## 11.2. Facebook Analytics

**FACEBOOK INSIGHT** ha molte metriche interessanti che possono aiutare il tuo business, in quanto ti permettono di capire come gli utenti interagiscono con la tua pagina, in base ai messaggi che scrivono in bacheca, al numero di mi piace e a commenti e condivisioni dei tuoi post.
Da qualche tempo sono stati lanciati anche gli **AUDIENCE INSIGHT** che nel momento in cui scrivo sono disponibili solo negli USA, ma saranno pian piano presenti anche negli altri paesi. Gli Audience Insights non guardano solo all'interazione con la propria pagina, ma offrono numerose altre informazioni sui tuoi potenziali clienti o sulle persone alle quali potrebbe interessare il tuo business.
Per accedere alle statistiche Facebook, quelle disponibili anche qui in Italia, basta cliccare sulla tua pagina Business e poi su *Insight*.

### *11.2.1. Quali dati sono disponibili?*

I dati sono disponibili in 6 sezioni.

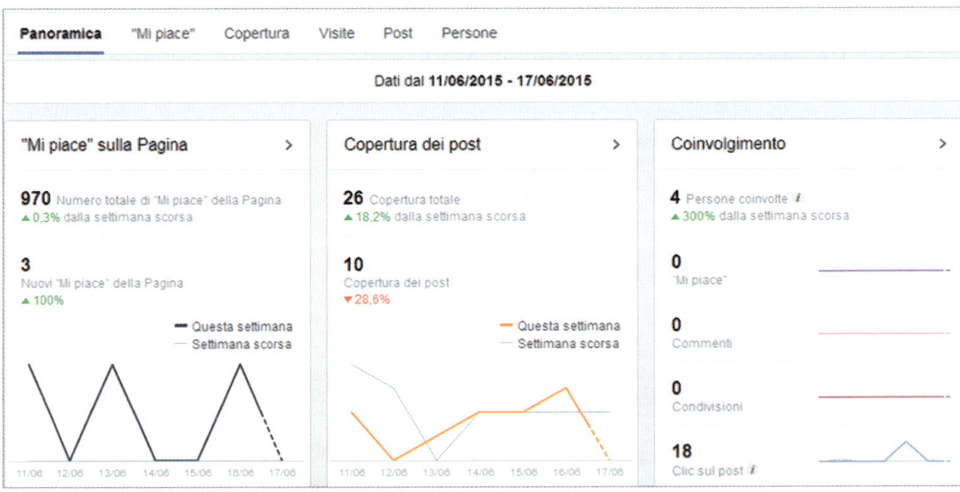


**Figura 11.8. Dati disponibili**

#### 1. PANORAMICA

Tutti i dati visualizzati in questa sezione sono comparati con la settimana precedente. In particolare potrai visualizzare il gradimento dei tuoi post, il totale dei mi piace ricevuti, la copertura dei post (ovvero quante persone li hanno visti) giorno per giorno, il coinvolgimento (ovvero mi piace, condivisioni, commenti e click ricevuti) e qualche statistica generale sugli ultimi 5 post più recenti.

**2. MI PIACE**

In questa sezione vengono analizzati il numero di persone che hanno messo mi piace alla tua pagina e l'evoluzione nel tempo. Si può anche vedere la crescita dei mi piace organici e di quelli a pagamento, quanti hanno cliccato non mi piace più e dove è avvenuta questa azione.

**3. COPERTURA**

Qui puoi vedere il numero di persone a cui sono stati mostrati i tuoi post, sia in maniera organica sia a pagamento, e quanti hanno compiuto delle azioni positive (ovvero mi piace, commenti e condivisioni sui post) o negative (non mi piace più, nascondi post, nascondi tutti i post, segnala come spam).

**4. VISITE**

Ti viene mostrato il numero di volte in cui le varie tab della pagina sono state visualizzate (incluse foto, informazioni, diario, ecc.) e i siti esterni che hanno fatto arrivare le persone sulla tua pagina Facebook.

**5. POST**

Molto utile, mostra il grafico dei giorni e degli orari in cui i fan sono online, la copertura organica e a pagamento dei tuoi post e l'interazione con essi (commenti o mi piace).
Permette inoltre di comparare la copertura media e il coinvolgimento per i differenti tipi di post (link, foto, aggiornamento di stato, video). In alcuni casi puoi vedere le performance delle pagine dei tuoi competitor.

**6. PERSONE**

Qui puoi vedere la demografica della base utenti, inclusi sesso, paese e città, lingua. Fornisce inoltre informazioni aggiuntive sulle persone raggiunte negli ultimi 28 giorni, su coloro che hanno interagito con la pagina e su quelle che si sono registrate.

### *11.2.2. Misurare Facebook Ads*

Come abbiamo detto all'inizio del capitolo è molto importante seguire i

numeri giusti. Se abbiamo attività Ads sul social network (ne abbiamo parlato al capitolo 7), possiamo monitorare le conversioni grazie ad un pixel fornito da Facebook stesso[113].
In questo modo puoi misurare il ritorno sull'investimento generato dalle tue pubblicità tenendo traccia delle azioni che le persone eseguono dopo aver visualizzato le inserzioni di Facebook.

Creare il pixel di monitoraggio delle conversioni è molto semplice e si può fare accedendo a *Gestione inserzioni*, allo strumento per la creazione di inserzioni o a Power Editor.
Una volta creato il pixel, si genererà un codice, che andrà inserito nel codice della pagina web di riferimento (come Google Analytics) e successivamente verificato.
Dopo aver creato l'inserzione, potrai vedere le colonne adeguate nella visualizzazione *Inserzioni* in *Gestione inserzioni* per monitorare le conversioni, inclusi i risultati (le conversioni ricevute) e il costo (il costo per conversione).

### *11.2.3. A cosa servono questi strumenti?*

Vale la pena utilizzare questi strumenti? Sì, vediamo perché.

#### ANALIZZARE LE PERSONE

Questi dati possono aiutarti a comprendere la tua audience: età, provenienza, sesso ecc. Puoi anche comparare alcuni argomenti con altri e stabilire quali contenuti funzionano meglio.

#### TIPI DI POST

Se alcune tipologie di post funzionano meglio, potresti puntare di più su di esse. Attenzione a dare la giusta importanza ai numeri che contano per davvero, come le conversioni, non ti fermare a metriche come il numero di mi piace.

#### POST IN EVIDENZA

Se decidi di mettere alcuni post in evidenza a pagamento, diventa cruciale avere i dati dei risultati, per sapere come hai speso i soldi e

[113] *Monitoraggio e ottimizzazione delle conversioni*, facebook.com

come migliorare. Puoi anche fare degli esperimenti per decidere quali sono gli annunci migliori.

## 11.3. Google My Business Insight

Anche Google My Business ha le proprie statistiche che ricalcano molto quelle di Facebook. Ne abbiamo parlato in modo più approfondito nel capitolo 8 sulla local search.

## 11.4. Twitter Analytics

Per valutare la tua presenza organica su Twitter hai a disposizione un pannello raggiungibile dall'indirizzo **analytics.twitter.com**.

**Figura 11.9. Pannello statistiche**

Puoi vedere nella sezione *Tweet* quali sono i contenuti che hanno funzionato di più. Questo permette di individuare quelli più interessanti per i tuoi utenti e ritwittarli nel futuro.

Nella dashboard *Follower* puoi controllare in tempo reale la crescita demografica e gli interessi dei follower, dati interessanti per creare inserzioni molto mirate.

Se poi hai attivato una campagna Twitter Adv puoi accedere a dati più approfonditi e, anche qui come su Facebook, puoi usare il pixel di conversione per controllare le conversioni.

Per il resto diamo parola alla esperta Sara Carminati che ci parlerà anche di monitoraggio dei social, al di fuori dei nostri account.

## *Sara Carminati* ⌘

### COME MONITORARE E MISURARE I RISULTATI SUI SOCIAL SOPRATTUTTO SU FACEBOOK E TWITTER

I social media rappresentano una grande opportunità per le imprese. Se presidiati e gestiti in modo adeguato, ovvero dopo una fase di analisi e la definizione di una strategia, possono rivelarsi un ottimo strumento di marketing e comunicazione. Oggi vi è ancora una profonda diffidenza verso l'uso degli strumenti che la rete mette a disposizione. Si tratta in gran parte del timore di non riuscire a gestire correttamente una partita tra imprese e consumatori, che si svolge su un terreno per molti ancora ignoto.
Per vincere nell'era dei social media, oltre alla conoscenza degli strumenti, dei linguaggi e di un mondo ricco di sfumature, bisognerebbe prima di tutto mettersi in ascolto.

Restare in silenzio, osservare e ascoltare. Solo dopo, parlare.
È quindi fondamentale monitorare quello che si dice di noi e non solo, sia per la definizione della nostra strategia sia per verificare l'andamento delle attività e misurarne i risultati.
Capire il comportamento del nostro target, quali sono i suoi interessi e che tipo di linguaggio utilizza, ci permette di avere a disposizione una serie di dati utilissimi per impostare la nostra presenza in rete o per ridefinirla. La velocità della comunicazione, resa possibile dai media digitali, fa sì che il monitoraggio debba essere costante e frequente, perché il web non si riposa mai.
Gli strumenti che ci permettono di metterci in ascolto, sia prima di impostare la nostra strategia di social media marketing sia nel momento in cui siamo attivi sui canali prescelti, sono diversi. Alcuni sono gratuiti, altri sposano la filosofia freemium, ovvero ci consentono di accedere a delle funzionalità di base gratuitamente e di scegliere poi una o più opzioni a pagamento per utilizzare delle funzioni supplementari.
I tool di monitoraggio hanno un'importanza primaria nelle strategie di social media audit, per le ricerche di mercato, per operazioni di benchmark e per valutare il sentiment della rete riguardo un particolare argomento.
In termini di semplicità e accessibilità possiamo aiutarci con **Google Alert**,[114]

114 google.com/alerts

⌘

un servizio gratuito messo a disposizione da Google, che ci consente di ricevere un avviso ogni qualvolta il nostro brand o una qualsiasi parola chiave da noi indicata sarà citata nei blog o nei forum.
Questo ci permette di sapere chi parla di noi in rete, su quale piattaforma e cosa pensa dei nostri prodotti o servizi.

Ci sono diverse impostazioni che possiamo attribuire per ogni avviso, come la frequenza con cui preferiamo ricevere, appunto, un alert e quali fonti intendiamo monitorare: blog, siti di news, forum, ecc.

Google Alert si presta molto bene anche per la raccolta di notizie.
Impostando l'attività di monitoraggio su una parola chiave legata ad un argomento, possiamo essere aggiornati sulle notizie ad essa correlate.
Portando un esempio pratico, se sono il titolare di un ristorante di Roma e ho un blog che utilizzo per fornire agli utenti informazioni su tutte le iniziative della città, posso richiedere di essere avvisato ogni volta che in rete vengono pubblicate notizie contenenti la parola chiave "eventi Roma".
Oltre al monitoraggio, posso quindi utilizzare lo strumento per individuare delle fonti da cui attingere contenuti.

Se ci spostiamo su un livello più avanzato, ci sono tool che puntano ad un monitoraggio più social in senso stretto.

**Social Mention**[115] è un tool molto semplice e di grande utilità per monitorare in tempo reale una o più parole chiave. I parametri di ricerca di Social Mention sono moltissimi e le combinazioni pressoché infinite. Per ogni ricerca effettuata, infatti, Social Mention mostra dati relativi a sentiment, top keyword, top hashtag, top user e fonti.
Social Mention è uno strumento di ascolto davvero completo ed esaustivo.

Anche **Topsy**[116] consente un monitoraggio in tempo reale di keyword su più canali social contemporaneamente. A differenza di Social Mention, però, tra i parametri di ricerca di Topsy ci sono anche la tipologia del contenuto da cercare (link, tweet, foto o video) e la lingua. Come per altri tool, vi è la possibilità di rendere la ricerca condivisibile (in questo caso via email e via Twitter) ed è possibile impostare degli utilissimi alert.

115 socialmention.com
116 topsy.com

**Hootsuite**[117] è, invece, molto più di un semplice strumento di monitoraggio. È una piattaforma che permette di gestire in modo molto completo la propria presenza sui social media. Grazie ad Hootsuite possiamo pianificare i contenuti che dovranno essere condivisi sui diversi canali social, effettuare un monitoraggio delle piattaforme e misurare i risultati delle nostre attività.

A seconda delle specifiche esigenze è opportuno valutare uno o più strumenti.

Se il nostro canale privilegiato di azione è Twitter, potremmo ad esempio utilizzare **TweetDeck**,[118] in questo modo avremmo un unico strumento per il monitoraggio e la programmazione dei tweet oltre che per accedere a molte altre funzionalità avanzate.

Qualora volessimo andare più in profondità e quindi effettuare analisi più ampie non limitandoci ad un solo social network, potremmo avvalerci di **Talkwalker**.[119]

Questo tool permette, nella sua versione free, di effettuare la ricerca su una determinata parola chiave verificando quante volte e su quali canali è stata citata. I risultati sono limitati all'ultima settimana. Anche Talkwalker, come Google, offre la possibilità di attivare un servizio di alert per segnalarci quando su un canale viene citata la parola di nostro interesse. Il tool è disponibile con ben tre distinte versioni a pagamento, a seconda del livello di servizio di cui si ha bisogno.
È sicuramente uno strumento molto completo per l'analisi professionale delle conversazioni in rete.

La domanda che spesso ci si pone è quanti e quali di questi applicativi sia davvero necessario utilizzare, poiché tempo e risorse economiche sono sempre più limitati.
Una formula magica universale in realtà non esiste.
La scelta dovrebbe essere effettuata valutando diversi parametri, anche in funzione del proprio mercato di riferimento, del target e del posizionamento della propria impresa.

Un suggerimento pratico per l'imprenditore, in particolare per ovviare alla

117 hootsuite.com/it-it
118 tweetdeck.twitter.com
119 talkwalker.com

problematica del poco tempo a disposizione, è di attivare degli alert e qualsiasi reportistica a livello di reputazione su un'unica mail e di consultarla una volta alla settimana. In questo modo è possibile concentrarsi veramente sull'ascolto, sulla comprensione di ciò che viene detto su di noi e definire gli step successivi per gestirlo.
Si tratta di un'indicazione di massima, però è sicuramente più profittevole e fattibile porsi un obiettivo minimo di questo tipo, anziché non avere affatto un metodo.

Sono molti i casi in cui ci si accorge di una recensione lesiva quando è davvero troppo tardi e riparare in qualche modo diventa difficile.
Occorre tenere presente che il monitoraggio non è solo utile per individuare eventuali contenuti lesivi che ci riguardano, anzi.
Commenti, condivisioni e recensioni neutre e positive devono essere trattati con la stessa attenzione. Ogni feedback, indipendentemente dalla tipologia, è lo strumento di misurazione più importante che ogni imprenditore ha a propria disposizione, quello di cui fare tesoro. Se una persona scrive una recensione positiva sul proprio blog riguardo alla sua esperienza nel nostro ristorante, sarà un'occasione per ringraziarla, chiederle se avrebbe piacere che quel contenuto fosse condiviso sulla nostra pagina Facebook e invitarla a tornare da noi.

Il monitoraggio è quindi una componente fondamentale di una strategia di social media marketing, che ci permette di comprendere e misurare il ritorno delle nostre azioni.
In termini di misurazione dei risultati, oltre ad ascoltare, valutare il sentiment e la percezione di quello che siamo per le persone che entrano in contatto con la nostra impresa, dobbiamo verificare l'andamento delle attività sui canali che scegliamo di presidiare.

Le diverse piattaforme di social media marketing mettono a disposizione statistiche che consentono di:

- capire se stiamo andando nella direzione giusta
- ridefinire il piano editoriale
- ottimizzare gli investimenti e valutarne il ritorno.

**Facebook Insight**
Facebook rende disponibili per gli amministratori delle pagine numerosi dati che, se correttamente interpretati, possono aiutarci a valutare l'andamento della nostra attività.
Attraverso il pannello *Facebook Insights* possiamo, infatti, accedere a molte

informazioni riguardanti il nostro target, il suo comportamento e anche l'efficacia dei contenuti che condividiamo.
Verificare il numero di visualizzazioni e di interazioni di un determinato contenuto pubblicato sulla pagina Facebook ci permette di capire se stiamo condividendo post interessanti, che stimolano una reazione e che generano quindi engagement.
L'engagement, ossia il coinvolgimento, è quel dato oggettivo che fa la differenza e che ci permette di capire se stiamo instaurando un dialogo, una conversazione o se il nostro è solo un monologo sterile.

**Twitter Insight**
Il tasso di interazione lo ritroviamo anche negli **analytics di Twitter** dove, per ogni singolo tweet, abbiamo la possibilità di analizzare sia il numero di visualizzazioni sia il numero di risposte che ha ricevuto, di retweet e di inserimento tra i preferiti.
Oltre a questi dati, che rivelano quanto il tweet sia stato in grado di generare una risposta da parte dei follower, possiamo anche sapere il numero di persone che ha cliccato sul link che abbiamo condiviso e quindi il traffico che il singolo contenuto ha prodotto sul nostro sito o blog.

**Altri social**
Anche le piattaforme di social media marketing dedicate a contenuti specifici, come **Instagram** e **YouTube**, ci mettono a disposizione molti dati utili.
Grazie ad Iconosquare possiamo infatti misurare il ritorno della nostra attività su Instagram. Oltre al numero di follower, le visualizzazioni e il livello di interazione, con pochi click scopriremo quale dei filtri che abbiamo applicato alle foto ci ha aiutato a generare più like e commenti.
YouTube fornisce invece, per ogni singolo video, dati sul numero di visualizzazioni, su qual è il tempo medio di permanenza delle persone su quello specifico contenuto, il livello di engagement generato e la provenienza delle visualizzazioni.
Scopriremo quindi se un video embeddato, quindi incorporato sul nostro sito o in un post di un blog, ha generato o meno un ritorno.

Un'attenta analisi ci consente quindi di comprendere se la presenza su una determinata piattaforma sia rilevante per il raggiungimento dei nostri obiettivi, se la frequenza e gli orari di pubblicazione sono i migliori per avere il più alto tasso di coinvolgimento, se il piano editoriale che abbiamo sviluppato deve essere rivisto e sotto quali aspetti o se stiamo condividendo contenuti interessanti e utili.

L'utilità dei contenuti e la loro qualità sono ciò che oggi fa la differenza. È l'asticella che segna il successo o meno di un'impresa sui social media.
Non dobbiamo tuttavia dimenticare che ai dati numerici occorre sempre affiancare un'analisi più umana.
Proprio perché il social media marketing è conversazione, dobbiamo essere in grado di accostare i dati ai feedback, alla lettura attenta di quello che il consumatore ogni giorno ci rivela, su di noi e su di lui, attraverso un commento, un apprezzamento, una critica, una recensione apparentemente lesiva.
Da questo assunto è quindi facile comprendere come l'analisi dei risultati e l'ascolto delle conversazioni vadano di pari passo e debbano essere sempre viste e gestite nella loro complementarità.

Ricorda che il social media marketing è relazione e che, quindi, la creazione di un rapporto umano ed empatico ne è oggi la base, oltre che il valore più difficile da misurare ma senza dubbio quello più rilevante che fa la differenza.

**APPROFONDIMENTI**

- *Analytics Training* di Filippo Trocca, analyticstraining.it
- *Goanalytics* di Marco Cilia, sito italiano di riferimento per Analytics, goanalytics.info
- *Guida di Google Analytics*, support.google.com/analytics
- Alessandro Sportello, *Web Marketing: i numeri che (non) contano*, friendstrategy.it, giugno 2014

**TAKE AWAY**

- Le strategie di marketing che non prevedono una fase di raccolta dati e analisi dei risultati contano poco!
- Google Analytics è lo strumento gratuito di Google che ti permette di misurare tantissime metriche per ottimizzare le performance del tuo sito.
- Facebook Analytics è lo strumento gratuito di Facebook che ti permette di capire in che modo gli utenti interagiscono con la tua pagina.
- Twitter Analytics è lo strumento gratuito di Twitter che ti permette di capire quali sono i tuoi contenuti postati che hanno funzionato di più.
- Saper ascoltare "la voce del web" è un aspetto fondamentale per proseguire di conseguenza nella giusta direzione!

# 12. Brand reputation e digital PR

*di Nicoletta Polliotto*

*«Uno yuppie è qualcuno che ritiene coraggioso mangiare in un ristorante non ancora recensito».*
Mort Sahl

## 12.1. Come sei arrivato alla tua brand reputation?

Ci avviciniamo alla conclusione del nostro libro e vogliamo un po', come si suol dire, "chiudere il cerchio". Siamo partiti parlando di branding ma in realtà abbiamo continuato a farlo in ogni argomento trattato.
Ritorniamo ora a citare esplicitamente la **BRAND REPUTATION** in questa parte dedicata ai metodi per gestirla, misurarla e soprattutto esaltarla, grazie alle relazioni digitali.

Partendo dalla tua brand identity, costruendo un progetto a essa allineato, un sito web con blog aziendale e lavorando con i contenuti e con le relazioni sociali, per diffondere la conoscenza del tuo marchio e costruirti un'immagine di affidabilità e rispettabilità, hai composto la tua *brand reputation online* (o web reputation).

*«Your brand name is only as good as your reputation»*.
Richard Brason, CEO di Virgin

Non pensare che i tuoi sforzi si concludano qui, è solo l'inizio di un'interminabile attività, in cui devi:

- proporre e distribuire messaggi, presentando il tuo marchio e i suoi benefici
- coinvolgere clienti che hanno già provato la tua offerta e che ti aiutino con i loro contenuti (UGC) a raccontare l'esperienza con il tuo brand (recensione) diventandone ambasciatori e portabandiera (*brand ambassador*)
- rispondere alle domande, intercettare bisogni, entrare nelle discussioni, agganciarti alle notizie per proporti in modo creativo,[120] applicare tattiche per raggiungere nuovi follower e coinvolgerli (*engagement*)
- relazionarti con stakeholder, fornitori, enti, istituzioni, associazioni, agenzie, media per convincerli della bontà dei tuoi progetti (ufficio stampa web)
- coinvolgere nella tua comunicazione clienti influenti, colleghi autorevoli, personaggi in vista nel mondo della ristorazione e in aree afferenti, giornalisti e food blogger (*influencer marketing*)
- seguire colleghi e influencer, segnalando e condividendo le loro risorse (*endorsement*).

That's digital PR, ossia le pubbliche relazioni... digitali!

Individua adeguati strumenti di **BRAND MONITORING**, organizza il tuo lavoro di contatti e relazioni, ascolta quel che si dice di te e rispondi con il giusto tono di voce. Diventerai talmente bravo che potrai addirittura prevenire molte critiche.

120 La tecnica di inserirti nelle notizie, approfittando per presentare il tuo brand in modo simpatico e creativo, prende il nome di Newsjacking. Alcuni brand (Barilla, Ceres, ecc.) sono diventati esperti nell'utilizzo di tale tecnica

Perché sarai anche diventato un buon ascoltatore e avrai affinato la sensibilità di percepire il **SENTIMENT** riferito al tuo brand.

## ◆ INTERVISTA A REVIEWPRO

Risponde: ***Wilma Vanni***
Direttore Vendite per Italia, Malta, Olanda e Scandinavia di ReviewPro.

**Buongiorno Wilma e grazie per il tempo e l'attenzione che ci dedichi. Racconta ReviewPro ai nostri lettori, soffermandoti su punti di forza e vantaggi per i ristoratori.**
*W.V.*: La soluzione ReviewPro consente di aggregare, organizzare e gestire con la massima efficienza la reputazione online di ristoranti e hotel attraverso il controllo completo di oltre 150 OTA, blog, forum turistici e social media. Con l'utilizzo della piattaforma disponi di un'analisi completa dei commenti dei tuoi clienti e puoi mettere in evidenza i punti di forza del servizio e quelli migliorabili.
ReviewPro effettua l'analisi semantica di tutte le recensioni presenti nel web, permettendo di conoscere quante menzioni l'hotel ha ricevuto su un determinato concetto – es. qualità cibo – suddividendole in positive e negative. Con gli stessi criteri puoi effettuare un'analisi della concorrenza.
ReviewPro dà al ristorante l'esatta idea della sua brand reputation online, grazie a un algoritmo proprietario chiamato Global Review Index utilizzato anche dalla Cornell University.

**Come pensi debbano affrontare la questione "recensioni" i nostri lettori?**
*W.V.*: Ho la netta percezione di quanto le recensioni online siano determinanti per la scelta di una destinazione, di un ristorante o di un hotel: è un potente strumento di ascolto dei clienti e delle loro esigenze.
Ascolta e conosci i tuoi ospiti e i tuoi target: hanno diverse nazionalità, esperienze e aspettative, se le padroneggi puoi orientare al meglio la promozione e la vendita della tua proposta ristorativa.

**Parliamo di numeri: quanti hotel o strutture ricettive utilizzano ReviewPro? Funziona bene anche con il food?**

*W.V.*: A livello internazionale sono più di 17.000 di cui 1.500 ristoranti e catene.

Con il tracking delle menzioni sociali puoi sapere in tempo reale cosa sta condividendo il tuo cliente dal tuo stesso tavolo, con foto o esperienze, commenti e recensioni. Strumento potente, non trovi?

**Parliamo di brand reputation: come la racconteresti ai nostri lettori?**

*W.V.*: La brand reputation rappresenta la reputazione della tua azienda sul web, il riconoscimento del tuo marchio. Una buona reputazione online aiuta l'utente a consolidare le sue aspettative, soddisfacendole ogni volta che entra in relazione con il tuo marchio.

**Perché un ristoratore oggi dovrebbe fare branding, cercando di migliorare la sua reputazione sul web?**

*W.V.*: Lo scopo di ogni ristorante è uscire dall'anonimato, rendersi unico e quindi riconoscibile. Offrire un ottimo servizio ai propri clienti, perché questi ne possano parlare online o direttamente agli amici che poi diventano essi stessi dei repeter.

Prima si passava davanti a un ristorante e il solo segnale che fosse pieno assegnava credibilità. Oggi la scelta del ristorante parte da un'analisi delle sue recensioni online.

Fate attenzione: anche se passando davanti a un ristorante lo scorgiamo pieno, un comportamento sempre più consolidato è quello di prendere lo smartphone e controllarne, comunque, la reputazione prima di entrare.

**Come si misura la brand reputation e in cosa consiste l'analisi del sentiment?**

*W.V.*: La brand reputation si misura unificando tutte le recensioni, parametrandole affinché diventino dati oggettivi. I punteggi di tutte le recensioni prodotte dagli utenti vengono analizzati dal nostro Global Review Index, che restituisce in percentuale la vera reputazione. L'analisi semantica invece analizza i concetti trascritti dagli ospiti all'interno dei testi delle recensioni stesse evidenziando punti forti o migliorabili del servizio o del cibo.

**Hai dati aggiornati sul sentiment del food all'interno dei ristoranti alberghieri italiani?**

*W.V.*: Da sempre il cibo italiano è adorato dai turisti e questo si evince dalle recensioni dei ristoranti, che sono numerosissime. Ahimè, il servizio e la varietà dei piatti sono gli elementi più evidenziati nelle aree di miglioramento dei concetti. Curate di più questi aspetti!

**Cosa può fare un ristorante per migliorare la sua reputazione sui social media: consigli e trucchetti?**

*W.V.*: Il social engagement è definitivamente la formula migliore. Sapere in tempo reale di un commento o di una foto condivisi sui social media dai propri ospiti, rispondere e utilizzarli per una nuova strategia marketing: impareggiabile!

Cavalcate il Buzz Marketing!

Puntate molto su una formazione e un aggiornamento che contribuiscano al vostro percorso di crescita come brand, come imprenditori e come persone.

Auguro ai ristoratori di acquisire sicurezza nella gestione del proprio brand, imparando a seguire e considerare il sentiment dei loro ospiti, anche quando... non sono seduti a tavola da loro. Buon sentiment a tutti i ristoratori!

◆ ◆ ◆

## 12.2. Non trascurare l'Influencer Marketing

Possiamo definire l'**INFLUENCER MARKETING** una naturale evoluzione del Link Building,[121] da quando la gestione strategica dei contenuti ha conquistato un posto rilevante per l'ottimizzazione e il posizionamento su Google.

[121] Vedi approfondimenti nel capitolo 6

Esso consiste nella **RICERCA, NEL COINVOLGIMENTO E COORDINAMENTO DEGLI INTERVENTI DI PERSONAGGI INFLUENTI** nelle tue strategie di Digital Marketing, un veicolo di messaggi molto apprezzato e condiviso dai lettori.

Non è solo una naturale fonte di relazioni digitali, e quindi di link verso i tuoi contenuti (*referral*), ma offre spunti di collaborazione, di condivisione e, perché no, di endorsement reciproco. Aiuta a incrementare la brand awareness (la riconoscibilità del tuo marchio) e alimenta un clima di fiducia e di trasparenza.
Principalmente, gli influencer si muovono abilmente su blog e social media. Questi ultimi sono molto virali, soprattutto considerando i dati citati da Byan Kramer:[122]

- il 74% dei consumatori si informa sui social per le decisioni di acquisto
- il 90% crede nelle raccomandazioni condivise e solo il 33% negli adv (advertising o pubblicità)
- il 90% dei marketer crede negli *earned media* (vedi il capitolo 5), ossia nella visibilità conquistata tramite relazioni e qualità dei contenuti.

Di fatto i contenuti sponsorizzati da un brand non ispirano fiducia, meglio se a raccontarli sono gli altri utenti (UGC e recensioni), consumatori fiduciosi, personalità e specialisti che sostengono quel brand.

Ormai è trascorsa l'epoca degli scatti fotografici con un campione dello sport, una stella del cinema o della musica appesi alla parete del tuo ristorante. Ora i veri VIP sono i tuoi clienti, che si fanno un food selfie e lo condividono, lasciano una recensione positiva su TripAdvisor, seguono la brand page di Facebook e condividono i tuoi post. E, ancora, autorevoli food blogger che diffondono i tuoi contenuti o scrivono un post di successo ospitato sul tuo blog.

[122] *Rise of the Influencer*, bryankramer.com

## 12.3. Food blogging e food journalism

Un posto rilevante, accanto al mondo della ristorazione, è ben presidiato dal fenomeno **FOOD BLOGGING**.

Nato come diario di cucina, per lo più curato da giovani donne – non di rado mamme – con la passione per il cibo. Voci amatoriali ma non per questo meno interessanti, gustose e degne di attenzione.

Presto si evolve, dilagando in rete tra journal e ricettari virtuali, con una maggiore consapevolezza, da parte dei food blogger, del proprio ruolo. Diventando noti, seguiti, veri e propri influencer, intercettatori di tendenze, talvolta star del food[123], emerge l'esigenza di delineare meglio la propria professionalità e strutturarsi in gruppo, per confronto e crescita comune.

In Italia, nasce l'**ASSOCIAZIONE ITALIANA FOOD BLOGGER**, attiva da febbraio 2014, che conta ad oggi circa 300 iscritti, oltre agli 11 soci fondatori.

Anna Maria Pellegrino, presidente della AIFB, in occasione della nostra intervista, ha subito sfatato la leggenda sull'improvvisazione dei food blogger:

«*In tutti noi c'è sempre stata una passione del cibo, declinata in maniera diversa. Abbiamo iniziato a postare dal 2008 in poi, quando in Italia si è affacciata l'idea del food blog. Ma la maggior parte di noi proviene dai forum di cucina, quelli storici, nati intorno alla metà degli anni '90*».

### *12.3.1. Il variopinto panorama del food storytelling*

Food journalism e critica gastronomica classicamente intesa sono inizialmente stati presi in contropiede dalla rapida diffusione del fenomeno. Affrontata, probabilmente, con leggerezza o con il timore di vedersi rubare il mestiere da operatori non professionisti.

Nel frattempo assistiamo a una rapida evoluzione del blogging: molti sostengono che i social media scalzeranno il blog aziendale e di informazione, così come attualmente inteso.

Twitter, Facebook, Pinterest al posto del business blog o del food blog?

[123] Tra tutti emerge per notorietà e qualità del lavoro Giallo Zafferano, food blog di Sonia Peronaci, che riesce anche a travalicare i limiti del web, contagiando gli altri media, giallozafferano.it

Staremo a vedere.
Altro ambito rilevante in cui prolifica il food storytelling è la comunicazione visiva, attraverso piattaforme come Instagram e Pinterest.[124]

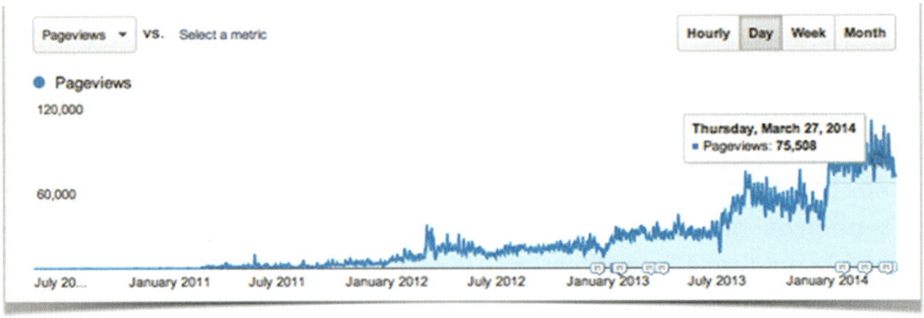


**Figura 12.1. Food blogger: PinchOfYum[125] punta sulle fotografie di qualità e passa in 3 anni da 50 a 70.000 visite/giorno**

Non trascuriamo le rapide evoluzioni della comunicazione video dove il food è spesso protagonista: web tv che hanno ceduto il passo ai canali YouTube, con influencer vere e proprie stelle, seguite da un numero di fan da capogiro.
Il racconto food passa anche attraverso i rapidi filmati di pochi secondi in stile Vine e Periscope.

Leggiamo, dunque, il racconto dalla penna virtuale degli attuali cantastorie del food: i blogger.

## *Anna Maria Pellegrino* ⌘

### FOOD BLOGGER TRA CREAZIONE E INFLUENZA

L'AIFB,[126] nata il 16 novembre 2013 e nei primi giorni di febbraio 2014 presentata al web, è frutto di anni di crescita e di consapevolezza di ogni singolo

[124] Temi trattati nel capitolo 7
[125] pinchofyum.com/tasty-food-photography
[126] Sito ufficiale dell'associazione AIFB: aifb.it

⌘

socio fondatore e di confronti e discussioni fra tutti noi. Il nostro obiettivo è aggregare le persone accomunate dal medesimo approccio al mondo del cibo, creando occasioni di incontro e mutuo scambio in un progetto condiviso.

L'*Associazione Italiana Food Blogger* offre agli associati gli strumenti necessari per approfondire le proprie conoscenze nel settore, attraverso la partecipazione a visite didattiche, food camp, eventi mirati, workshop e corsi di formazione, oltre all'opportunità di interagire, nel pieno rispetto dei ruoli, con associazioni di categoria, realtà pubbliche e private.

Lo statuto che ci siamo dati non è il frutto dell'improvvisazione: siamo partiti prima dall'analisi di quanto ognuno di noi aveva prodotto, in modo diverso, nel corso degli ultimi anni, dalla nascita del proprio blog fino al momento di sentire il bisogno di dare vita a un'associazione.

Obiettivo: diventare contagiosi, con la fiducia e l'entusiasmo di tutti coloro che hanno deciso di unirsi a noi in quella che crediamo essere l'inizio di una nuova food-consapevolezza.

**Figura del food blogger**

Il food blogger è un appassionato di cibo che decide di tenere un diario aperto a tutti, grazie al fatto di esistere in rete. Nel corso degli ultimi 15 anni si è passati dai forum, spesso legati a riviste prestigiose come *La Cucina Italiana* ai primi blog storici, nati attorno al 2005, e successivamente a piattaforme che hanno aggregato attorno a sé centinaia di food blogger.

Ora siamo dinnanzi a una nuova evoluzione della comunicazione del food sul web, grazie alla prepotente affermazione del microblogging, che ha in parte sostituito la pubblicazione di un post classico: immagini e testi più o meno articolati, con immagini evocative accompagnate da poche parole e da hasthag, ovvero parole utilizzate per creare etichette specifiche per i social (su Facebook, Twitter, Instagram, Pinterest ecc.).

**Quanti sono i food blogger italiani?**

Un primo censimento, nel 2012, ne contava 3000; a distanza di meno di tre anni il numero è raddoppiato e molti di questi sono diventati dei veri social influencer, anche in specifici settori dell'alimentazione, come quelli della cucina vegetariana, glutenfree, vegan.

**Influenza del food blogger**

Già ora esistono in rete piattaforme di recensioni, come TripAdvisor, spesso sotto i riflettori in quanto permettono pubblicazioni anonime e non consentono un contradditorio, a mio avviso, serio.

Ecco, il food blogger, proprio perché "ci mette la faccia", potrebbe essere

un valido aiuto nel raccontare lo spirito di un ristoratore e del suo menù: la scelta delle materie prime, le tecniche di cottura alla luce delle ultime innovazioni tecnologiche, il passato e il futuro del locale medesimo, passaggio di testimone tra il professionista e il cliente.
Molti blogger sono diventati consulenti per gli operatori del food, che siano essi produttori o ristoratori.
Spesso ristoratori e chef, quelli che non sono quotidianamente sotto il riflettore dei media, hanno semplicemente bisogno di qualcuno che "racconti" la bontà del loro lavoro quotidiano, lo sforzo continuo per offrire il meglio, la crescita nell'approfondimento e nello studio, elementi che la semplice lettura del menù non sempre consente.
Questo il mio consiglio per i ristoratori: apritevi al pubblico raccontando il vostro lavoro, senza ricorrere a facili slogan che in un primo momento sembrano accattivanti ma possono nascondere contenuti di scarso valore.
Seguite i food blogger: siamo sempre connessi e questo può aiutarvi a entrare in contatto con le nuove tendenze del cibo e della sua comunicazione (il mondo anglosassone è faro e ispirazione continua), conoscenze che possono essere condivise e adattate alla realtà in cui vivono il ristoratore o lo chef.

Buon lavoro e buon racconto.

## 12.4. Recensioni online tra critici gastronomici e brand ambassador

Mettiamo le carte in tavola: è umano reagire in modo stizzito alle critiche che ci vengono rivolte da amici e colleghi; quando, però, il giudizio al tuo operato arriva da un cliente, il fastidio può trasformarsi in reazione poco gradevole e pericolosa per l'immagine del tuo ristorante. Se la lamentela si risolve al tavolo, quando un cliente critica il ritardo di una portata o un piatto troppo freddo, l'episodio è contenuto e gestibile. La situazione potrebbe complicarsi quando il cliente insoddisfatto lascia la sua recensione, visibile a tutti, su un aggregatore di review online (TripAdvisor, DueSpaghi, Yelp, Zagat e altri).

E dire che il ristoratore dovrebbe essere avvezzo alle critiche e ai commenti, anche da far tremare i polsi. Penso a due spauracchi, **CRITICO GASTRONOMICO** e **GUIDA RISTORANTI**, di ogni cucina di qualità. Spesso, però, non affrontiamo questo tema con la dovuta attenzione quando si tratta di Digital Marketing. È doveroso farne cenno, per meglio comprendere come sta cambiando il mondo della comunicazione e del branding per i ristoranti.

Il giornalista incaricato di provare servizio e cucina, il *critico gastronomico*, arriva in incognita, per lo meno dal 1975 in poi, data in cui il *Corriere della Sera* – edizione del pomeriggio – fonda la moderna critica gastronomica, con una rubrica dedicata, affidata al giovane Edoardo Raspelli.
Prova, assaggia, abbina e poi scrive, lasciando voti su una pagella. Alcuni sono ancora oggi fedeli al loro anonimato, anche se quasi tutti hanno gettato la maschera, tranne forse Valerio M. Visentin.
Tra i più noti critici culinari ricordiamo, oltre al già citato Raspelli: Enzo Vizzari, Luigi Cremona, Antonio Paolini.

E poi ci sono le *guide culinarie*, alcune più autorevoli, altre pratiche e divertenti da utilizzare. Come non citare la Guida Michelin – le cui stelle e forchette fanno girare la testa a tutti i ristoratori del mondo – o Gambero Rosso, Touring Club e la Guida de *L'Espresso*?

Da sempre queste letture inebriano, affascinano, incuriosiscono sia l'utente sia il ristoratore. Con il web i nostri strumenti di informazione, formazione, comunicazione sono aumentati esponenzialmente e l'esperienza più emozionante, sensuale, conviviale e gioiosa del mondo è sempre più condivisa, raccontata e criticata. Fino a farci sentire tutti esperti critici e un po' Anton Ego, come nel film *Ratatouille*.

### *12.4.1. Word-of-Mounth, il passaparola*

Come abbiamo accennato, oggi è inevitabile essere presenti online con le recensioni degli ospiti. Anacronistico e visionario fingere che non esistano o tentare di lottare contro la presenza del tuo ristorante su queste piattaforme.

Siamo tutti consapevoli che le recensioni negative viaggino più rapidamente di quelle positive. Magari dimentichiamo di segnalare un'esperienza piacevole, ma se riteniamo di essere vittime di un ingiusto trattamento, tendiamo a non lasciar correre e ci impegniamo affinché tutti lo vengano a sapere.
Un altro aspetto poco gradevole delle recensioni negative è che risul-

tano, istintivamente, più credibili di un commento troppo entusiasta. Inoltre le critiche per un trattamento non gradito sono colme di emozioni e il lettore tende a identificarsi con più facilità. Proprio per questo una o più recensioni negative possono scatenare un effetto domino, quando altri clienti si riconoscono in un'esperienza non riuscita, o al di sotto delle aspettative, e scatta la molla della critica.

Le recensioni da monitorare, poi, non sono presenti solo su TripAdvisor ma anche su trivago, nei giudizi dei tuoi ospiti su Booking.com, nella tua brand page di Facebook, sul tuo account di Twitter, abbinate a una immagine fotografica su Foursquare o su Instagram. Sono ovunque.

Se ricevi una recensione negativa, affronta il problema a testa alta, con passione e con l'amore che contraddistingue il tuo lavoro, prendi carta e penna, anzi mouse e tastiera e rispondi con professionalità: una situazione rischiosa può trasformarsi in opportunità di business. Esistono diversi approcci per risolvere i commenti negativi.

### *12.4.2. Rispondere alle recensioni negative*

Come puoi replicare alle recensioni negative?

#### NON NASCONDERTI DIETRO A UN DITO

Se i tuoi clienti hanno vissuto una brutta esperienza nel o con il tuo locale, non risolvi il problema ignorandoli. Il tuo silenzio convalida la recensione negativa e resti, inesorabilmente, dalla parte del torto.

*Azione*
Coinvolgi lo staff e sincerati di cosa è successo, senza colpevolizzare nessuno e neppure fare squadra contro il cliente. In ogni modo qualcosa è andato storto e un sano esame di coscienza farà bene. Rispondi senza alterigia ricordando che devi contenere i danni: eviti così ulteriori passaparola negativi e i lettori della recensione e della tua risposta apprezzeranno lo stile. Chi legge le recensioni, anche se non lusinghiere, giudica positivamente la pronta risposta e cura che il proprietario del locale pone nella risoluzione del problema.

#### MANIFESTA INTERESSE E PARTECIPAZIONE

Invece di arrabbiarti facendo vivere per la seconda volta un'esperienza negativa al recensore, dimostra preoccupazione per l'accaduto. Sia il cliente sia gli altri lettori apprezzano l'attenzione e la cortesia anche nella "gestione della crisi". Riconoscere che c'è stato un errore o un'incomprensione ti farà recuperare 100 punti. Ammettere che il tuo servizio può essere migliorato, 500 punti!

*Azione*
Rispondi ringraziando per i suggerimenti e i consigli, conferma che grazie a quel commento hai affrontato un aspetto della tua offerta e la stai migliorando. Canestro!

**Morale della favola**
«*I problemi sono opportunità abilmente dissimulate*», recita un detto popolare. Quando ricevi un feedback negativo la tua sensibilità è ragionevolmente ferita, ma se affronti il problema con la giusta razionalità lo puoi tramutare in occasione di crescita. L'esperienza ti aiuta a emergere con il tuo business rafforzato e, magari, preziosi consigli per migliorare. Fingere che le recensioni non esistano o indignarsi in modo furibondo non solo elude il problema ma danneggia le tue strategie.
I meta-search aggregatori di recensioni sono molto seguiti dall'utente online, non ci sono nemici nascosti dietro ogni angolo pronti a fingersi clienti pur di danneggiarti.

Per esempio, TripAdvisor nonostante si ostini a consentire l'anonimato ai recensori, lavora seriamente sull'analisi del materiale inserito dagli utenti. Il vicepresidente Adam Medros[127] ha rilasciato interessanti dichiarazioni in merito, sostenendo che il controllo dei contenuti è effettuato da un team di 300 persone, in 28 lingue, sia manualmente sia tramite un algoritmo che si sviluppa e aggiorna settimanalmente. Il sistema analizza la localizzazione e l'indirizzo IP di chi lascia una recensione, le relazioni con altri utenti e il suo comportamento sul portale, incrociando decine di dati e utilizzando anche i cookie.

Ci rivolgiamo direttamente alla fonte per raccogliere consigli, statisti-

[127] Stefano Rizzato, *Algoritmi e investigatori contro le recensioni fasulle: dietro le quinte di TripAdvisor*, www.lastampa.it, giugno 2015

che e dati, ricordandoti che sul web sono sempre in movimento e in crescita: leggi l'intervista a TripAdvisor e a trivago.

## ◆ INTERVISTA A TRIPADVISOR

Risponde: ***Valentina Quattro***
Senior PR Manager di TripAdvisor in Italia.

**Buongiorno, ci spiega che cos'è TripAdvisor e quali sono i suoi punti di forza? TripAdvisor è entrato nelle nostre abitudini quotidiane, ma avere informazioni con l'ottica dell'imprenditore ci è indispensabile.**
*V.Q.*: Grazie per l'opportunità di raccontare la nostra storia ai ristoratori. TripAdvisor è il sito di viaggi più grande del mondo[128], nato per aiutare i viaggiatori a pianificare e prenotare la vacanza perfetta. Offre consigli di viaggio pubblicati da viaggiatori e un'ampia serie di funzionalità di ricerca informazioni, con collegamenti diretti agli strumenti di prenotazione.
I siti web a marchio TripAdvisor rappresentano la più grande community di viaggiatori del mondo, con quasi 340 milioni di visitatori unici ogni mese[129], più di 225 milioni di recensioni e opinioni relative a più di 4,9 milioni di alloggi, ristoranti e attrazioni. Operano in 45 Paesi.
Tutti i numeri di TripAdvisor:

- +225 milioni di recensioni e opinioni scritte dai viaggiatori di tutto il mondo
- 4,9 milioni di aziende del settore turistico-ricettivo in 150.000 destinazioni
- 950.000 hotel, B&B e alloggi
- 700.000 case vacanza
- 2.700.000 ristoranti

128 Fonte: comScore Media Metrix per i siti di TripAdvisor, dati mondiali, agosto 2014
129 Fonte Google Analytics, dati mondiali, primo trimestre 2015

- 530.000 attrazioni
- 32 milioni di fotografie amatoriali
- 139 contributi postati ogni minuto
- più di 70 milioni di membri raggiungibili nel mondo.

Crediamo di aver avuto un impatto positivo sull'industria dell'ospitalità nel corso dell'ultimo decennio. Abbiamo aiutato a migliorare gli standard di servizio e diamo a ogni hotel e ristorante l'opportunità di promuoversi in tutto il mondo.
Siamo uno strumento di marketing gratuito e supportiamo i business più piccoli gratuitamente nella promozione e visibilità del proprio prodotto verso un'audience globale. Esistono poi ulteriori servizi a pagamento per amplificare visibilità e vendite.

**Le recensioni su TripAdvisor sono nate per raccontare esperienze di soggiorno presso gli hotel. Quando e come gli utenti hanno iniziato a recensire i ristoranti? Quanti sono i ristoranti su TripAdvisor?**
*V.Q.*: I ristoranti – sono 2.700.000 – hanno fatto la loro apparizione sulla nostra piattaforma nel giugno 2004. TripAdvisor è da sempre impegnata ad aiutare gli utenti nella completa esperienza di viaggio, dalla ricerca dell'hotel perfetto fino alla prenotazione di attività ed esperienze culinarie una volta in loco.
Come sapete, recentemente TripAdvisor ha anche lanciato una piattaforma dedicata all'e-booking dei ristoranti: si tratta di TheFork[130] che ha già una posizione di leadership in Europa, con un network di oltre 24.000 ristoranti e più di 6 milioni di utenti al mese. Mette in contatto utenti e ristoranti, permettendo ai primi di cercare ispirazione e prenotare online e ai secondi di incrementare le prenotazioni e la fedeltà dei clienti.

**Uno studio condotto da Robert H. Smith della School of Business dell'University of Maryland sulle recensioni di Yelp per ristoranti è giunto alla conclusione che un'analisi accurata degli UGC (conte-**

[130] Vedi l'intervista nel capitolo 10

**nuti creati dagli utenti, quali le recensioni) degli avventori possa prevedere la futura chiusura del locale stesso. Sono realmente così potenti le recensioni degli ospiti dei nostri ristoranti? Qual è la sua chiave di lettura?**

*V.Q.*: Uno studio, commissionato a PhoCusWright[131], alla fine del 2013, rivela che più della metà degli intervistati non conclude una prenotazione prima di aver letto le recensioni e scoperto cosa gli altri viaggiatori pensino di quella struttura.

Secondo l'indagine, gli italiani sarebbero gli utenti più appassionati: il 41% degli internauti del Bel Paese visita il sito almeno una volta alla settimana, mentre l'85% lo consulta almeno una volta al mese – la media globale è del 67%.

Il 75% degli intervistati italiani si basa abitualmente sulle recensioni di TripAdvisor prima di selezionare un ristorante, il che fa segnare agli italiani un ulteriore record: sono i più propensi a consultare le recensioni dei ristoranti prima di scegliere il più adatto a loro – media mondiale intorno al 50%.

Il 39% degli italiani intervistati evita di provare i ristoranti che non hanno recensioni.

Attenzione: l'85% di italiani legge tra le 6 e le 12 recensioni prima di prendere la propria decisione ed è più interessato alle recensioni recenti. La maggior parte degli intervistati sostiene di scrivere recensioni per ragioni positive, con il 75% di viaggiatori che ritiene che "ci si sente bene a condividere informazioni utili con altri viaggiatori" e il 63% degli intervistati che sostiene di voler condividere una bella esperienza con altri viaggiatori.

**Questi dati sono molto stimolanti per i ristoratori. Ma qual è il sentiment che ne emerge?**

*V.Q.*: Il punteggio medio dei ristoranti italiani su TripAdvisor dato dagli utenti nel 2014 è di 4-5: il punteggio massimo.

131 Fonte: PhoCusWright "Custom Survey Research Engagement" per TripAdvisor, dicembre 2013

**Quali consigli possiamo dare per gestire al meglio la propria brand reputation e la relazione con i clienti sul vostro portale? Ha qualche segreto per gli imprenditori della ristorazione, per sfruttare la presenza su TripAdvisor ai fini di accrescere la propria visibilità?**
*V.Q.*: Secondo uno studio[132] sull'engagement verso i ristoranti, le fotografie sono essenziali nell'indirizzare la scelta degli utenti, così come un maggior numero di risposte della direzione fa aumentare il punteggio medio delle recensioni.
I fattori che assicurano maggiore coinvolgimento verso le pagine di ristoranti – in ordine di livello di impatto sul coinvolgimento – sono:

- numero totale di fotografie, postate sia dagli utenti sia dai gestori
- numero di fotografie postate dai gestori
- numero totale di recensioni
- orari di apertura mostrati.

Rispondere alle recensioni porta benefici ai ristoranti, non solo perché permette di dare la propria versione dei fatti ma anche perché accresce il livello di coinvolgimento dei visitatori. Ha anche un impatto positivo sul punteggio generale di un ristorante su TripAdvisor: più risposte alle recensioni dà il gestore, più alto è il punteggio medio delle recensioni.

**Sul finire del 2014 l'Autorità antitrust italiana ha deciso di multare TripAdvisor per pratiche commerciali giudicate non corrette. Cerchiamo di comprendere quanto sia importante per l'utente comunicare e raccontare la propria esperienza sul portale di recensione più famoso al mondo. Preveniamo i timori dei ristoratori, chiedendole se esiste il rischio che le recensioni negative siano false. Come individuate e circoscrivete il fenomeno?**
*V.Q.*: I nostri sistemi e processi sono estremamente efficaci nel proteggere

[132] TripAdvisor ha analizzato i dati di un campione di ristoranti delle 25 città più recensite (7 luglio-7 agosto 2014): Londra, Roma, Parigi, New York, Las Vegas, Barcellona, Orlando, Milano, Firenze, Bangkok, San Francisco, Istanbul, Amsterdam, Berlino, Madrid, Praga, Edimburgo, Venezia, Chicago, Buenos Aires, Singapore, Dublino, Marrakech, New Orleans

i consumatori dalla piccola minoranza di persone che cerca di raggirare il nostro sistema. Abbiamo team e sistemi sofisticati per individuare i responsabili di frodi e mettiamo in atto forti penalizzazioni per dissuaderli. Le recensioni passano attraverso il nostro sistema di monitoraggio che le mappa, utilizzando strumenti automatizzati e algoritmi, con un team di oltre 300 specialisti dei contenuti, che lavorano 24 ore su 24, 7 giorni su 7 per mantenere la qualità delle recensioni.

**Come gestire la propria scheda su TripAdvisor? Come interagire con le recensioni dei propri ospiti, soprattutto se queste sono negative?**

*V.Q.*: Tutti i proprietari/gestori possono registrare la loro struttura su TripAdvisor visitando il Centro Gestione, che offre accesso alla struttura elencata nel sito e a tutti i servizi gratuiti di TripAdvisor per i professionisti dell'ospitalità, tra cui la possibilità di segnalare dubbi su una recensione. Anche gli utenti possono segnalare una recensione sospetta cliccando sul tasto *Problemi con questa recensione?* situato sotto a ogni recensione sul sito. Tutte le segnalazioni e indicazioni ricevute sia dai proprietari sia dagli utenti vengono registrate e gestite dal team preposto.

In tutti i casi, è sempre importante postare anche la risposta della direzione non solo perché permette al ristoratore di dare la propria versione dei fatti ma anche in termini di aumento del livello di coinvolgimento dei visitatori verso le pagine dei ristoranti su TripAdvisor.

Ecco 4 domande che aiutano a stilare una risposta che ispiri fiducia.

**Per chi sto scrivendo?** Tieni presente che il vero pubblico è sì il recensore ma anche tutta la community di TripAdvisor composta da quasi 340 milioni di visitatori mensili.

**Sto affrontando le preoccupazioni principali?** Rispondi ai dubbi esposti nella recensione, offrendo informazioni che possano rispondere alle perplessità generate anche negli altri viaggiatori.

**Sto dimostrando che ci teniamo agli ospiti?** Ogni viaggiatore ha preferenze diverse, ma tutti si aspettano che la struttura ci tenga alla loro presenza. Quando gli ospiti potenziali leggono le recensioni, si mettono nei panni del recensore. Parla dei cambiamenti specifici che si stanno attuando per migliorare il servizio in futuro. I lettori noteranno l'impegno e ispirerà loro fiducia.

**Siamo davvero dispiaciuti?** Delle scuse appropriate e sentite non sono mai fuori luogo e dimostrano il coinvolgimento emotivo verso gli ospiti passati e futuri. La chiave è sentirle davvero.

## ◆ INTERVISTA A TRIVAGO

Risponde: *Giulia Eremita*
Responsabile di progetto comparto marketing e comunicazione di trivago.

**Grazie per aver accettato di raccontare i progetti e le evoluzioni di trivago ai nostri lettori. Che cos'è trivago e quali sono i suoi punti di forza? Il brand trivago lo conosciamo tutti, non fosse per i divertenti spot pubblicitari televisivi, ma vorremmo comprendere come può correre in aiuto dei nostri ristoranti.**
*G.E.*: trivago è un motore di ricerca hotel con più di 700.000 strutture a confronto, primo al mondo per estensione database. Con più di 200 siti di prenotazione online a confronto, 140 milioni di recensioni integrate e 14 milioni di foto, la sua mission è di aiutare l'utente a trovare più facilmente l'hotel ideale. 80 milioni di visitatori ogni mese da 51 paesi e in 32 lingue usano trivago. L'azienda è stata fondata nel 2005 a Düsseldorf, Germania, dove si trova la sua sede principale.

**Dati impressionanti e numeri lusinghieri per il vostro operato. Nell'immaginario collettivo si associa il brand trivago all'hotel, al viaggio ma... cosa c'entra con la ristorazione?**
*G.E.*: trivago compara solo hotel, non è possibile confrontare i prezzi di nessun'altra tipologia di prodotto turistico.
Il food è esclusivamente legato all'hotel e alla scelta di un certo tipo d'albergo: su trivago si seleziona "Hotel con ristorante" tra i servizi dell'hotel nei filtri di ricerca e si ottiene la lista degli hotel con servizio ristorazione.
I più attenti utilizzatori di trivago avranno notato che, cliccando sulla

valutazione dell'hotel (le famose faccine), si trovano diverse informazioni divise per categorie, tra queste la qualità del cibo risulta davvero molto importante per chi viaggia per piacere.

**Figura 12.2. Il cibo è uno dei temi più rilevanti tra i servizi selezionati su trivago**

**Utile soprattutto per i ristoranti alberghieri. Puoi raccontarci qualche dato più approfondito in merito al food?**
*G.E.*: In un recente studio sull'hotel ideale,[133] effettuato su un campione di 25.000 rilevazioni su 700 strutture europee, risulta che il servizio ristorante e bar è tra i più utilizzati in hotel: il 25% degli ospiti li utilizza entrambi sia in viaggi d'affari che di piacere.
In alcune città di mare o soprattutto montagna, ma anche destinazioni d'arte, il servizio ristorante è tra il terzo e quarto filtro di scelta più utilizzato quando si cerca un hotel.
Eppure, e qui il problema, i livelli d'insoddisfazione più alti sono proprio in queste aree: pranzare e cenare in hotel non è un'esperienza in linea con le attese per una buona parte del campione analizzato.

**Hai qualche saggio consiglio per i ristoratori, per allinearsi meglio alle aspettative così rilevanti in fatto di dinner experience e colazione dei loro ospiti?**

[133] Giulia Eremita, *Esiste l'hotel ideale? [Lo studio di trivago]*, checkin.trivago.it

*G.E.*: Investire sicuramente di più nella qualità e freschezza del cibo con un migliore rapporto qualità/prezzo e cercare di ricreare un ambiente raccolto e intimo, che non dia l'idea di trovarsi una sorta di tavola calda. I nostri dati ci dicono che il 75% di chi ha provato il ristorante in hotel lamenta il cibo insipido, il 39% trova la selezione dei vini piuttosto scarsa, il 58% il conto salato... e non è lì che dobbiamo aggiungere sapore al nostro menù!
E quando il cibo è servito a buffet, l'83% trova l'ambiente un po' caotico. Dati certamente che fanno riflettere.
Con le recensioni i nostri ospiti forniscono suggerimenti, consigli, un'indagine di mercato accurata che basta leggere, analizzare, seguire.

**Suggerimenti per i ristoratori che ci leggono, desiderosi di portare una ventata di innovazione e freschezza nel loro locale?**
*G.E.*: Ci sono in Italia tante destinazioni d'arte legate alla tematica gourmet dove le aspettative sul buon cibo sono davvero alte. Ancora di più quando si rileva che il campione di viaggiatori più attivi che pernottano mediamente in oltre 20 hotel all'anno e con un'alta capacità di spesa, sono gli stessi che mettono il buon cibo nelle loro priorità.
Per questo motivo bisogna cercare sempre di riconsegnare un alto livello di qualità e tipicità nei menù, in modo da dare un'immagine di destinazione integrata e coerente. Il ristorante in hotel può vivere di vita propria se ben gestito, ma non deve né può permettersi di offrire un servizio di serie B per pranzi e cene di emergenza per i suoi ospiti.
Quindi, a chi cura la ristorazione in hotel diciamo di rilevare il livello di soddisfazione generale e investire sempre nella qualità.

◆ ◆ ◆

### APPROFONDIMENTI

- Blog dedicato al Digital PR (in inglese), prdaily.com/Main/Home.aspx
- Blog dedicato al personal branding, personalbranding.it
- Piattaforma per il Brand Monitoring: ReviewPro, reviewpro.com
- Kelly Senyei, *Food Blogging for Dummies*, John Wiley & Sons

### TAKE AWAY

- Preparazione, Professionalità e Passione sono le 3 P necessarie a rivoluzionare e rilanciare l'accoglienza italiana, base per la tua brand reputation.
- Hai scoperto che la maggioranza dei tuoi ospiti scrive recensioni online ed è attratto dalla food experience: sfruttale a tuo vantaggio e incentivale.
- Miscela tutti gli ingredienti con sapienza: recensioni e commenti degli ospiti, interventi di food blogger e influencer, guide autorevoli e critiche gastronomiche. Crea un mix di sapori.

# 13. Comunicare alla tua nicchia

*di Nicoletta Polliotto*

*«Dobbiamo essere il cambiamento che desideriamo vedere nel mondo».*
Mahatma Gandhi

## 13.1. Comunicare alla tua nicchia: tra etica e business

In questo capitolo ti proponiamo spunti interessanti al confine tra scelte aziendali e operative, tecniche di vendita, customer care, strategie di comunicazione.
Affrontiamo il complesso tema delle abitudini alimentari dei tuoi ospiti e delle loro esigenze in termini di scelte, anche di necessità, come nel caso di diete alimentari, problemi di salute, allergie, intolleranze, disagi personali.

Il nostro approccio non è e non può essere medico, nutrizionale, smaccatamente etico. Abbiamo le nostre personali abitudini in fatto di alimentazione, il nostro corredo di valori rispetto all'ambiente e all'approccio eco-sostenibile, ma questo non è l'oggetto della nostra discussione.

Tentiamo qui di raccontare come approcci diversi all'alimentazione, talvolta alimentati da argomenti e stili di vita di tendenza, possano essere utili a migliorare, ampliare o specializzare la tua offerta commerciale, la tua comunicazione e, perché no, la tua immagine aziendale.

Ne abbiamo selezionato solo alcuni che potrebbero essere interessanti per il tuo business e le tue offerte, lasciando la parola a chi di questi approcci ha fatto il proprio stile di vita, la propria missione e lavoro. Ci scusiamo fin d'ora con gli esclusi, tali essenzialmente per esigenze di spazio e tempo, ma consigliamo ai lettori di valutare un approfondimento.

## ◆ COMUNICARE AGLI INTOLLERANTI

### Ristorazione per persone "speciali"

di *Susanna Neuhold*
Responsabile Nazionale Area Food AIC

Parlando di ristorazione e cibo, non possiamo dimenticare tutte quelle le persone che, avendo specifiche patologie legate all'alimentazione, devono seguire diete speciali, che escludono alcuni alimenti.

L'**ALLERGIA ALIMENTARE** interessa circa il 2-4% della popolazione generale, con maggiore incidenza nella età pediatrica dove è interessato il 3-5% dei bambini fino agli 8 anni circa.

La **CELIACHIA** a sua volta riguarda l'1% della popolazione e le diagnosi sono in costante crescita. In Italia, ci si aspetta che circa 600.000 siano le persone affette da celiachia e oggi siamo a più di 165.000 persone diagnosticate.
I dati di un sondaggio svolto qualche anno fa dalle Associazioni Celiachia europee mettevano in luce, con estrema evidenza, le opportunità che il consumatore celiaco rappresenta per la ristorazione. Un limite, quindi, che si trasforma in una risorsa.
A esempio, la percentuale di intervistati celiaci che dichiarava di mangiare fuori casa una volta ogni due settimane era del 19%, ma

questo valore schizzava al 41% nella situazione ideale in cui fosse più facile trovare un locale che offrisse anche alimenti senza glutine. Alla domanda "con quante persone mangi quando esci", il 27% rispondeva tra cinque e sei, il 40% tra tre e quattro e il 23% con una o due persone.

Offrire un'alternativa senza glutine migliora l'immagine del locale e amplia il numero dei clienti, perché non c'è solo il celiaco, ma tutto l'indotto di familiari, amici o colleghi che mangiano insieme.

Offrire piatti senza glutine non basta più. Chi soffre di celiachia si attende un servizio di qualità, con pietanze del territorio e un menù ampio, che offra piatti gustosi e vari.
La gastronomia senza glutine ormai non è più sinonimo di bistecca e insalata o il classico risotto.
Quinoa, amaranto, grano saraceno, mais, pasta fatta in casa con farine senza glutine, fritture di terra e di mare: sono tantissimi gli alimenti naturalmente senza glutine da cui si possono trarre piatti gustosi, adatti anche a tutta la clientela.

E allora, come fare? La parola d'ordine è: non improvvisare e acquisire tutte le necessarie informazioni che ci permettano di preparare pasti sicuri per chi soffre di specifiche patologie. Perché è fondamentale prestare attenzione anche alle minime tracce delle sostanze "tossiche" e per questo è importante sapere come selezionare gli ingredienti e come prepararli. In molte regioni italiane oggi esistono specifiche norme che regolamentano l'offerta senza glutine o senza determinati allergeni di ristoranti o pasticcerie. È sempre necessario in questi casi rivolgersi alla propria ASL per conoscere l'iter da seguire che prevede sempre, comunque, la frequenza di specifici moduli formativi. In tutta Italia, poi, è attivo il progetto *Alimentazione Fuori Casa senza glutine* dell'Associazione Italiana Celiachia che, oltre a corsi di formazione sulla gestione del pericolo della contaminazione, offre una serie di strumenti davvero all'avanguardia per comunicare il servizio offerto: una guida cartacea dei locali gluten free d'Italia, una app per smartphone, gratuita per tutti (AIC mobile) e disponibile anche in lingua inglese e un sito web sempre consultabile su www.celiachia.it

◆ ◆ ◆

## Comunicare le scelte alimentari diverse

di *Carmen Nicchi Somaschi*
Presidente Associazione Vegetariana Italiana

La scelta di un'alimentazione **VEGETARIANA** e vegan, ora più che mai, è un'esigenza sociale che ci rende persone attive per la salvaguardia del nostro pianeta: proprio questa consapevolezza e senso di responsabilità ha facilitato la crescita del movimento VEG.

Leggendo alcuni stralci del libro, mi ha colpito molto l'attenzione all'innovazione, concepita come crescita ma quasi proposta come una necessità cosciente e consapevole per il ristoratore.
È nostro dovere consegnare alle generazioni future un mondo pulito, sano e vivo, come lo era più di cento anni fa, così come per il ristoratore è fondamentale far crescere la propria impresa seguendo il respiro dei nuovi ospiti, perché il mondo, pare, sta cambiando.

La ristorazione italiana pur proponendo piatti mediterranei non ha ancora raggiunto un perfetto equilibrio per poter offrire un menù veg. Alcuni non hanno ancora le idee chiare in merito e spesso un vegetariano o vegano legge il panico sul viso del personale di servizio del ristorante che, non adeguatamente preparato, propone pesce o piatti approssimativamente ritenuti vegetariani o vegan.

L'**AVI** – Associazione Vegetariana Italiana – pur guardando con grande simpatia locali vegetariani e vegani al 100%, da anni lavora per formare e aggiornare i ristoratori di ogni tipologia. Nostro obiettivo? Far comprendere la grande opportunità di includere nel proprio menù dei piatti vegetariani. Vi è la necessità di formare il proprio personale di cucina e di sala per comprendere le esigenze di chi fa scelte alimentari diverse, siano esse dovute a una malattia, a una decisione salutistica, a una spinta etica. La motivazione è il dialogo a tavola! Sicuramente è una scelta vantaggiosa anche in termini di vendite e di immagine per il ristoratore.

Nella cultura italiana, il cibo è un momento di incontro e di socializzazione ed è giusto che amici e famiglie si ritrovino a tavola, ciascuno a proprio agio con la propria personale scelta alimentare, per stare bene insieme.
Il dialogo è la base della comprensione e il cibo aiuta: il piacere di stare a tavola è un momento costruttivo di pace.
Il ristoratore sa che il suo compito è quello di "ospitare", "accogliere" le persone e farle sentire bene. La sua figura deve essere rassicurante e competente: deve essere quindi informato, sapendo che un vegetariano non mangia assolutamente carne e neppure pesce. E anche pronto ad accogliere le richieste di un cliente vegano, che non consuma alcun tipo di proteine animali o di materie prime prodotte da animali.

Altro consiglio per il ristoratore: finalmente sai chi siamo e conosci i nostri bisogni e le nostre richieste, ora è necessario imparare a comunicare con noi tramite un mezzo che usiamo quotidianamente: Internet!
Non soltanto i VEG si informano e comunicano online, ma quando si tratta delle cosiddette nicchie, il sistema più efficace per fare rete... è la rete. Quando un vegetariano si sposta per lavoro o va in vacanza, per prima cosa ricerca online un ristorante adatto, per leggere il menù, individuando piatti di suo gradimento e per scoprire se il locale è stato verificato da un'associazione.
Da più di vent'anni la nostra missione è verificare ristoranti, segnalare i locali adatti al movimento vegetariano, offrire spunti e strumenti di formazione per i ristoratori e per chi sta iniziando a interessarsi alle tematiche VEG. In questo modo possiamo realmente aiutare e sostenere la scelta VEG, favorendone l'esperienza in casa e fuori casa.

Un vero ristoratore sa che non basta aprire una porta per far entrare la clientela, deve uscire dal locale e raccontare l'esperienza di gusto e di convivialità che propone.
Internet ti permette di uscire senza dover abbandonare il locale.
Comodo vero?

◆ ◆ ◆

## Le abitudini degli italiani stanno cambiando

di *Renata Balducci*
Presidente Associazione Vegani Italiani Onlus

Sempre più persone scelgono di consumare prodotti di origine vegetale e di modificare il proprio stile di vita. Sono ormai quasi 1.200.000 in Italia coloro che, spinti da motivazioni etiche e salutistiche, decidono di sposare una scelta consapevole, una scelta vegan.
Essere vegani vuol dire escludere dalla propria alimentazione tutti gli ingredienti di derivazione animale. Non significa assolutamente rinunce e sottrazioni, ma compiere una scelta che allarga gli orizzonti su ingredienti e prodotti vegetali. E neppure fare a meno di colazioni, pranzi e cene fuori casa. Sempre più strutture ricettive e di ristorazione dimostrano attenzione e sensibilità nei confronti di chi ha necessità diverse.

La nostra **ASSOCIAZIONE ASSOVEGAN**, attraverso la rete nazionale di volontari, ha come sua missione fare corretta informazione in ambito vegan. Abbiamo necessità e volontà, con azioni reali, di supportare realtà imprenditoriali. Quali i nostri obiettivi? Suggerire aggiustamenti per rendere la propria realtà idonea e ospitale anche per i vegan.

L'offerta vegan si rende sempre più necessaria: i vegani in Italia aumentano al ritmo del 15% annuo. L' indagine di maggio 2015 effettuata da Gfk-Eurisko, commissionata dall'azienda TreValli, in collaborazione con Associazione Vegani Italiani Onlus e VeganOK Network, conferma i dati che da molto tempo sostiene AssoVegan sul sensibile aumento di vegani in Italia: oltre 1 milione.
AssoVegan offre la possibilità di accreditare con il marchio "VeganOK" la propria realtà gratuitamente, previo il rispetto del disciplinare.

Per noi – la più grande realtà vegan in Italia – è importantissimo dare ampia visibilità e promozione a tutte quelle attività che propongono anche una rispettosa offerta Vegan. Anche questo supporto viene offerto gratuitamente, grazie alla rete di volontari di AssoVegan.

Per te, ristoratore, offrire questa scelta non rappresenta un aumento di costi, anzi di risparmio. È stato verificato da molti che l'offerta vegan, di ottima qualità e anche biologica, non incide sui costi delle materie prime, rappresentando un risparmio nei confronti di prodotti di origine animale.
Il mondo sta cambiando e adeguarsi in fretta si rende indispensabile per chi vuole restare al passo con i tempi.
La possibilità di ospitare clienti vegan è senz'altro da individuare e guardare come un ampliamento della propria clientela. Chi sta sempre più attento alla propria salute o soffre di allergie decide di scegliere pietanze vegan. Una risposta quindi pronta, professionale e importante a un esercito di persone che da oggi sempre più sceglierà un'alimentazione completamente o principalmente vegetale.

◆ ◆ ◆

## 13.2. Healty food e alimentazione sostenibile

Abbiamo già fatto cenno all'Esposizione Universale che nel 2015 ha attirato l'attenzione del mondo (purtroppo non soltanto per i contenuti proposti), con una scelta tematica importante: *Nutrire il Pianeta, Energia per la Vita*, legata all'alimentazione sostenibile, naturale, equa e rispettosa di sé, degli altri e del pianeta sul quale abitiamo.

In pieno approccio Green Marketing, molte aziende hanno adottato strategie di promozione del proprio brand legate ai valori dell'eco-sostenibilità e all'etica del comportamento, intrufolandosi con successo nello stile di vita della popolazione occidentale.
Il segreto? Proporre un *life style* sano e rispettoso, facile da condividere, impronta marketing, forse, modaiola ma dal forte apporto di contenuto. Un approccio decisamente *cool* che mira a formare grandi comunità di estimatori del mangiar bene e della vita sana in una prospettiva, magari non troppo avveniristica, di una conversione totale dei consumer.

Valuta queste tematiche per promuovere e valorizzare la tua unicità. Potranno rivelarsi di grande aiuto nell'agganciare una più ampia cerchia di nuovi consumatori responsabili e comunicare in modo incisivo ed efficace.

**PAROLE CHIAVE**

- cibo naturale
- biologico
- salutare
- equo-sostenibile
- km zero
- prodotti dell'orto
- menù per sportivi
- paleo dieta
- piatti per diabetici
- ricette ipocaloriche
- a basso contenuto di grassi
- dieta.

Non dimenticare i temi sul rispetto per l'ambiente, sulla raccolta differenziata, sul compostaggio dei rifiuti organici, sulla lotta allo spreco dell'acqua e delle altre forme di energia, utilizzate in cucina e nel locale, sull'impiego di energie rinnovabili.

L'argomento più rilevante è la lotta al *food waste*, allo spreco del cibo, di cui possiamo fornirti alcuni esempi interessanti:

- **Refettorio Ambrosiano**: esperienza di riutilizzo con una forte impronta sociale, fortemente voluta dallo chef Massimo Bottura.[134]
- **Se Avanzo, Mangiatemi!** Progetto promosso da Slow Food[135] dove la doggy bag, pratica diffusissima in molte altre nazioni, non solo è giusta ma diventa etica e persino chic.
- **Food app** per la lotta al food wasting (es. Love Food/Hate Waste[136] oppure Bring the Food,[137] distribuito anche in Italia).

## 13.3. Ristorazione alternativa ed event marketing

Un'altra nicchia che si sta diffondendo a macchia d'olio è l'**HOME**

[134] Refettorio Ambrosiano, sito web refettorioambrosiano.it/progetto

[135] *Se avanzo mangiatemi! Comieco e Slow Food contro lo spreco alimentare*, slowfood.it

[136] lovefoodhatewaste.com

[137] bringfood.org

**RESTAURANT**, attività di ristorazione fai da te, nella cucina di casa, di un appartamento privato, per gestire serate alternative e per far vivere un percorso gastronomico come un locale.
La pratica della condivisione di pasti in case private, denominata anche **SOCIAL EATING**, si è molto diffusa grazie alla sua logica C2C (Consumer to Consumer) e a portali come Gnammo, KitchenParty, NewGusto e CeneRomane.

Per aprire un'home restaurant non occorrono licenze di nessun genere né autorizzazioni sanitarie. Scarsa la burocrazia e l'attività lavorativa è occasionale se si fatturano fino a 5.000 € lordi senza partita IVA.
Nel maggio 2015, con una risoluzione del Ministero dello Sviluppo Economico, si sottolinea che gli home restaurant svolgono un'attività vera e propria di somministrazione di alimenti e bevande, pertanto le norme applicate ai ristoratori vanno estese anche a queste nuove figure di imprenditori.
Siamo curiosi di vedere come si evolverà questo aspetto.

Altra nuova tipologia di attività ristorativa è il **TEMPORARY RESTAURANT**. Niente di underground o di sovversivo: i Pop-up Restaurant nascono per riutilizzare le location di sfilate di moda o grandi eventi, per organizzare cene e ricevimenti temporanei oppure per arricchire di contenuti enogastronomici gli eventi fieristici (si veda il proliferare di locali di questo tipo a Milano durante Expo 2015).
Locali allestiti con cura e attenzione per l'interior design, eventi organizzati come party esclusivi; spesso intervengono anche chef rinomati e stellati in show cooking o in preparazioni a quattro mani o collettive.

Ma la moda del momento è, senza dubbio, lo **STREET FOOD**, con il dilagare di eventi cittadini su e giù per la penisola, che coinvolgono locali di take away e i truck food d'ispirazione oltreoceano.

La vicinanza con le dinamiche dell'event marketing, la distribuzione e la promozione di strutture e di singoli eventi attraverso i social media e i blog rendono particolarmente virali e interessanti le tecniche di comunicazione e di vendita di queste attività.
Non è obiettivo del nostro manuale sviluppare in modo specialistico le varie strategie che ti citiamo. Presta, però, attenzione alle oppor-

tunità offerte dall'**EVENT MARKETING**, anche per le attività che svolgi in ristorante, a qualsiasi categoria appartenga. Potrà dare l'opportunità di presentare la tua offerta in modo avvincente e facile da comunicare, raccontandola attraverso:

- degustazioni di un prodotto agroalimentare, di olio, di vino
- cene di presentazione per una guida enogastronomica o un libro (noi ci offriamo volontari!)
- cene spettacolo con reading oppure eventi musicali
- cene a tema (es. la polenta in tutte le sue declinazioni)
- manifestazioni con special guest
- serate di beneficenza
- contest con premio (cesto di squisitezze della tua cucina)
- menù a 4 mani (resident chef + guest chef)
- corsi di cucina.

### ESERCIZIO

Pensa al tuo target e alla tua offerta e immagina quale tipo di evento può essere più adatto per te. Perché non progetti di realizzarlo? Passa all'azione!

**Pre evento**

Pianificalo organizzando due aspetti: **TECNICO ORGANIZZATIVI** – Chi fa cosa? Cosa serve? Come allestire? Come comunicare? – e di **BUDGET** – Cosa devo comprare? Quanto costa? Posso creare parnership o sponsorship con qualche fornitore? Quanti ospiti devono acquistare il mio prodotto per iniziare a fare profitto?
Cerca una data e un orario; usa una lista di clienti abituali a cui inviare invito; crea una strategia di promozione sul blog,[138] sui social media;[139] contatta i tuoi media di riferimento;[140] pensa a una campagna Adv.[141]

[138] Capitolo 5
[139] Capitolo 7
[140] Capitolo 12
[141] Capitoli 6-7

**Evento**
Accertati che gli invitati importanti partecipino: VIP, media, influencer, clienti abituali. Magari con una chiamata remind a ridosso dell'evento.
Verifica, di nuovo, che tutto sia perfetto, ogni singolo dettaglio, anche nella comunicazione live dell'evento. Perché non allestire un angolo in cui tutti possano realizzare un selfie insieme al VIP della serata?
Un musicista o un attore, ma anche un'etichetta pregiata o una nuova linea di prodotti biologici...

Crea un #hastag per la serata,[142] come #PoLenta2015, e fatti aiutare da clienti e influencer a postare le foto più divertenti o i look più originali degli ospiti.

**Post evento**
Non credere che sia finita qui. Il bello deve ancora arrivare.
Con tutto il materiale raccolto puoi creare album e gallerie fotografiche, scrivere un post per il tuo blog aziendale, alimentare di divertenti contenuti i tuoi account social.
E se l'evento si è rivelato un successo, puoi trasformarlo in un appuntamento fisso.

## 13.4. Cina: comunicare con il cliente estero

Concludiamo il capitolo con un doppio inserto dedicato a due tipologie di ospiti internazionali sempre più frequenti in Italia: i cinesi e i russi.
In realtà questa parte è solo uno spunto per riflettere sull'importanza di conoscere i tuoi ospiti, le loro abitudini e tic, per accoglierli nella maniera più adeguata e aprirti a un mercato che può essere rilevante per il tuo ristorante.

Ovviamente devi analizzare con attenzione la tua location, il tuo territorio e il progetto marketing della tua attività, ma se sei collocato in un territorio fortemente attrattivo per il turismo internazionale, è doveroso che tu approfondisca usi e costumi del tuo nuovo interlocutore.
Contatta enti e istituzioni territoriali preposte alla gestione del turismo, raccogli informazioni online e confrontati con colleghi albergatori.

[142] Capitolo 7

Individua il flusso turistico e inizia a studiarne le caratteristiche.
A esempio, per intercettare, accogliere e soddisfare i clienti cinesi è necessario conoscerne le abitudini e le usanze, anche in ambito ristorativo, che ben differiscono da quelle occidentali.
Commettere errori potrebbe compromettere l'intera esperienza gastronomica deludendo i propri ospiti o, peggio, procurandosi una pessima reputazione agli occhi di quelli potenziali.

## Mauro Santinato ⌘

**FOCUS: LA CINA**

Conoscere il tuo ospite: la prima regola anche e soprattutto per quanto riguarda le abitudini alimentari. Non a caso, i cinesi attribuiscono un ruolo rilevante al cibo, sia esso considerato nutrimento per il corpo, sia come momento conviviale di socializzazione.
A confermare questa valenza è famosissimo il proverbio cinese: «*i farmaci non valgono l'alimentazione*».

Per ottenere benessere e salute occorre privilegiare uno stile alimentare sano. I costumi alimentari sono fortemente legati ai rapporti sociali e alle relazioni interpersonali: in occasione di importanti eventi (nascite o traslochi) si è soliti offrire dei regali, mentre l'ospite organizza un abbondante banchetto.
Anche per quanto riguarda il mondo degli affari vige l'abitudine di raggiungere accordi proprio a tavola e un buon pranzo può determinare addirittura il successo di una trattativa.
Di conseguenza, col passare del tempo l'ambito gastronomico è penetrato in ogni aspetto della vita quotidiana, con la comparsa di costumi alimentari profondamente legati ai rapporti sociali.

**La Cina a tavola: differenze tra località**
Nonostante i denominatori comuni, si riscontrano molte differenze da località a località all'interno del Paese. A Pechino in passato si offrivano sempre agli ospiti degli spaghetti, simbolo di buona accoglienza invitandoli a restare, se questi accettavano si passava ai ravioli per esprimere affetto. In visita a parenti e amici nella capitale si è soliti offrire le "otto cose di Pechino", ossia otto dolci tipici. In alcune zone rurali del sud della Cina, invece, quando arriva

un ospite, dopo aver offerto il tè si fanno bollire delle uova con l'aggiunta di zucchero o si fanno scaldare al vapore delle fette di un dolce, fatto di riso glutinoso e zucchero offrendolo come aperitivo, prima di passare al pranzo vero e proprio. A Quanzhou, nel sud-est della Cina, si invita l'ospite a consumare frutta, soprattutto arance, simbolo di fortuna e vita dolce proprio come il gusto del frutto.

Nella provincia dell'Helongjiang, i piatti devono essere di numero pari, ossia ogni piatto deve essere doppio. In alcune zone si deve offrire sempre del pesce, emblema di uno status benestante.

Nell'ovest della Cina, ogni piatto del banchetto di nozze ha un significato: il primo è di carne rossa, indicando la gioia matrimoniale; il secondo è collegato alla felicità familiare; il terzo è costituito dal riso realizzato con otto ingredienti, simbolo della vita comune fino alla tarda età.

Il banchetto della longevità festeggia il compleanno degli anziani e comprende sempre gli spaghetti, chiamati appunto "della longevità". A Hangzhou e in alcune zone del nord della provincia del Jiangsu, si consumano di solito gli spaghetti a mezzogiorno, mentre il banchetto vero e proprio avviene la sera. Consumando gli spaghetti, i residenti di Hangzhou ne offrono sempre qualcuno alla Stella della longevità e ogni commensale deve consumarne due scodelle non colme, in caso contrario porterebbe sfortuna.

## Abitudini alimentari e gastronomiche

### BEVANDE

In Cina, tutti bevono il tè. Consumano anche caffè e birra che comunque vengono considerate e assunte in modo totalmente diverso rispetto alla cultura occidentale.

### CAFFÈ

Chi viaggia in Cina descrive il caffè cinese come troppo leggero. L'ice coffee sta cominciando a diffondersi in Cina: è semplicemente un caffè a temperatura ambiente servito con cubetti di ghiaccio; sempre più amato dai cinesi il Frappucino di Starbucks. Tieni comunque a mente che la medesima attenzione che noi occidentali riserviamo per il rito del caffè (tipologia, preparazione, infusione) dovremmo averla nei riguardi del tè da servire ai clienti cinesi.

### BIRRA E ALCOLICI

La birra sta diventando sempre più popolare in Cina, soprattutto per pasteggiare durante la cena, molto leggera e non superiore al 3% di gradazione alcolica. La bevanda più consumata è il Baijiu (che letteralmente si traduce in

"liquore bianco"), ovvero un vino a base di riso che occupa un posto speciale nella cultura cinese, con una gradazione alcolica di 40-60°.
Bere alcolici in pubblico è consentito, ma non è abitudine comune. I cinesi durante la vita notturna hanno diverse abitudini rispetto agli occidentali, preferendo recarsi nei KTV, ovvero nei karaoke bar.

*Come bere il Baijiu*
La bevanda viene generalmente servita a temperatura ambiente o calda in una piccola bottiglia di ceramica e poi versata in piccole tazze o bicchierini.
Per assumerlo in modo corretto è necessario comprendere due concetti chiave nella cultura del bere cinese: Jing Jiu e Gan Bei.
Il Jing jiu, nello specifico, si riferisce all'atto di proporre le bevande in modo rispettoso agli altri commensali. A un pasto in famiglia, i giovani cinesi dovrebbero servire cibo e bevande ai più anziani, in segno di rispetto. Durante il brindisi, il più giovane è solito augurare all'anziano buona salute e longevità, toccando il bicchiere dell'altro nella metà inferiore. Analogamente nel corso di una cena di lavoro, i subordinati dovrebbero brindare ai loro capi con estrema cortesia. Concetto collegato è lo Quan Jiu, ovvero l'invito agli altri a bere di più. Questo però di solito si verifica tra pari grado come mezzo per costruire e consolidare la relazione.
Il Gan Bei è l'equivalente cinese della nostra abitudine di brindare dicendo "cin-cin". Il proponente del brindisi invita a bere in un unico sorso e rifiutare può risultare offensivo. Bevendo tutto d'un fiato si rende onore e questa pratica viene più spesso affrontata dagli uomini. Non a caso il bere è una consuetudine diffusa maggiormente tra il sesso maschile, soprattutto durante le riunioni d'affari o di famiglia.

**ACQUA**
L'acqua è la bevanda più comune, ma bere acqua fredda durante il pasto è per i cinesi insopportabile. Per loro preferire acqua calda non è solo una questione di gusto e di abitudine, ma deriva da antiche credenze della loro tradizione salutistica, legata alla duplice natura YING e YANG.

La consapevolezza di tali differenti abitudini è fondamentale nell'accoglienza degli ospiti cinesi. Sebbene la maggior parte di loro voglia provare e sperimentare la cultura e le tradizioni locali, essere in grado di offrire e garantire loro servizi personalizzati in base alle loro abitudini sarà sicuramente un elemento di distinzione e vantaggio.

**Abitudini d'acquisto dei cinesi**
In fatto di compere, i cinesi hanno una mentalità particolare, sempre alla

ricerca delle migliori proposte. I cinesi sono disposti a pagare di più per i brand di lusso occidentali poiché fiduciosi dell'alta qualità dei prodotti. Anche nel caso della scelta dei ristoranti, sia nel loro paese che soprattutto all'estero, sono disposti ad affrontare una spesa consistente in cambio di un'esperienza gastronomica particolare e di qualità.
Sicuramente la cucina straniera esercita un fascino per il popolo cinese: non a caso sorgono ogni giorno nuovi ristoranti occidentali in Cina e parimenti i turisti mandarini amano sperimentare le cucine tipiche delle località che vanno a visitare, come completamento dell'esperienza di viaggio.

Alcune strategie di marketing possono essere:

*Promuoversi con la formula pacchetto*
I cinesi sono sempre più consapevoli ed esperti conoscitori dei brand, soprattutto di alta gamma. Nell'acquisto sono molto attratti dalla formula combinata del pacchetto: anche i ristoranti possono sfruttare questa modalità per proporre pacchetti che includano più amenity e che prevedano accordi con altri operatori turistici (ingressi a musei e parchi con cene a tema, degustazioni, pernottamento in hotel, ecc.)

*Offrire omaggi*
Invece di offrire sconti, molti ristoratori preferiscono omaggiare il cliente per fidelizzarlo e stupirlo. Un dessert inaspettato, un aperitivo nell'attesa o un digestivo a fine pasto, oppure dei biscottini per i piccoli ospiti: saranno tutti espedienti di poca spesa ma di grande effetto sul cliente cinese.

### 5 consigli da adottare nel settore ristorativo

1. Assumere personale che parli mandarino in modo da garantire un'accoglienza e un'assistenza ad hoc
2. Tradurre il menù e il materiale promozionale per assicurare la comprensione della descrizione di piatti e ingredienti e del prezzo
3. Celebrare le feste cinesi. I cinesi tendono a spostarsi e a trascorrere in viaggio le feste. Rimarranno piacevolmente sorpresi se queste verranno ricordate anche durante il loro soggiorno all'estero.
4. Accettare le carte UnionPay per agevolare i turisti cinesi, incentivando e incrementando la loro spesa.
5. Ottimizzare il digital marketing, per attrarre a monte il consumatore cinese. I cinesi scelgono, acquistano, prenotano, decidono online. Pensa un'efficace azione di digital marketing sui vari motori di ricerca, sui social media, sui blog cinesi.

**Abitudini digitali**

È necessario soffermarsi sull'ultimo punto in merito ai comportamenti digitali dei cinesi per comprenderne le dinamiche e attuare una strategia di comunicazione efficace.

Immaginate un paese con oltre 600 milioni di utenti internet, 100 milioni di viaggiatori outgoing, senza Google, Youtube, Facebook e Twitter: questa è la Cina. Soprattutto i giovani sono ben noti per essere grandi esperti di tecnologia, basando la propria scelta sulle ricerche online e condividendo l'esperienza di viaggio sul web. Con un accesso estremamente limitato ai siti di social network occidentali, i cinesi hanno creato le proprie piattaforme, con un impatto maggiore che in America.

Conoscere e comprendere il mondo dei social media cinesi è il primo passo per addentrarsi in questo mercato promettente. Vediamo quali sono quelli più popolari in Cina.

*Sina Weibo*

Sina Weibo, di solito indicato semplicemente come Weibo, è un sito di microblogging e attualmente è il social media più popolare in Cina. Alla fine del 2013 aveva oltre 500 milioni utenti registrati; una maggioranza significativa rispetto ai 618 milioni di utenti internet di quel momento.

Weibo è un mix tra Twitter e Facebook. Gli utenti possono digitare 140 caratteri per i loro post, che però in cinese equivalgono a circa 70/80 parole in inglese. Possono visualizzare i commenti sotto ogni post, ri-postare messaggi degli altri, cercare sottocategorie di argomenti.

Gli opinion leader e le celebrità attraggono milioni di seguaci su Weibo e le aziende lo reputano una grande opportunità per il proprio mercato.

Più di 130.000 brand internazionali sono attivi su Weibo con la propria pagina, ad esempio Coca-Cola e LVMH. Creare contenuti coerenti e attraenti su Weibo è attualmente la strategia più efficace del social media marketing in Cina.

*Wechat*

Wechat, noto come Wexin in Cina, è servizio di messaggistica mobile testuale e vocale; creato nel 2011 ha raggiunto 200 milioni di utenti in soli otto mesi dal lancio, senza alcuna promozione, con una diffusione in 30 paesi. Ora, Wechat è diventato un'applicazione mobile must-have in Cina.

Disponibile in molte lingue diverse, fornisce una comunicazione multimediale con messaggi di testo, messaggistica vocale, chat di gruppo, invio e condivisione di foto e video, geo-localizzazione.

Rispetto a Weibo, Wechat mantiene un contatto diretto e più personale con gli utenti tramite messaggi privati.

Tali messaggi non hanno ovviamente lo stesso potenziale virale di quelli su Weibo, ma possono essere molto più mirati e indirizzati in modo targettizzato ai propri contatti, creando una relazione esclusiva e personalizzata. Oggi, molte aziende traggono vantaggio da questa nuova opportunità per aumentare la fidelizzare della clientela.
Le aziende con pagine e account su Wechat sono autorizzate a inviare messaggi diretti agli utenti, tra cui coupon, informazioni di vendita e aggiornamenti dei prodotti.

*Youku*
Youku, l'equivalente cinese di YouTube, è il portale video leader in Cina. Lanciato ufficialmente nel 2006, ha inizialmente enfatizzato l'aspetto User Generated Content (UGC), ma da allora ha spostato la sua attenzione verso i video altamente professionali con oltre 1.500 partner ufficiali che forniscono contenuti, tra cui emittenti televisive, distributori e produttori di film e pubblicità in Cina.

*Tencent QQ*
Tencent QQ, conosciuto semplicemente come QQ, è il servizio di instant messaging ampiamente utilizzato in Cina con oltre 800 milioni di utenti attivi mensili (inclusi coloro al di fuori della Cina). Nato con finalità e funzionamento simili a MSN Messenger, QQ è diventato molto di più: insieme a Qzone, lo spazio blog per gli utenti QQ, la piattaforma offre una varietà di servizi compresi giochi online, musica, e-commerce, micro-blog.
QQ viene usato soprattutto in caso di chat online sia su computer che tramite cellulare.

*Renren*
Renren è stato chiamato il "Facebook della Cina": copiandone design e caratteristiche, è diventato vero e proprio leader tra i social network cinesi.
Dal suo lancio nel 2005, Renren è diventato popolare soprattutto tra gli studenti universitari, ma molti di loro smettono di usarlo dopo la laurea. Talvolta si vede scavalcare da Weibo e attualmente la maggior parte delle entrate di Renren sono costituite da giochi online e pubblicità social.

**Alla ricerca delle informazioni di viaggio su Internet**
Quando i cinesi programmano un viaggio verso un paese straniero con cultura e lingua differenti, in genere si preparano e documentano preventivamente, con mesi di anticipo. Quando scelgono un ristorante o una qualsiasi altra attrazione, sono molto influenzati da due fattori: i suggerimenti degli amici e le recensioni online.

In Cina, il motore di ricerca è Baidu (Google è bloccato) che primeggia con circa il 70% della quota di mercato. Così, i viaggiatori cinesi costantemente vi cercano guide di viaggio, gastronomiche, recensioni che li indirizzano molto spesso verso ulteriori siti web cinesi e un numero più limitato di siti occidentali.

*Per rendere le informazioni accessibili ai viaggiatori cinesi, è necessario registrare un sito web cinese con un dominio cinese.*

I viaggiatori cinesi indipendenti compiono ricerche non solo per informazioni di viaggio, ma spesso sono soliti anche effettuare direttamente le prenotazioni online: alberghi, ristoranti, attrazioni, eventi.

Quindi, la chiave per attirare turisti cinesi è fare in modo di raggiungerli e rendere le informazioni a loro comprensibili.

Il volume più consistente di prenotazioni si sta spostando sulla tecnologia mobile: sono circa 527 milioni (83%) gli utenti cinesi che navigano tramite dispositivo cellulare. È dunque necessario che anche le aziende ristorative progettino siti ottimizzati per la navigazione tramite mobile.

**Condividere esperienze sui social media**

Wechat e Weibo, come già anticipato, sono i social network più popolari e usati in Cina. Il 91% degli utenti cinesi ha un account social e trascorreo in media 46 minuti al giorno sulle piattaforme.

Soprattutto su Weibo sono popolari e frequenti le recensioni e i commenti a locali, attrazioni, ristoranti. Non è raro vedere connessi molti clienti al cellulare per aggiornare il proprio profilo con post, soprattutto con foto, commenti e check-in.

**Diari di viaggio online**

Di recente è diventata molto popolare tra i turisti, specie indipendenti e giovani, l'abitudine di scrivere un diario di viaggio online. Molti tour operator (TO) cinesi hanno creato apposite sezioni di forum online sul sito, permettendo ai clienti di inviare i loro diari di viaggio che descrivono non solo i luoghi visitati, ma anche le esperienze ed emozioni personali.

Un diario di viaggio completo comprende in genere l'itinerario, la descrizione della destinazione, foto di paesaggio, commenti e recensioni di alberghi, ristoranti, attrazioni: praticamente tutte le attività che il viaggiatore ha vissuto durante la sua esperienza. Diari scritti da utenti esperti e popolari possono facilmente ottenere migliaia di visualizzazioni e consensi, sempre più spesso utilizzati come vere e proprie guide per i futuri viaggiatori.

Sempre più numerosi, poi, sono i siti di diari di viaggio, preziose fonti di informazioni come Qyer e Mafengwo.

**4 cose che i viaggiatori cinesi cercano sui siti**

*1. Contenuti precisi e indicizzati*
Sempre più siti web aziendali sono ora disponibili anche in lingua cinese, ma pochi sono ben indicizzati. Molte aziende hanno spesso imprecisioni che non vengono riconosciute dai traduttori e motori di ricerca online, rendendone arduo il posizionamento.

*2. Foto di supporto alle descrizioni*
Per illustrare efficacemente la propria attività soprattutto agli utenti stranieri, è necessario aiutarsi con il supporto visuale di immagini, foto, tabelle. Spesso un'immagine d'effetto vale più di mille parole: sul sito del locale, oltre alle foto degli ambienti, i cinesi cercano molto spesso anche quelle delle portate, degli ingredienti, della scenografia dei piatti e spesso anche lo stesso menù. Non vi è dubbio che l'utilizzo di un supporto visivo sia il modo migliore per eliminare le barriere linguistiche.

*3. Punti di forza e di debolezza del locale*
L'utente cinese naviga su molti siti web per confrontare rapidamente prodotti e prezzi. Quindi, è necessario focalizzarsi soprattutto sui propri punti di forza e di distinzione in modo da metterli bene in evidenza. Attira l'attenzione degli utenti cinesi evidenziando la possibilità di pagare con carte UnionPay.

*4. Informazioni di contatto*
Sembrerà una sciocchezza, purtroppo però molte imprese danno riferimenti generici e dispersivi in merito ai propri contatti online.
Anche se il proprio business è prevalentemente online, tutti i recapiti (indirizzo, numero di telefono e anche localizzazione dell'azienda) aiuteranno a dare credibilità e fiducia.

## 13.5. Russia: comunicare con il cliente estero

In Russia ci sono abitudini diverse, non soltanto nei gusti e nei sapori, perciò, anche se i viaggiatori hanno la curiosità di assaggiare e di provare esperienze diverse, vengono gradite alcune attenzioni nel servizio, nella convivialità, negli orari dei pasti, nel bon ton a tavola.
Per il ristoratore è fondamentale conoscere queste abitudini, per soddisfare le esigenze e le aspettative dei propri clienti di altre culture e origini.

Non liquidare la questione con un classico: "La cucina italiana è la più buona del mondo, quindi se uno straniero viene in Italia deve mangiare, godere della nostra tradizione culinaria e stare zitto!"

Conoscere il tuo cliente può aiutarti anche in questo caso.
Lo sapevi che in Russia i ristoranti aprono alle 12 e chiudono alle 24? Spesso i russi vanno al ristorante per parlare d'affari nel pomeriggio e si fermano per degustare la cucina per cena!
Gli ospiti russi sono molto esigenti, amano il "bello" con la loro accezione di lusso ed eleganza; amano comunicare nella loro lingua e apprezzano essere accolti da un operatore di nazionalità russa, perché sono nazionalisti e legati alla propria terra; adorano l'Italia, specialmente il nostro mare, l'arte, la musica e il cibo; se serviti con dedizione e attenzioni non badano a spese e sono prodighi nel lasciare mance.
Passiamo la parola a chi lavora quotidianamente con imprese italiane e russe.

*Giulio Gargiullo* ⌘

**LUXURY MARKETING IN RUSSIA E DA PAESI RUSSOFONI – CASE HISTORY**

Il ristorante Moma si trova in una delle zone più chic della città di Roma, in via Vittorio Veneto, ambientazione ricca di storia, architettura, riferimenti cinematografici, cuore della Dolce Vita.
Il locale propone una cucina che è il connubio fra la storica cucina romana e uno stile contemporaneo; è frequentato da un pubblico internazionale e da professionisti affermati nei più vari settori, garantendo un target medio alto.

**Mission**: trovare clienti in target adeguato, promuovere la cucina e il brand del locale legati alla cultura locale. Rivolgersi al mercato russo.

Fra le attività più importanti avviate nell'approccio strategico di marketing mix da me affrontato, posso annoverare la sfida di promuovere uno dei primi piatti più noti della cucina romana: la pasta alla Gricia. Questo piatto è la punta di diamante del locale poiché rappresenta il connubio perfetto fra una ricetta tradizionale della città di Roma e l'approccio contemporaneo di una cucina rivisitata e innovativa.

⌘

Nella pianificazione del progetto di marketing ho programmato e previsto una serie di attività e ho coinvolto diverse professionalità. Per rivolgerci in modo mirato e performante a un pubblico russofono abbiamo registrato il dominio ristorantemoma.ru. I testi e le immagini del sito web sono stati appositamente selezionati per il target in questione, confrontandoci con vari esperti di settore, ma anche russofoni non esperti del settore marketing o food per ricevere feedback non condizionato dalla logica dell'esperto.
Un giornalista ha intervistato il proprietario del ristorante Moma, per raccontare le antiche origini della pasta alla Gricia, come viene interpretata oggi dai due chef del ristorante e come rientra nella visione del ristoratore.

L'intervista è stata trascritta, revisionata dal giornalista, da me (online marketer) e localizzata in lingua russa. La cosa molto importante in questa fase è stata quella di raccogliere e trasmettere emozioni, gusti, passione dalle parole e trascriverle e localizzarle per la cultura e la lingua russa. È stato determinante non dare per scontati termini che a noi italiani potrebbero risultare molto comuni. Nel caso specifico il piatto della pasta alla Gricia è stato interpretato con un tipo di pasta di alta qualità, i "Chitarrini".
Con un'intervista, un comunicato stampa e poi con un menù in lingua russa, abbiamo comunicato che il piatto è un primo di pasta, simile agli spaghetti, ma con una lavorazione particolare e handmade.

L'obiettivo è descrittivo, per far comprendere chiaramente gli ingredienti e la lavorazione del piatto ordinato e per dare valore aggiunto in storia, tradizione e artigianalità a ogni prodotto. La traduzione e la localizzazione di alcuni termini tecnici o non noti ai clienti inoltre evita possibili e spiacevoli incomprensioni nelle ordinazioni che potrebbero anche andare a ripercuotersi in una negativa reputazione del locale e del suo staff.

L'intervista, con fotografie dedicate, è stata distribuita ai maggiori online media con adeguata attività di online PR. Abbiamo scelto sia immagini del piatto promosso sia dei due chef con il responsabile del ristorante. Molto spesso, anche se le foto di cibi risultano molto belle e tecnicamente perfette, possono risultare "senz'anima" se non accompagnate dai protagonisti di quei piatti: gli ideatori e la mente dietro l'arte della cucina.

Il locale ha ricevuto un incremento immediato di richieste di prenotazioni online dalla Russia e da diversi paesi russofoni. La notizia è stata condivisa sui principali social network russi, primo fra tutti **Vkontakte**.

Su Vkontakte esistono molti gruppi dedicati all'Italia, alla nostra cultura e

alla lingua italiana, perfetti driver per un contenuto interessante. Va da sé che una notizia interessante si promuove in buona parte autonomamente, in maniera virale, coinvolgendo a catena migliaia di utenti.
La diffusione della notizia relativa al piatto tipico "ritrovato" e riconosciuto come "il piatto che attrae clienti da tutto il mondo" ha avuto senza dubbio un effetto immediato nelle visite del target russo sul sito web, portando visitatori e clienti fuori dal classico circuito turistico. La comunicazione del design del sito, le immagini, il menù, l'immagine coordinata già comunicano al cliente che il ristorante propone una cucina gourmet con fascia di prezzo non popolare.

**Yandex** è il principale motore di ricerca russo con il 60% di market share; **Google.ru** ne ha il 20-25%. È chiaro che per puntare sul mercato russo è importante cominciare dalla "porta principale". Su Yandex abbiamo avviato e gestito delle attività di pay per click con keyword specifiche, rivolte a personas con un target medio alto o luxury e che ricercano un ristorante con un budget importante da spendere.

Attraverso strategie avanzate ed estremamente mirate abbiamo impiegato Yandex e i social network Vkontakte e Facebook per trovare comportamenti relativi al target lusso e quindi intercettare cittadini russi o russofoni che alloggiano presso i lussuosi hotel di via Veneto e nella città di Roma, frequentatori di boutique luxury e quindi con un budget adeguato.

Questa campagna dedicata alla pasta alla Gricia è stata molto importante per quel che concerne la reputazione e l'immagine del locale online. Il ristorante, prima di tale operazione, va detto, già vantava un'ottima reputazione su TripAdvisor e i principali siti enogastronomici.

**Trucchi e consigli**

Nella promozione di un ristorante in lingua russa è fondamentale:

- "parlare con le immagini" conoscendo la mentalità e quindi proponendo piatti, spazi e persone attesi dal target di riferimento
- operare sul principale motore di ricerca: Yandex
- progettare un piano e una strategia di online marketing ad hoc per ogni paese russofono (Bielorussia, Kazakistan, Tagikistan, ecc.)
- includere nella strategia Vkontakte, il social network più utilizzato in Russia
- localizzare il sito anche grazie a dei buoni testi redatti da un madrelingua o da un conoscitore della lingua e quindi della cultura. Mai usare una

mera traduzione dei testi (ad esempio nella lingua russa, se non ci si conosce, si avvia la comunicazione sempre dando del voi)

- comunicare chiaramente sul sito che si dispone di uno o più membri del team che parlano la lingua e che quindi sarà facile ordinare, chiedere informazioni sul ristorante e sentirsi ben accolti
- non dare per scontato nulla: localizzazione e cultura degli ingredienti nel menù.

**Come comunicare la cucina gourmet**

La cucina contemporanea e di tipo gourmet è piena di nomi altisonanti e francesismi che vengono impiegati molto spesso per spiegare la complessa realizzazione di un piatto, gli ingredienti scelti e la loro qualità.
Fai attenzione a tradurre alcuni termini troppo tecnici con parole più semplici: conosci la cultura russa e non dare per scontato che conoscano la tua! Se il nome di un piatto tipico non può e non deve essere tradotto, affianca una spiegazione dell'ingrediente in questione, con un'immagine, per evitare fraintendimenti e per educare il cliente a collegare un prodotto con il suo nome e le sue caratteristiche. Sarà molto apprezzato!

**Marketing del lusso e servizi annessi con valore aggiunto**

Il cliente che è affluent spender è abituato a standard qualitativi molto alti nel cibo, come in ogni sua attività. È bene quindi predisporre un servizio concierge adeguato, che possa indirizzare il cliente verso personal shopper, boutique di alta qualità, servizi di accompagnamento e di sicurezza testati e garantiti. Il cliente russo ti prenderà a riferimento, soprattutto se gli fornirai preziose indicazioni turistiche, d'acquisto o anche d'affari.

### APPROFONDIMENTI

- AIC Associazione Italiana Celiachia, celiachia.it
- Associazione Vegetariana Italiana, vegetariani.it
- AssoVegan – Associazione vegani italiani onlus, assovegan.it
- Allan Bai, *Le ricette degli altri. Scorribande fra i piatti e i sapori di tutto il mondo*, Feltrinelli
- Chitra Banerjee Divakaruni, *La maga delle spezie*, Einaudi
- Carlo Petrini, *Buono, Pulito e Giusto, Principi di nuova gastronomia*, Einaudi

### TAKE AWAY

- Scoperta la tua unicità scegli la tua nicchia.
- Non trascurare quelle nicchie legate a scelte alimentari che si stanno diffondendo in modo vistoso (celiachia, vegetarismo, dieta salutistica).
- Scegli un mercato geografico emergente soprattutto se il tuo ristorante è collocato in territorio ad alto afflusso turistico (pensa anche ai BRIC – Brasile, Russia, India, Cina).

# Promesse digitali

*di Nicoletta Polliotto e Luca Bove*

*Siamo giunti a conclusione del nostro percorso ampio e complesso.*

Ti abbiamo illustrato, con esempi, casi di studio, idee creative, esperienze personali e di colleghi specialisti, diversi approcci. Ora hai tutti gli ingredienti sul piano di lavoro.
Scegli con cura con cosa cominciare. Tu ci insegni che un buon piatto non necessita di molti elementi diversi, ma di una sapiente calibrazione dei sapori.
Piano piano arricchirai il tuo menù con piatti sempre più ricchi e strutturati.

Le uniche promesse digitali che possiamo mantenere le abbiamo dimostrate: è indispensabile pensare, comunicare, vendere online.

Aggiungiamo che *complesso* è sinonimo di strutturato, non necessariamente di complicato.
Se farai un passo dopo l'altro non lo sarà!

Leggi ancora le tre appendici e, quando vuoi, fai quello che ci si aspetta da un manuale: prendilo in mano e soffermati ora su una strategia ora su un approfondimento.
Usa quello che abbiamo scritto per te.
Be Digital.

# Appendice 1

## Scuole, Università, Master Food Storytelling e Restaurant Management

Con questa appendice ti presentiamo un elenco non esaustivo ma indicativo di alcune tra le Scuole, le Università e gli Istituti che propongono percorsi di alta formazione di F&B Management e Comunicazione enogastronomica, che si distinguono per interesse, creatività e attenzione all'innovazione.

Il nostro obiettivo, oltre a fornirti una mini guida sui corsi di eccellenza più innovativi, è farti riflettere su questi due bisogni per la ristorazione italiana:

1. ritorno alla qualità nell'accoglienza ai livelli che ci sono sempre stati riconosciuti nel mondo
2. esigenza di percorsi di formazione che puntino da un lato all'esaltazione della tradizione dall'altro all'innovazione e a un approccio strategico.

### ◆ Corso di formazione avanzata in comunicazione turistica ed enogastronomica[143]

**Location:** Istituto Europeo di Design di Torino
**Mese di inizio**: ottobre
**Lingua**: italiano

#### Programma

Il turismo è tra i settori con la più realistica e auspicabile capacità di crescita nel panorama economico nazionale. È anche un ambito lavorativo dove le opportunità di inserimento professionale, per figure adeguatamente formate e in grado di rispondere ad un mercato fortemente selettivo, sono destinate ad aumentare nel corso degli anni. Attualmente l'Italia, pur vantando un patrimonio artistico e ambientale unico, si posiziona solo al sesto posto nella graduatoria del fatturato turistico internazionale. Criticità dovuta alla mancanza di forti politiche di sviluppo, ma anche alla carenza di figure specializzate e in linea con lo spirito dei tempi.
In questo contesto il Piemonte – culla di uno dei più autorevoli patrimoni enogastronomico nazionali – può rappresentare lo scenario ideale per sperimentare e creare la comunicazione turistica del futuro.
Il corso viene organizzato in tre moduli: nel primo vengono illustrati e proposti gli scenari; nel secondo ci si orienta attraverso diversi ambienti professionali; il terzo è dedicato a tecniche e format professionali con esercitazioni, case history e visite guidate.

#### Prerequisiti e skill in entrata

Il corso è a numero chiuso.
Si rivolge a professionisti che già operano nel settore e/o a laureati che si affacciano alla professione.

#### Competenze e ruoli in uscita

Si tratta di un corso trasversale e creativo nel modo di formare: giornalisti e addetti stampa, blogger e comunicatori on-line, organizzatori di eventi e responsabili in marketing strategico. Tutti i soggetti formati

[143] ied.it/torino/scuola-management/corsi-specializzazione/comunicazione-turistica-ed-enogastronomica/CCC2633I#tab2

dovranno conoscere, interpretare e diffondere le peculiarità e le eccellenze di un territorio.
Profili professionali in grado di trasmettere le peculiarità enogastronomiche di un territorio, dei suoi prodotti, con l'obiettivo di innescare un sistema di condivisione dell'eccellenza del settore, tale da diventare fonte di richiamo turistica. Soggetti capaci, a loro volta, di creare essi stessi le opportunità lavorative da imporre sul mercato.

### ◆ Master Specialistico – MFB Bocconi[144]

**Location**: SDA Bocconi School of Management di Milano
**Durata**: 1 anno, da gennaio a dicembre
**Lingua**: inglese

**Programma**
16 corsi + seminari + visite ad aziende e presentazioni di aziende + viaggi in zone dell'Italia vocate al F&B (Toscana e Piemonte nel 2015). Si punta moltissimo sul confronto con i professionisti di settore, con visite outbound (in azienda) e inbound (incontri presso la scuola).
*Lezioni in aula*: pilastri teorici delle varie discipline (amministrazione e controllo, produzione e supply chain, marketing e branding, people management).
*Attività pratiche*: esercitazioni, presentazioni e discussione di casi aziendali, svolgimento di progetti per aziende; internship o field project o personal project nel periodo settembre-dicembre.

**Prerequisiti e skill in entrata**
Laurea, 2-3 anni esperienza di lavoro, conoscenza certificata della lingua inglese.

**Competenze e ruoli in uscita**
Saper gestire a livello operativo alcune funzioni di un'impresa del F&B e dell'ospitalità: marketing & sales, channel & retail, amministrazione. Avere gli strumenti per avviare un progetto imprenditoriale nell'F&B.

[144] sdabocconi.it/it/master-specialistici-full-time-executive/mfb

**Casi di studio in aziende importanti**
Armani Hotel, Barilla, Ferrero, Rovagnati, Mutti, Auricchio, Venchi, Eataly, il mercato coperto di Firenze, il resort L'Andana con cena nel ristorante di Alan Ducasse, Westin Palace e Sheraton Diana Majestic a Milano, Caffè Quadri e Danieli a Venezia.

**Applicazione nella ristorazione**
Interessanti i due corsi "Excellence in service management": uno per l'Hotellerie e uno per il Restaurant Management; mirato il corso per la gestione della ristorazione.
Vengono visitati anche resort e ristoranti, sempre nella logica dell'apprendimento: quindi davanti ma anche dietro le quinte.

### ◆ Master: Food & Beverage Management[145]

**Location**: Luiss Business School – Roma
**Durata**: 12 giornate/84 ore di formazione – inizio ottobre
**Lingua**: italiano

**Programma**
Pianificazione strategica, marketing, comunicazione, food cost & operation management, gestione dei fornitori, gestione delle relazioni interpersonali, wine marketing

**Prerequisiti e skill in entrata**
F&B manager, maître, banqueting manager, proprietari di ristoranti, enoteche, bar e quanti intendano avviare una nuova iniziativa imprenditoriale nel settore della ristorazione.

**Competenze e ruoli in uscita**
Capacità di gestire le attività di ristorazione utilizzando strumenti manageriali innovativi, rispondenti a un sistema sempre più competitivo e differenziato.

[145] lbs.luiss.it/catalogo/food-beverage-management

**Casi di studio in aziende importanti**
Alcuni docenti appartengono a realtà importanti del mondo F&B pertanto portano in aula le loro esperienze; incontri con chef di ristoranti stellati.

### ◆ Laurea triennale[146]

**Location**: Università delle Scienze Gastronomiche – Pollenzo, Bra
**Data inizio**: settembre – durata 3 anni
**Lingua**: italiano e inglese

**Programma**
Il corso di Laurea triennale in Scienze Gastronomiche propone un modello didattico originale, innovativo tanto nei contenuti quanto nelle modalità di apprendimento. I contenuti esprimono tutto l'arco delle "scienze gastronomiche" in una prospettiva interdisciplinare: scienze "dure", scienze della terra e scienze umane attraversano i temi del cibo e della gastronomia a tutto tondo, preparando laureati capaci di operare tanto nella promozione e valorizzazione del cibo quanto nella gestione e nella progettazione d'impresa. L'originalità formativa si esprime anche nelle modalità d'apprendimento: un forte training esperienziale e sensoriale, con degustazioni e viaggi didattici, incontri con i protagonisti del mondo alimentare e della gastronomia e continui contatti nazionali e internazionali costituiscono non un'appendice ma vera e propria ossatura del percorso formativo. Il piano di studi del corso di laurea è costituito da insegnamenti obbligatori, completati da corsi opzionali, attività di laboratorio e tesi di laurea per un totale di 180 CFU. La frequenza è obbligatoria per tutte le attività accreditate: corsi, viaggi didattici, corsi opzionali, laboratori, incontri e conferenze.
L'Università degli Studi di Scienze Gastronomiche è un ateneo internazionale che adotta la lingua italiana e la lingua inglese quali strumenti di insegnamento e di apprendimento e che mira alla completa integrazione ed equiparazione di tutte le espressioni sociali e culturali presenti.

[146] unisg.it/laurea-triennale/presentazione-del-corso-laurea-triennale

**Prerequisiti e skill in entrata**
Diplomati – studenti in possesso di un diploma di scuola secondaria superiore conseguito in Italia; diplomati all'estero –, studenti in possesso di un titolo di studio non conseguito in Italia, ma idoneo all'iscrizione universitaria (secondo quanto riportato sulla Dichiarazione di Valore, rilasciata dalle autorità consolari di competenza).
I candidati di madrelingua non inglese devono possedere un livello minimo di conoscenza della lingua inglese pari a B2.

### ◆ Laurea Magistrale[147]

**Location**: Università delle Scienze Gastronomiche – Pollenzo, Bra
**Data di inizio**: ottobre – durata 2 anni
**Lingua**: italiano

**Programma**
Gli ambiti disciplinari della Laurea Magistrale in Promozione e Gestione del Patrimonio Gastronomico e Turistico sono molteplici e affrontano le diverse tematiche della gastronomia: dall'economia al diritto, dal marketing al management applicato all'enogastronomia e al turismo, dalla comunicazione multimediale dell'alimento ai sistemi di qualità, dalla distribuzione e alla scienza dei consumi.

**Prerequisiti e skill in entrata**
I candidati italiani devono essere in possesso del titolo di laurea triennale; i candidati non italiani in possesso di titolo di laurea valido per l'ammissione ad una Università italiana.

### ◆ MCGE Master in Comunicazione e Giornalismo Enogastronomico[148]

**Location**: Città del Gusto – Gambero Rosso – Roma

[147] unisg.it/laurea-magistrale/presentazione-del-corso
[148] gamberorosso.it

**Data di inizio**: settembre – durata 6 mesi
**Lingua**: italiana

**Programma**
Comunicazione e giornalismo; cultura enogastronomica; laboratori; attività formative ed extra didattiche

**Prerequisiti e skill in entrata**
Laurea triennale o specialistica in qualunque disciplina.

**Competenze e ruoli in uscita**
Il master fornisce la preparazione necessaria per operare in aziende del settore, nei dipartimenti di comunicazione, marketing e social media, redazioni stampa e web, uffici stampa, società di consulenza del settore, eventi e relazioni pubbliche.

**Testimonial**
*Il Sole 24 ore*: Federico De Cesare Viola (ex allievo); Ansa: Saverio De Luca (ex allievo); Viviana Lapertosa (ex allieva) autrice di libri per Gambero Rosso editore, cuoca televisiva per Gambero Rosso Channel, Alice e RSI, Televisione svizzera italiana; Francesca Angeleri (ex allieva) collabora con *Il Manifesto* e *La Stampa*.

**Applicazione nella ristorazione**
Organizzazione eventi; ufficio stampa; comunicazione social media; consulenza; Public Relationship.

### ◆ Manager della Ristorazione[149]

**Location:** Alma La Scuola Internazionale di Cucina Italiana – Colorno (Parma)
**Data di inizio**: settembre. Un'unica edizione all'anno, con frequenza part-time (lunedì e martedì)
**Lingua**: italiano

[149] foodandbeveragemanagement.it

**Programma**
7 mesi, comprensivi di lezioni, uscite didattiche, workshop con scuole internazionali di management, incontro con testimonial del settore HO.RE.CA. Al termine del percorso è previsto uno stage di 2 mesi presso strutture in ambito ristorazione e hotellerie. ALMA basa i proprio corsi sul Metodo Duale, affiancando al docente, durante le lezioni, un professionista del settore, alternando quindi la fase di teoria con gli aspetti pratici applicativi. A questo si aggiunge la fase di formazione a distanza, che concilia l'aggiornamento professionale con l'impegno lavorativo degli studenti.

**Prerequisiti e skill in entrata**
Diplomati in corsi di Cucina, Pasticceria, Sommellerie con circa 2 anni di esperienza pratica; professionisti della ristorazione con un percorso lavorativo significativo. L'accesso al corso è subordinato al superamento di una prova di ammissione e un colloquio motivazionale

**Competenze e ruoli in uscita**
Gestione delle aziende ristorative, legislazione della ristorazione, cultura del prodotto, gestione delle risorse umane nelle aziende ristorative, marketing e vendita nelle aziende di ristorazione.

**Applicazione nella ristorazione**
Il percorso creato da ALMA per i futuri manager della ristorazione è un connubio tra la conoscenza del prodotto, della cucina e del territorio e le competenze gestionali e tecniche che oggi sono necessarie per guidare con qualità, profitto e lungimiranza le aziende di ristorazione. L'una senza l'altra rendono incompleto il profilo di un manager all'interno di un business complesso come quello della ristorazione, sia essa commerciale, collettiva e veloce.

Citiamo in chiusura un **Master Universitario in Food Design,**[150] per chi fosse interessato a questa disciplina. Interessante il percorso proposto dalla IULM – International University of Languages and Media – di Milano, crocevia di approcci tra scienza, arte, design del prodotto e dell'esperienza.

150 masterfoodesign.com

# Appendice 2

## Food App: una mini guida

Contenuti aggiornati frequentemente, utili e in real time: il mobile user vuole questo e tu lo puoi offrire con le **FOOD APP**.

Prima di recarsi in un ristorante gli utenti lo cercano online e ne valutano stile di cucina, piatti, menù e recensioni. Questo nuovo paradigma comunica informazioni importanti sui tuoi clienti che sono:

- selettivi in fatto di dinner experience, attenti alla comunicazione e abili utilizzatori di tecnologia
- desiderosi di essere protagonisti e di condividere la loro esperienza gastronomica
- influenzati nel processo decisionale dai social media
- contagiati nella scelta finale da recensioni e informazioni rintracciate da mobile.

Per questi utenti la food app può rappresentare un'opportunità di contatto con il tuo ristorante.

Se decidi di creare una food app dedicata al brand del tuo ristorante indipendente o della tua catena di ristoranti, tieni conto di una distinzione importante: **APP NATIVA** o **WEB APP**?
La prima è un'applicazione mobile, sviluppata con codice, tool di sviluppo e librerie proprietarie per uno specifico sistema operativo – sia esso iOS, Android, Windows Phone – che va scaricata e installata sul proprio smartphone o tablet tramite gli store.
La seconda invece è una normale applicazione web – basata generalmente su HTML5, CSS, JS e dunque multipiattaforma – accessibile via browser.

Valuta se la soluzione di un'app dedicata al tuo ristorante sia un investimento motivato da una valida strategia, per via dei suoi costi importanti e dell'onerosità della distribuzione dello strumento.

Il mercato internazionale delle food app è vasto, variegato e con una serie di opportunità alternative alla creazione di una app personale: rappresentano per te un costo minore, sono promosse e distribuite da società specializzate, sono allettanti per l'utente che riceve una grande quantità di contenuti informativi.

Nel luglio 2012, gli **APPLE STORE** hanno aggiunto la categoria *Cibi e Bevande* e da allora stimiamo oltre 30.000 food app a livello mondiale,[151] ma i numeri sono oscillanti e in continuo aumento.
Di dimensioni ciclopiche l'analisi sullo store delle food app per Android, **GOOGLE PLAY**, che ancora include le app F&B sotto la generica dicitura *Stile di Vita*. Il numero non si discosta di molto da quello dei competitor.

Le applicazioni dedicate al cibo e alla ristorazione si dividono in 5 macro-categorie:

- collezioni di ricette
- aggregatori di locali con strumenti di ricerca e localizzazione, booking o delivery food ordering
- app dedicate di brand restaurant – indipendenti o catene di ristorazione

[151] Ricerca Muse Comunicazione®, presentata allo speech *Ota e Restaurant Booking: la Grande Abbuffata*, 3 dicembre 2014, BTO – Buy Tourism Online Firenze

- app di prodotto, cibo o bevande
- app legate a diete o al controllo di spesa e alimentazione.

Un'analisi approfondita delle food app ha dimensioni troppo estese per la struttura e gli obiettivi del nostro manuale.
Ti segnaliamo alcune applicazioni a titolo rappresentativo delle varie tipologie.

### FOOD APP PER LA PRENOTAZIONE DEI TAVOLI

*MiSiedo*: servizio real time di prenotazione dei tavoli che nasce da un'idea di 2night e H-Farm. Prevede una app per iPad per la gestione delle prenotazioni da parte del ristoratore.

*OpenTable*: servizio di prenotazione in tempo reale nato a San Francisco. Ha acquistato il competitor Toptable; poi acquisita da Priceline.

*BookATable*: servizio inglese per riservare un tavolo nei migliori ristoranti della zona, affiliato con la Guida Michelin.

*Quandoo*: consente al cliente di risparmiare fino al 50% su tutto il menù o su speciali piatti del giorno e al ristoratore di gestire offerte speciali.

*Restalo*: azienda spagnola che seleziona ristoranti con qualcosa di speciale da offrire, come una cucina particolare o migliori offerte.

*MyTable*: è stata recentemente acquistata da TripAdvisor.[152]

### FOOD APP SOCIAL E LOCAL

Le piattaforme sociali sono sempre più utilizzate in ambito Food, sia per trovare indicazioni sui locali, sia per poter condividere con gli amici la propria esperienza gastronomica:

*Foursquare*: usata per rintracciare i migliori ristoranti nelle vicinanze, con informazioni per raggiungerli e recensioni.

*Instagram*: piattaforma per scattare fotografie ai piatti, post-producendole con divertenti filtri, e per condividerle sui principali social media.

[152] Leggi capitolo 10

*Twitter*: la versione app della nota piattaforma di micro-blogging usata per pubblicare news e immagini di piatti e seguire con gli hashtag eventi e cene a tema.

*Facebook*: la versione app del più famoso social media del mondo per condividere la tua dinner experience.

*Pinterest*: la versione app del social visuale più noto, per rilanciare fotografie, video lezioni e food photos.

### FOOD APP DI AGGREGATORI DI RECENSIONI

Le recensioni giocano un ruolo sempre più determinante nella scelta del ristorante:

*Yelp*: mette a tua disposizione oltre 50 milioni di recensioni sui ristoranti di tutto il mondo.

*TripAdvisor*: milioni di recensioni, foto di viaggiatori e mappe per pianificare la tua vacanza (o la tua cena) perfetta.

*2Spaghi*: migliaia di appassionati condividono ogni giorno le loro esperienze culinarie.

### FOOD APP: GUIDE E NICCHIE

Facciamo anche qui una rassegna non esaustiva:

*Foodspotting*: localizza ristoranti e offerte culinarie vicine all'utente, presentando specialità e tradizioni culinarie.

*Glutenfree Roads*: presenta ristoranti, pizzerie, hotel, supermercati e altri punti vendita che propongono alimenti senza glutine worldwide.

*Guida Michelin*: seleziona i migliori ristoranti d'Italia individuati e premiati con le stelle più ambite.

*Nutrino*: per uno stile di vita sano, consiglia cosa mangiare in base al tuo profilo di salute, ai tuoi obiettivi e alle preferenze alimentari.

*Osterie d'Italia*: locali selezionati da Slow Food dove mangiare i piatti (sani ed equi) della tradizione del territorio.

*Rosteria*: guida gratuita a selezionati locali che preparano cibo da strada italiano.

Ti lasciamo con il consiglio di approfondire il tema delle food app[153]. Ne esistono moltissime e alcune sono molto frequentate dagli utenti: valuta, nella tua strategia di Digital Marketing, l'inserimento in una celebre food app.
Analizza anche le offerte dei portali di restaurant booking online e/o di food delivery ordering, valutandone sempre l'ottimizzazione per dispositivo mobile.

[153] Se hai dubbi su qualche food app, invia la richiesta di recensione a redazione@comunicazionenellaristorazione.it. Viene realizzata una recensione poi pubblicata sul blog

# Appendice 3

## Perché la pubblicità per ristoranti non funziona? 4 domande essenziali per realizzare campagne pubblicitarie davvero efficaci

*di Luca Bove*

Ma insomma la pubblicità per ristoranti funziona o no?
Se te lo stai chiedendo a questo punto del libro vuol dire che abbiamo proprio fatto pena nonostante le diverse strategie, tattiche e tecniche di marketing digitale per il tuo ristorante di cui abbiamo parlato nelle precedenti pagine.

Ma spero avrai chiaro il concetto che la promozione è un processo lungo e articolato, dove è necessario che tu compia tanti piccoli passi nella direzione giusta.
Per rafforzare questo concetto ho chiesto personalmente una opinione a Lorenzo Ferrari ideatore di RistoratoreTop.com:

## Lorenzo Ferrari ⌘

### PUBBLICITÀ PER RISTORANTI? SÌ, FUNZIONA

Vuoi per colpa di alcuni radicati pregiudizi, vuoi per colpa dell'esperienza negativa di moltissimi tuoi colleghi (o addirittura di episodi accaduti a te personalmente), sono certo che anche tu hai questa certezza: la pubblicità sul web, per i ristoranti, non funziona. E, se lo chiedi a me, che vivo facendo "pubblicità" per ristoranti, te lo posso confermare. È proprio vero. La pubblicità per ristoranti, per come viene intesa tradizionalmente, non funziona.

Eppure siamo di fronte ad un paradosso: perché è chiaro come la luce del sole che se ogni giorno viene venduto qualcosa a qualcuno, sia questo un pasto in un ristorante, un palazzo o lo Space Shuttle, il merito è sempre direttamente o indirettamente collegato ad una qualche forma di pubblicità.
Magari ad annuncio pubblicitario visto su un giornale.
Oppure al passaparola disinteressato di un amico.
Fino al micro annuncio su Facebook oppure su Google.
Senza eccezioni, una vendita è collegata a qualche forma di pubblicità.

Quindi la domanda sorge spontanea: perché dici e sostieni che la pubblicità per ristoranti non funziona?
Per rispondere a questa domanda facciamo un passo indietro e partiamo dal perché si fa pubblicità per il proprio ristorante, concetto per nulla scontato.
Io penso che promuovere il tuo locale abbia un solo e unico scopo: VENDERE.
O meglio, la pubblicità per ristoranti, per come la intendo io, ha l'unico scopo di acquisire dei clienti.
Cioè di portarti della gente affamata dentro al locale, ben disposta a spendere i propri soldi, a passare una bella serata e, perché no, a parlare bene di te. Il resto lo trovo secondario.
Infatti, reputo un grave errore fare pubblicità solo per:

- far girare il nome del ristorante
- farsi conoscere
- creare immagine
- acquisire visibilità
- e tutto ciò che riguarda argomenti non pertinenti al vendere.

No. E su questo permettimi di essere categorico.

⌘

L'unico vero motivo per il quale si deve fare pubblicità è acquisire nuovi clienti. Del resto appare abbastanza chiaro: la pubblicità è costosa (non lo nego) e quindi è giusto e ragionevole guadagnarci.
Eppure, se chiedi un po' in giro, scoprirai che la pubblicità per ristoranti sembra non funzionare affatto.

Questo è normale dal mio punto di vista, infatti per come la intendiamo noi italiani la pubblicità è un singolo evento e non parte di un processo più grande, parafrasando le parole di un grande imprenditore americano, MJ de Marco.[154]
La realtà è che la pubblicità perché sia efficace deve essere parte di un **processo**, e non – come tutti credono – un singolo **evento**.
Confuso? Probabilmente sì.
Per fare un poco di chiarezza, definiamo la differenza tra evento e processo con un esempio molto calzante con il mondo della ristorazione.
Poniamo il caso che tu sia uno chef e che debba preparare un piatto per un tuo cliente, diciamo delle pappardelle al cinghiale.
Servire il piatto di pappardelle fumanti al tuo affamato cliente è l'evento.
Tutto ciò che serve per fare in modo che quel piatto si concretizzi è invece il processo.
O meglio:

1. l'atto di servire il piatto è l'*evento*
2. tutta la preparazione necessaria (la sveglia all'alba del cacciatore, la marinatura della carne in odori e spezie, la tiratura e la cottura della sfoglia fino alla mantecatura delle pappardelle nel loro sugo ecc.) affinché il piatto sia pronto da servire al cliente è il *processo*.

Capirai certamente che **non c'è evento** (il piatto di pappardelle) **senza il processo** (la preparazione del piatto). Non puoi servire le pappardelle se prima non hai realizzato una decina di preparazioni.
E sicuramente capirai che la parte difficile del tutto è il processo. L'evento è di facile realizzazione, dura un solo istante. Per il processo invece servono ore, in certi casi giorni e in alcuni casi particolari settimane, mesi, anni.
Lo stesso vale per la pubblicità.

Funziona allo stesso modo per quanto riguarda il pubblicizzare il tuo ristorante allo scopo di acquisire nuovi clienti.

[154] De Marco M.J., *Autostrada per la Ricchezza, Libreria Strategica, 2015*

Infatti a te interessa l'evento: fare in modo che la pubblicità ti riempia il locale.

Quello di cui devi preoccuparti, però, è il processo che rende possibile quell'evento. Devi cioè preoccuparti, prima di fare pubblicità che porti dei clienti, di tutta una serie di cose senza le quali la tua pubblicità non risulta efficace. Cioè devi **instaurare il processo che renderà efficace l'evento**. In particolare, devi concentrarti su tre elementi senza i quali la pubblicità per ristoranti è inefficace e dispendiosa.

Scendiamo più in profondità: quali sono quegli elementi senza i quali la tua pubblicità risulta inefficace?
Beh, ce ne sono tanti. Ad esempio, il processo che usiamo noi di RistoratoreTop™ per riempire il ristorante dei nostri clienti prevede 5 fasi ben specifiche, che trovi riassunte in figura e che sono da seguire una dopo l'altra affinché siano realmente efficaci:

IDENTITÀ DIFFERENZIATE
↓
IDENTITÀ COERENTE
↓
SISTEMA DI ACQUISIZIONE CLIENTI
↓
COMUNICAZIONE COERENTE
↓
SISTEMA DI FIDELIZZAZIONE CLIENTI

**FASE 1**
Prima di fare pubblicità, devi creare una **identità differenziante** per il tuo ristorante, cioè qualcosa che ti renda preferibile rispetto a tutti gli altri ristoratori che potrebbero farti concorrenza.
In poche parole devi creare un messaggio potente, che ti differenzi agli occhi dei clienti rispetto ai tuoi concorrenti.
Un messaggio che abbia delle caratteristiche di unicità e di rilevanza.

**FASE 2**
Una volta creata la tua identità differenziante devi fare in modo che la tua potenziale clientela conosca quelle differenze e le trovi rilevanti, interessanti

e coinvolgenti mediante un'esperienza a 360 gradi (lo si fa con un processo che io chiamo **identità coerente**).

**FASE 3**
A questo punto dovresti avere un sistema semi-automatico che catturi la richiesta di un potenziale cliente e che lo convinca a preferirti rispetto a tutta la concorrenza (lo chiamo **sistema di acquisizione clienti**)

**FASE 4**
Devi comunicare alla tua clientela la tua identità differenziante in maniera coerente, tramite un processo che io chiamo **comunicazione coerente**. Parte di questo processo è anche la pubblicità intesa come la intendono tutti. SOLO a questo punto ha senso fare pubblicità.

**FASE 5**
Infine, se proprio volessi fare le cose come si deve, dovresti possedere quello che io definisco un **sistema di fidelizzazione clienti**, che servirebbe a farti preferire rispetto a tutti i concorrenti in maniera duratura.

Insomma, abbiamo visto come la pubblicità per ristoranti sia una minima parte di un processo molto più ampio! Io la colloco all'interno della parte "comunicazione coerente".

In parole povere ci sono tre elementi senza i quali la tua pubblicità risulta inefficace:

1. se non hai creato una identità differenziante
2. se non hai creato una identità coerente
3. se non possiedi un sistema di acquisizione clienti scientifico e misurabile, puoi fare tutta la pubblicità che vuoi, ma questa performerà al di sotto delle tue aspettative.

In parole ancora più povere: senza quei tre elementi la tua pubblicità non funzionerà mai al top delle proprie possibilità, con un notevole spreco di tempo, energie e denaro.
Questo per un semplice motivo (che è la risposta breve che ti avevo fornito poco più sopra): la pubblicità per ristoranti è parte di un processo e non, come credono tutti, un singolo evento.
Sulla base di questo è facile spiegare perché:

- la pubblicità fatta con Groupon, Tippest e altri siti del genere possa essere inefficace e dispendiosa

- il volantinaggio "selvaggio" che si fa solamente in determinate occasioni servirà esclusivamente a riempire il ristorante in quelle occasioni, e non a creare clienti fidelizzati che torneranno più e più volte
- il cartellone gigantesco a pochi passi dal proprio locale è un continuo e ripetuto spreco di denaro
- in generale, tutte le altre forme di pubblicità che vengano utilizzate come singoli eventi siano dei catastrofici errori.

Il motivo che accomuna il fallimento di tutte queste forme pubblicitarie non è nella pubblicità stessa, ma nel fatto che si stiano usando queste forme pubblicitarie come **singoli eventi**, mentre funzionerebbero solo ed esclusivamente se inserite all'interno di un **processo**.
Per fare in modo che le tue promozioni siano realmente efficaci hai bisogno di rallentare e fare un passo indietro.
Prima di spendere il prossimo euro in pubblicità fermati un istante, fai un grande respiro e poniti queste quattro fondamentali domande:

**1. Chi sono? E cos'è il mio ristorante?**
Ovvero, definisci la tua identità: chi sei, cosa fai, perché lo fai, quali sono i valori che vuoi trasmettere ai tuoi clienti, qual è la tua missione, in cosa sei diverso da tutti i tuoi concorrenti e perché i clienti dovrebbero preferiti rispetto ad essi. Se non sai chi sei, difficilmente saprai cosa dire. Diceva Seneca che «*Non c'è vento favorevole per il marinaio che non sa dove andare*» e penso che non si sbagliasse più di tanto.
Inoltre, quando sai chi sei, hai materiale pubblicitario praticamente infinito. Perché quando avrai dei dubbi su cosa scrivere o cosa pubblicizzare, non dovrai fare altro che chiederti: "Chi sono?"
E la risposta a quella domanda sarà ciò che dovrai pubblicizzare.
Suggerimento #1 per sapere chi sei: guarda la concorrenza. Nel mercato odierno c'è praticamente tutto per tutti. Cerca quel qualcosa che manca nella tua zona e concentrati lì. Attirerai tutti i clienti che cercano quel qualcosa.

**2. A chi voglio rivolgermi?**
Devi definire il tuo pubblico specifico: cioè a **chi** è rivolta la tua pubblicità.
E se stai pensando che "Ma io sono adatto a tutti!" ti rinnovo l'invito a fermarti un secondo e ragionare con me. Pensa: fare pubblicità per il tuo ristorante è costoso.
E il costo varia anche in base al numero di persone che verranno raggiunte dalla tua pubblicità. Hai budget sufficiente per raggiungere tutti?
Il raggiungere tutti è decisamente più costoso che raggiungere solamente

una parte di quei tutti (soprattutto se quella parte è composta da persone più inclini a preferirti rispetto a tutti gli altri).
Quindi definisci a chi vuoi rivolgerti: giovani, meno giovani, coppie, famiglie, ecc. e poi rivolgi il tuo messaggio solamente ed esclusivamente a loro. Il resto dei "tutti" verrà da sé.
Suggerimento #2 per definire a chi rivolgerti: datti dei limiti. Non cercare di essere perfetto per tutti, perché finiresti per non essere perfetto per nessuno. Concentrati su una nicchia di persone e risolvi egregiamente i loro problemi. Il passaparola farà il resto.

**3. Cosa voglio trasmettere al mio pubblico?**
Devi definire il tuo messaggio: cioè **cosa** dire e **come** dirlo. Il tono con il quale intendi comunicare deve variare in base al pubblico al quale ti rivolgi.
Non sarebbe corretto utilizzare un tono troppo giocoso se volessi rivolgerti a un pubblico non proprio giovane, o usarne uno troppo serioso se vuoi rivolgerti a dei ragazzini.
Suggerimento #3 per definire il tuo messaggio: il simile attrae il simile. In questo caso ciò che devi fare è semplice. Sii semplicemente te stesso quando crei pubblicità, e attrarrai persone che sono simili a te.

**4. Dove voglio comunicare?**
Devi definire il giusto mezzo: cioè **dove** fare pubblicità. Dove si "riunisce" il tuo pubblico? Dove non si sognerebbe nemmeno di mettere piede? Esiste un luogo dove puoi intercettarlo? E se sì, è possibile acquistare uno spazio pubblicitario in quel luogo?
Suggerimento #4 per definire dove vuoi comunicare: affidati ad un consulente. Questo è l'unico caso dove ti dirò di affidarti ad un consulente (e bada bene che è contro il mio interesse!) perché è solo ora che hai bisogno di qualcuno che ti aiuti a creare pubblicità che funziona.
Una volta che hai stabilito chi sei, a chi rivolgerti e come farlo, ti servirà una persona esperta di marketing in grado di aiutarti a posizionare l'ultimo tassello del tuo puzzle: raggiungere i tuoi potenziali clienti.

In conclusione, non concentrarti sulla pubblicità in sé, sul volantino, sul cartellone oppure sul jingle radiofonico.
Concentrati sull'unica cosa che conta: la strategia.

Puoi capire qual è la strategia corretta ponendoti le quattro domande qui sopra.
Buon lavoro.

## *Luca Bove*

Formatore e SEO Specialist con focus sulla Local Search, aiuto le aziende ad aumentare il fatturato grazie alla Rete. Alla fine degli anni 80 riceve il primo PC che gli cambia la vita, in seguito si laurea in Informatica e poi consegue un master in management delle PMI.
Nel frattempo lavoro nel CED di un banca e dal 2000 inizia ad occuparsi di SEO (Ottimizzazione di siti e di esperienze sui motori di ricerca), con progetti sempre più complessi fino a diventare SEO dell'anno del 2011 nell'ambito dell'Italian Web Award.
Nel 2003 ho fondato l'agenzia di Search Marketing Im Evolution srl.
Dal 2007 si occupa di Local Search, ovvero di come portare più clienti nei ristoranti (ma anche nei negozi, negli studi e negli altri business locali) tramite Internet e apre il blog LocalStrategy.it l'unico in Italia completamente dedicato alla Local Search.

Seguimi su:

**lucabove.it**
**imevolution.it**
**LocalStrategy.it**

facebook.com/**e.luca.bove**
twitter.com/**lithops**
plus.google.com/**+LucaBove**
linkedin.com/in/**lucabove**

## *Nicoletta Polliotto*

Project manager, consulente, content curator e strategist per aziende Food e Travel, con l'agenzia Muse Comunicazione. Selezionati gli ingredienti con gli studi umanistici, le spezie e le erbe aromatiche con il diploma in pianoforte e l'attività musicale in Ricordi SpA, BMG e Feltrinelli, impiatta menù digitali dalla metà degli anni '90, servendo piatti in salsa Web.
Docente di Web e Social Media Marketing alla LUISS Business School e in IHMA – International Hospitality Management Academy. Speaker in eventi specialistici di Digital Tourism e Food.
Gestisce da anni l'unico blog in Italia dedicato alla comunicazione digitale per ristoranti: CnR – Comunicazione nella Ristorazione.


Seguimi su:

**musecomunicazione.it**
**comunicazionenellaristorazione.it**

Facebook
facebook.com/**MuseComunicazione**
facebook.com/**comunicazionenellaristorazione**

Twitter
twitter.com/**MuseCOM**
twitter.com/**comristorazione**

it.linkedin.com/in/**nicolettapolliotto**
plus.google.com/u/0/**+NicolettaPolliotto**

Se vuoi ricevere eventuali aggiornamenti su questo libro
o su titoli correlati, ti consiglio di iscriverti alla mailing list.
È sempre meglio tenerci in contatto!